KB216123

신앙공론1

개혁신앙으로 시대읽기

REFORMED PERSPECTIVE ON CURRENT ISSUES

개혁신앙으로 시대읽기

우리 시대에 관한 이해와 통찰을 담다　　황원하 편집

담북
Next Book

CONTENTS

그리스도인들은 예배당 안의 종교인에 머물러 있지 않습니다. 우리는 이 세상의 시민이기도 합니다. 즉 두 나라(영역)에 속해 있습니다. 예수님은 우리에게 '세상의 빛과 소금'이 되라고 말씀하셨습니다(마 5:13-14). 이는 우리가 이 세상에서 선한 삶을 살아야 함을 시사합니다. 또한, 야고보는 "너희는 말씀을 행하는 자가 되고 듣기만 하여 자신을 속이는 자가 되지 말라"라고 말했으며(약 1:22), "행함이 없는 믿음은 그 자체가 죽은 것이라"라고 가르쳤습니다(약 2:17). 이는 우리의 믿음에 행위가 수반되어야 함을 뜻합니다. 참으로, 우리는 이 세상에서 주님의 말씀을 실천하려는 책임감과 의무감을 지녀야 합니다.

그렇다면 우리가 어떻게 이 세상에서 실천적 신앙인으로 살아갈 수 있을까요? 이를 위해서는 말씀의 원리를 아는 일과 시대의 사조를 파악하는 일이 동시에 이루어져야 합니다. 즉 성경을 부지런히 공부해야 하며 현상을 올바르게 이해하여 성경의 원리를 적실히 적용해야 합니다. 그런데 우리가 살고 있는 이 세상은 단순하거나 획일화되어 있지 않습니다. 상당수 사안에서 선과 악을 구분하기가 쉽지 않고, 매우 많은 것들이 상대화되어 있어서 절대적 규범으로 판단하기가 어려우며, 경향과 유행이 너무 빨리 변해서 분별력을 유지하기가 힘듭니다.

그러므로 우리에게는 이런 일들을 깨우쳐 줄 안내서가 필요합니다. 세상에서 일어나는 일들에 대해서 말씀을 기준으로 삼아 어떻게 파악할 수 있는지, 그리고 특정한 상황에서 말씀을 어떻게 적용할 수 있는지 등에 대한 지침을 제공해 줄 책이 있어야 합니다. 이에 근래 우리나라에서 이른바 '공공신학'이 주목받는 것은 바람직합니다. 하지만 상당수의 '공공신학' 관련 도서가 지나치게 전문적이거나 이론적이어서 일반인들이 접근하기에 어려운 점이 있습니다.

그래서 이번에 『개혁신앙으로 시대읽기』라는 책을 출간하게 되었습니다. 이 책은 개혁신앙을 견지하는 열네 명의 학자가 자신이 전공했거나 평소에 연구하던 현대 주제들에 관한 글을 한데 모은 것입니다. 저자들은 철저한 개혁신앙의 관점을 유지하면서 현장성과 시대성을 중시하는 가운데 글을 썼습니다. 그래서 이 책은 학문적 전문성과 시기적 적절성을 모두 갖추고 있습니다. 이 책을 읽으면 개혁신앙인으로 어떻게 이 시대를 이해하고 살아갈 수 있는지에 관한 통찰을 얻게 될 것입니다.

편집자는 열네 편의 글들을 한 권의 책으로 엮는 일에 심혈을 기울였습니다. 신학적으로나 신앙적으로 검증된 분들에게 글을 부탁했습니다. 그리고 저자들은 편집자의 요청에 따라 문체의 일관성과 전개의 통일성을 지니려고 노력했습니다. 또한, 글들을 카테고리별로 분류하고 순서를 자연스럽게 나열하려고 애썼습니다. 하지만 아무래도 여러 사람이 쓴 글을 한 권의 책으로 엮다 보니 어색한 점이 있을 수밖에 없었습니다. 이에 대해서 독자들의 너그러운 양해를 부탁드립니다. 각 장 끝에 '토의를 위한 질문'이 수록되어 있습니다. 교회나 기관이 이 책을 읽고 토의한다면 더욱 효율적일 것입니다. 귀중한 옥고를 주신 저자들께 감사드리며 출판과 편집을 담당해 주신 담북(총회출판국) 편집진에게 감사드립니다. 추천사를 써 주신 분들께도 감사의 말씀을 드립니다. 하나님께서 이 책을 사용해 주시기를 기도합니다.

2023년 11월
저자들을 대신하여
황원하

추천사

코로나 팬데믹은 우리 사회와 개인의 삶에 지대한 영향을 끼쳤습니다. 사회 구조의 변화는 물론이고 개인의 삶의 패턴까지 바꾸어 놓았습니다. 그리고 사회의 변화가 한층 빠르게 진행되고 있음을 그래서 웬만한 사람들은 그 속도를 따라가기조차 버거운 상황이 되었음을 실감합니다. 이제 문맹과 컴맹을 넘어서 디지털 디바이드Digital Divide의 가속화는 개인의 편의성뿐 아니라 삶의 질 자체를 변화시키고 있습니다. 이러한 사회 변화의 한 가운데 서 있는 '그리스도인은 이 시대를 어떻게 바라보아야 하는가?'에 관한 질문을 다시 던지게 됩니다. 그리고 이 질문은 우리 시대를 살아가는 그리스도인이 반드시 던져야 할 질문이기도 합니다. 물론 어느 시대를 막론하고 사회의 변화를 겪을 때마다 사회의 격동기를 보낼 때마다 그리스도인은 현재를 어떻게 바라보고 행동해야 하는가의 질문을 수없이 던졌습니다. 그리고 그 질문 속에서 하나님께서 말씀하시는 바를 찾기 위해 노력했고, 개인이 혹은 어떤 그룹이 말씀 속에서 얻은 해답을 가지고 각자의 방식대로 사회 변화 속에서 그리스도인으로 살기 위해 부단히 노력했습니다.

그 결과가 오늘 한국 교회의 모습입니다. 그래서 감사하기도 하고 아쉽기도 합니다. 감사한 것은 오늘의 한국 교회가 이처럼 성장한 것이고, 아쉬운 것은 오늘의 한국 교회의 성장이 멈추었다는 것입니다. 그래서 이제 다시 한국 교회가 일어서야 합니다. 그러기 위해서는 다시 '그리스도인은 우리 시대를 어떻게 바라보아야 하는가?'에 관한 질문을 던지고 이 시대를 제대로 읽고 깊이 생각하고 행동해야 합니다. 그래서 『개혁신앙으로 시대읽기』는 현대를 살아가는 그리스도인에게 꼭 필요한 책입니다. 왜냐하면 『개혁신앙으로 시대읽기』는 이 시대를 제대로 읽고 있기 때문입니다. 다양한 분야를 전공한 저자들이 개혁주의 신앙으로 오늘 우리 사회의 변화를 어떻게 읽어야 하는지를 논하고 있습니다. 저출생의 문제부터 챗GPT까지 현대 사회의 이슈를 개혁주의 신앙의 눈으로 바라보며 대안을 모색하고 있습니다. 혼란한 시대 흔들리는 시대 신앙으로 시대를 바라보며 바른 말씀 가운데 살고자 하는 모든 그리스도인에게 이 책을 권합니다.

김홍석 목사(대한예수교장로회 고신총회장)

우리는 현재 언택트가 일상이 되고 온택트가 뉴노멀이 된 시대를 살아가고 있습니다. 이 변화는 우리 사회 전반에 걸쳐 영향을 미쳤습니다. 그래서 교회도 예외는 아닙니다. 어느 순간부터 온라인 예배는 너무나 당연한 예배의 형태로 자리를 잡았습니다. 그래서 온라인 예배의 상대적인 표현으로 오프라인 예배, 현장 예배, 모이는 예배라는 명칭을 붙여 예배를 표현하기에 이르렀습니다. 코로나 팬데믹 이전에 쓰지 않던, 코로나 팬데믹 이전에는 생각조차 하지 않았던 예배의 형태를 분류하기에 이르렀습니다. 일선의 목회자들은 모이는 예배로 올 것을 강조하지만 성도들은 이미 온라인 예배를 예배의 한 형태로 익숙하게 받아들이고 정착하는 모습을 보이고 있습니다. 현장 목회자들은 온라인 예배의 신학적 문제점과 신앙 성장에 어려움을 적극적으로 지적하지만 온라인 예배는 이미 돌이킬 수 없는 예배의 한 형태로 자리잡고 있습니다. 물론 온라인 예배의 신학적 문제들에 관해서는 이제 많은 성도들이 인식하는 부분일 것입니다.

그나마 온라인 예배는 교회 안의 문제이지만, 현재 교회와 우리 사회에서 대두되고 있는 동성애와 챗GPT 그리고 반려 동물은 성경적 관점으로 어떻게 바라보아야 할까요? 이들에 대해 그리스도인들은 어떤 태도를 가져야 할까요? 가정, 교회, 사회, 과학 그리고 인간의 이해에 관해 개혁신앙은 어떤 입장을 취하고 있으며 이 시대를 살아가는 그리스도인은 이 사회의 이슈들에 관해 어떤 세계관을 가지고 있어야 할까요? 참 복잡한 문제들이 오늘을 살아가는 그리스도인들 앞에 놓여 있습니다. 이 문제들에 관해『개혁신앙으로 시대읽기』는 바른 시선을 제공합니다. 흔들리는 시대, 진리를 인정하지 않는 시대 속에서 개혁신앙의 눈으로 성경적 세계관으로 우리 사회의 이슈를 담아내고 있습니다. 성경적 세계관으로 이 땅에서 살기 위해 고군분투하는 모든 그리스도인에게 이 책을 추천합니다.

이정기 총장(고신대학교)

'저출산 및 초고령화 사회', '불평등 문제', '미래세대 삶의 불안정성', '인공지능', '빅데이터', '사물인터넷' 등은 우리 사회를 둘러싸고 있는 이슈들이자 우리가 삶에서 직면하고 있는 문제들입니다. 이 문제들 앞에서 많은 사람들은 불안해 하기도 하고 혼란에 빠지기도 합니다. 그래서 각계각층의 석학들이 이 이슈에 관한 혜안을 내고 있지만 어떤 이슈들에 관해서는 불투명한 전망만을 쏟아내 불안감을 더욱 가중시키거나, 어떤 이슈들에 대해서는 뾰족한 대안을 제시하지 못하기도 합니다. 그리고 어떤 이슈들에 관해서는 앞으로의 상황을 예측하고 그에 대한 대책을 세워 대비했지만 그 대책의 실효성마저 의문시될 정도로 처절하게 실패한 정책도 있습니다. 그런데 어쩌면 지금의 이 모습이 지극히 당연하고 자연스러운 모습이 아닐까 싶습니다. 미래를 예측하고 대책을 세운다는 것이 우리에게는 어울리지 않는 일이기 때문입니다. 다만 하나님께서 주신 지혜로 말씀이 우리에게 들려주신 원칙과 기준을 통해 삶의 정황들을 바르게 분석하고, 그 가운데 성령께서 주시는 통찰을 통해 우리의 현재 삶을 진단하고 내일을 전망할 뿐입니다.

『개혁신앙으로 시대읽기』는 우리와 우리 시대가 직면하고 있는 문제들에 관해 말씀과 개혁 신학을 기반하여 적확한 통찰을 제공하고 있습니다. 하나님 말씀인 성경이 우리 시대를 이렇게 바라보아야 하는가를 바른 신앙 위에 올려놓고 이슈를 관통하는 시선을 제대로 맛볼 수 있습니다. 시대를 관통하는 혜안이라고 말하는 소리는 여기저기서 종종 들리지만 하나님 말씀의 가르침으로 시대를 읽고 그 시대를 제대로 직시하는 시선을 제공한다는 소리는 점점 듣기 어려운 시대가 되고 있습니다. 그러기에 『개혁신앙으로 시대읽기』는 더욱 소중하다고 생각합니다. 각 분야의 전문가들이 하나님 말씀으로 우리 시대의 이슈를 다루면서 그 사안마다 개혁신앙의 관점을 이해하기 쉽게 전달하고 있기 때문입니다. 저출생, 동성애, 동물, 연애, 과학, 챗GPT까지 각 분야마다 민감하고 뜨거운 이슈들을 개혁신앙의 관점으로 담아 이 시대 그리스도인의 생각과 행동의 지침을 제공합니다. 현대를 살아가며 현재 제기되고 있는 이슈에 해답을 얻고 싶은 모든 그리스도인에게 이 책을 권합니다.

최승락 원장(고려신학대학원)

　　대학생 시절 『현대사회 문제와 기독교적 답변』(존 스토트)이라는 책을 읽으며 기독인들이 어떻게 세상의 문제를 바라보며 살아야 하는지를 충격적으로 받아들였습니다. 한 학자가 다양한 분야에 대해 깊이 있게 기술한 내용이 충격이었고, 그 당시 환자들에게도 권리가 있다는 의료윤리에 대한 부분, 동성애가 비성경적인 이유 등 다루고 있는 주제에 충격을 받기도 했습니다. SFC간사 사역을 하며 학생, 청년시절에 고민해야 할 다양한 부분을 성경적인 원리로 가르치려 노력했습니다. 또한 존 스타트의 책과 같이 정리된 책을 기대했었습니다.

　　이번 책은 기독교 청년들이 알아야 할 세상 속의 문제뿐 아니라 교회와 가정에 관한 질문에 대해 청년들 가까이에서 섬기시는 전문가에게 그 대답을 들을 수 있어 좋습니다.

　　현재 청년들이 삶 속에서 고민하는 문제들(연애, 비혼, 우울증, 신체, 챗GPT, 정체성, 미디어)과 그리스도인들이 꼭 알고 있어야 할 내용들을 함께 다루고 있어 독자들에게 더욱 유익한 책이 될 것으로 기대하며 추천합니다. "교회 헌법에 기초한 교회 생활", "목사와 교인의 관계"와 같은 주제는 소그룹 나눔을 통해 더욱 깊은 대화가 오고갈 때 실제적인 교회생활에 도움이 될 것 같습니다.

"공공선교적 청년신학"은 교회의 공공성과 그리스도인들의 사회에 대한 인식과 직장생활에 질문을 던져주는 좋은 주제가 될 것 입니다. 책의 내용을 바탕으로 강의와 소그룹 토론 등을 통해 더 좋은 현실적 대안을 만들어가길 기대합니다. 청년대학부 교재로 사용할 것을 적극 추천합니다.

개혁신앙인으로 산다는 것, 특히 개혁신앙을 소유한 청년으로 이 세상을 산다는 것은 어렵지만 신나는 일입니다. 이 책이 개혁신앙으로 살아가는 청년들에게 "개인, 교회, 가정, 사회"에서 어떻게 살아야 할지 희망을 주는 책이 될 것으로 기대하며 적극 추천합니다.

허태영 목사(SFC대표간사)

지난 시간 코로나 팬데믹은 기존의 '날씨'를 바꾼 것이 아니라 생활의 '기후'를 완전히 바꾸어 놓았습니다. 기후가 바뀐다는 것은 토양과 식물, 동물 등 살아있는 모든 것이 달라진다는 것을 의미합니다. 한국사회를 돌아보아도 그런 현상이 두드러지게 나타납니다. 코로나 이전과는 완전히 달라진 뉴노멀의 시대를 맞이하고 있습니다. 이러한 시기에 『개혁신앙으로 시대읽기』는 기독교인으로서 달라지는 환경 가운데 하나님의 원리대로 어떻게 살아가야 할지를 알려주는 나침반과 같습니다.

인간과 가정, 교회와 신앙, 사회와 문화, 환경과 과학으로 이루어진 내용은 하나님이 만드신 첫 공동체인 가정 안에서의 회복을 시작으로 교회 공동체 안에서 신앙을 어떻게 키워가야 할지를 말해줍니다. 그리고 사회와 연결된 문화를 시대의 눈으로 따라가는 것이 아닌 성경의 눈으로 무엇을 바라보아야 할지를 알려줍니다. 마지막으로 급변하는 환경과 과학의 문제를 기독교 세계관으로 어떻게 살아가야 할지를 말해줍니다. 순서대로 글을 하나하나 읽고 함께 나누다 보면 어느덧 세상의 변화 앞에서도 흔들리지 않는 분명한 개혁신앙을 가지게 될 것입니다. 이 책은 특별히 신앙과 생활을 어떻게 연결해야 할지를 고민하는 크리스천에게 큰 도움이 될 것입니다.

이기룡 원장(대한예수교장로회 고신총회교육원)

1부
인간과
가정

비혼과 저출생 시대의 가정

김재윤(고려신학대학원 교수)

개혁교회 성도와 가정

교의학(조직신학)을 연구하는 사람으로서 '가정'이라는 주제를 다루는 것은 상당히 부담스러운 것이 사실입니다. '가정 사역'이라는 일종의 전문 영역도 있고 가정에서 일어나는 구체적이고 실천적인 것을 다루는 연구들도 많습니다. 그러나 가정은 한국 사회에 속한 조국 교회가 가진 고민들을 가장 극명하게 압축하고 있습니다. 따라서 이를 삼위 하나님을 아는 지식 속에서 조명해 보는 것은 의미 있다고 생각됩니다. 실제적인 접근과 더불어 조금은 무겁게 느껴질 수 있겠지만 성경과 신학을 따라서 가정을 새롭게 발견해 보는 일도 필요한 것 같습니다.

한국 사회에서 가정은 위기를 맞고 있습니다. 일례로 한국 사회 전체가 당면하고 있는 가장 심각한 문제는 단연 비혼과 저출산 문제가 아닐까 합니다. 출산과 관련하여 15년간 280조의 예산을 쏟아 부었지만 출산율은 0.78명으로 떨어졌다는 소식은 이제 더 이상 뉴스거리가 되지 못할 정도입니다.

결혼, 출산, 육아의 영역에서 무수한 정책들이 쏟아졌지만 결과는 초라하기 그지없습니다. 국가-사회적으로 저출산 문제는 정책, 예산 투입, 제도 개선의 관점에서 다루어지고 있습니다. 그러나 가정의 위기 너머에는 좀 더 근본적으로 결혼, 남성과 여성 그리고 자녀에 대한 가치가 충돌하고 있습니다.

헤르만 바빙크는 1888년 행한 연설『교회와 기독교의 보편성』에서 개혁파 성도는 복음의 완전한 정당성과 참된 보편성을 확보하기 위해서 교회만이 아니라 가정, 학교, 사회와 국가도 기독교 원리의 통치 아래 있다는 것을 확신해야 한다고 역설했습니다. 무엇보다도 결혼, 저출산 등의 문제는 하나님의 창조부터 있었던 가장 중요한 기관인 가정과 직접적으로 연관되어 있습니다. 국가사회가 당면한 문제를 기독교와 교회도 결코 외면할 수 없습니다. 또한 한국 사회의 실상과 가치관은 교회 안에 깊이 침투해 있기도 합니다. 따라서 가정에 대한 기독교 원리를 재확인하는 일은 무엇보다도 중요한 일로 보입니다.

결혼과 출산을 거부하는 담론들

비혼주의를 공개적으로 선언하는 경우가 제법 나타나고 있습니다. 이런 추세가 어디까지 확장될지는 알 수 없습니다. 그러나 결혼을 인생의 필수로 생각하는 시대는 이미 저물었다는 사실을 인정할 수밖에 없을 것 같습니다. 벌써 십수 년도 지났지만 교회의 청년 부서를 맡아 사역할 때 경험입니다. 꽤 시간이 지났지만 돌이켜 보면 지금 도드라지고 있는 현상들의 단초들은 이미 존재했습니다. 그때까지는 그래도 결혼하고자 하는 청년들의 열의는 여전히 상당했습니다. 그러나 그들에게는 기대와 더불어 두려움도 공존하였습니다. 그 두려움은 가정에 대한 부정적인 경험과 담론에 뿌리내리고 있었습니다. "결혼은 사랑의 무덤이다", "3대를 덕을 쌓아야 주말 부부를 할 수 있다" 등 결혼에 대해서 부정적이면서 중독성 있는 담론들이 교회 안에서도 버젓이 영향력을 발휘하고 있었습니다. 백번 양보하여 이런 담론들은 이미 결혼한 분들이 결혼 생활에서 있을 수밖에 없는 어려움을 압축해서 표현했다고 볼 수도 있지만 이런 이야기들이 은연중에 미혼의 청년들에게 결혼에 대한 부정적인 선입견을 심어주기에 충분하였습니다.

결혼에 대한 이런 부정적인 이야기들이 더욱 설득력을 가진 것은 어릴 때부터 자신들이 직접 경험한 가정, 결혼에 대한 경험이 그렇게 긍정적이지 못하다는 것입니다. 이미 한국 사회의 이혼율이 상당한 수치로 올라가 있던 당시의 통계를 반영이라도 하듯 교회 안에서도 이혼하거나 사실상의 이혼 상태에 있는 가정들이 증가하고 있었습니다. 그리고 이혼에까지 이르지는 않았지만 아버지들이 강압적으로 가족들을 대하면서 발생하는 남편과 아내, 부모와 자녀들 간의 불협화음은 많은 가정들을 위기로 몰아가고 있었습니다. 심지어 심각한 가정 폭력을 경험하면서 자란 청년들도 제법 있었습니다. 이런 부정적인 가정 경험과 사회적으로 형성된 결혼에 대한 주류 담론들은 서로 상승작용을 하면서 결혼과 가정에 좋지 않은 두려움을 던져 주고 있었습니다.

젠더 담론

결혼에 대해 부정적인 세속적인 담론과 더불어 가정에 대한 위기를 가져온 또 하나의 흐름은 남성과 여성을 긴장관계로 몰아가는 이른바 젠더 담론들입니다. '일간 베스트'나 '메갈리아'처럼 특정 커뮤니티를 중심으로 형성된 극단적인 주장들은 다행히도 사회적으로 광범위하게 수용되고 있지는 않고 있습니다. 그러나 이런 극단적이지만 강한 주장들은 암암리에 남성과 여성의 관계를 왜곡하고 갈등으로 몰아가는 데 적지 않은 역할을 하고 있는 것도 사실입니다. 소위 '일베'는 XX녀 이미지들을 통해서 20-30대 여성들이 허영심 넘치고 소비적이며 책임감 없고 이기적이며 무엇보다도 남성의 노동에 무임승차하는 존재로 혐오감을 강화시켰습니다. 김보명은 「혐오의 정동경제학과 페미니스트 저항」이라는 논문에서 〈일간 베스트〉, 〈메갈리아〉, 그리고 〈워마드〉와 같은 사이트를 중심으로 형성된 문제들을 다룹니다. 그는 소위 일베에서 나타나는 여성혐오가 신자유주의 시대의 과잉된 경쟁과 그로 인해 초래되는 삶의 불안정성, 그리고 변화한 젠더 지형, 즉 교육, 노동, 문화, 정치의 영역에서 남성들과 경쟁하는 여성들의 등장에 대한 반발, 그리고 이로 인해 손상되었다고 여기는 남성의 특권을 회복하고자 하는 인정욕망의 생산 확산으로 분석합니다. 여성 징병제, 군 가산점 논쟁, 데이트 비용지불, 취업 스펙, 출산과 양육에서 요구되는 경력 희생의 논쟁들은 이런 배경에서 나온 것이라고 볼 수 있습니다. 반면에 메갈리아는 여성혐오를 남성 혐오로 '미러링' 함으로써 남녀 관계를 대립과 긴장의 문법으로 고착화시켰다고 평가됩니다. 남성을 우선시하는 부모를 '모부'로, 남녀를 '여남'으로 바꾸어 부르거나, 성범죄나 가정 폭력 등 일탈적 성행위를 저지르는 남성을 비난하고 이들에게 훈육과 처벌을 가하는 것을 통해서 여성을 권력과 권위의 자리에 두었습니다. 이처럼 남성과 여성의 관계를 긴장과 대립으로 몰아가는 사회적 담론의 생산은 가정을 이루는 기본 단위인 남편과 아내의 관계 규정에도 적지 않은 영향을 미치고 있습니다.

한국 사회에 자리 잡은 이런 다소 극단적인 젠더 언설들은 남성과 여성의 관계를 권력과 이해관계의 측면에서 규정하는 현대 사회의 흐름을 반영하고 있습니다. 남성과 여성 관계에 대한 가장 두드러진 현대 사상 중 하나는 페미니즘입니다. 페미니즘은 그 출발점에서 인간의 생물학적 조건에 순응하지 않고 그 자체를 극복하는 것에서 출발하였습니다. 자연의 현존으로 볼 수 있는 생물학적 조건은 출산과 육아를 통해서 권력의 성적 불균형을 가져 왔습니다. 슬라이스 파이어스톤이 그의 저서 『성의 변증법』에서 말한 것처럼 심지어 여성의 생식 능력이 숭배되고 아버지의 역할이 중요하지 않았던 모권제에서도 남성에게 의존할 정도로 출산, 육아, 어머니와 아이의 상호 의존관계는 일종의 권력의 성적 불균형을 가져왔습니다. 시몬 드 보부아르는 페미니즘이 이런 생물학적 조건을 극복하고자 하는 일종의 자연에 대립하는 반자연적 것이라고 규정합니다. 인간 사회는 자연의 현존에 수동적으로 순응하지 않고 반대로 자연에 대한 통제를 떠맡고 실천적 행동을 통해서 객관적으로 성취하는 것을 추구하게 되었습니다.

여기서 페미니즘을 직접적으로 평가하는 것은 논외로 하겠습니다. 다만 페미니즘과 프로이트주의의 공통점에 대한 연구는 페미니즘이 가진 성격을 이해하는 데 중요한 단서를 제공합니다. 파이어스톤은 프로이트의 연구가 페미니즘의 정점에서 시작되었다는 점을 주목합니다. 프로이트주의와 페미니즘은 서구 문명에서 가장 독선적인 시대, 곧 가족 중심성에 대한 반응으로 시작되었다는 것이죠. 다른 한편 프로이트의 업적은 어떤 면에서 섹슈얼리티에 대한 재발견으로 볼 수 있습니다. 이제는 상식이 된 프로이트 이론의 초석인 오이디푸스콤플렉스를 보더라도 남자아이가 그의 어머니를 성적으로 소유하고자 하고 그의 아버지를 죽이고자 하며 아버지에 의한 거세의 공포가 그로 하여금 원초적인 소망을 억압하게 한다는 설명구조를 가지고 있습니다. 아버지, 어머니, 아들, 딸의 관계를 권력의 측면에서 바라보고 있다는 점에서 프로이트주의는 어떤 면에서 가부장제와 페미니즘 양자의 단면도 잘 보여주고 있습니다.

가정에 대한 새로우면서도 부정적인 시각은 남성과 여성의 관계에 대한 새로운 정립을 통해서 이루어지고 있습니다. 이런 흐름들은 때로는 과격하게 때로는 은밀하게 영향을 미치고 있습니다. 다만 우려되는 면은 앞서 본 것처럼 남성과 여성의 관계를 지나치게 지배력과 권력, 이해관계의 측면에서만 접근하고 있다는 것입니다. 프로이트주의라는 여전한 힘을 발휘하고 있는 신화는 가정을 이루고 있는 구성원들의 관계를 권력으로 이해하는 가장 극적인 예를 우리에게 잘 보여주고 있습니다.

자아실현이라는 신화

자아Self는 현재의 시대정신을 가장 잘 보여주는 핵심적 개념입니다. 스텐리 그렌츠Stanley Grenz는 자아 개념의 기원을 철학자 플라톤에 있다고 봅니다. 자아가 이데아를 향해 전진하는 관상은 자아를 내면화하는 첫 걸음이 되었습니다. 플라톤 이후 자아는 무엇보다도 인간의 내면성으로 이해되었습니다. 6세 초 라틴 사상가인 보에티우스는 자아의 개념을 개별성과 연결시켜 발전시켰습니다. 개별적 실체로서 자아는 분할할 수 없는 단위이며 이 자아는 영혼에서 발견될 수 있습니다. 이런 개별성에 대한 강조는 개인의 출현을 가져왔습니다. 데카르트와 칸트와 같은 근대 사상가들은 자아를 좀 더 높은 차원으로 상승시켰습니다. 자아는 이성적 자아로 규정되었고 인격person은 "이성적 본성을 지닌 실체"로 변모합니다. 데카르트는 확실성이 자율적으로 아는 주체에 있으며, 지식의 기원은 아는 주체의 개인적 자아에 있음을 보여주었습니다. 칸트는 자아가 세계의 여러 실제 중 하나가 아닌, 세계를 능동적으로 창조하는 존재로서 규정하였습니다. 자아는 자신의 지식 세계를 창조합니다. 윤리적으로도 자아는 도덕적 행위자이자 개인적인 자아, 즉 개인의 의지가 범주적 명령에 호소하여 주어진 상황에서 이성이 마땅히 행해야 하는 것을 결정하는 존재입니다. 이로써 하나님이라는 외부의 대상을 향하면서 그를 의존했던 자아는 내면적으로 자족적인 자아로 전환되었습니다.

심리학은 구원받기 위해서 태어난 종교적 인간을 기쁘게하기 위해서 태어난 심리적 인간으로 완벽하게 대체하였습니다. 에리히 프롬Erich Fromm과 아브라함 매슬로우Abraham Harold Maslow와 같은 심리학자들은 자아실현을 최고의 가치로 두었습니다. 프롬은 긍정적 자유는 능동적이고 자발적으로 살아갈 수 있는 능력과 함께 개인의 잠재력을 완전히 실현하는 것으로 보았습니다. 매슬로우에게 자아의 목표는 내면의 본성을 개발하는 것이고 과학은 도구들을 동원하여 본성을 발견하고 자아성장과 자아실현을 수행할 수 있도록 도와야 한다고 주장했습니다.

자아는 이런 발전 과정을 거쳐서 마침내 자아 실현이 최고의 가치가 되는 자리까지 이르렀습니다. 현대인들에게 자아실현은 거의 종교적 신념에 가까울 정도로 절대적입니다. 여기서 자아 실현은 자신의 내면적 욕망을 실현하는 기쁨을 유지하는 것 정도로 거칠게 요약해 볼 수 있습니다. 문제는 가정을 이런 자아 실현의 방해물로 여기기 시작했다는 것입니다. 가정에서 자신의 일을 묵묵히 감당하는 것은 자아실현과 충돌하는 것으로 현대의 자아 실현 담론은 몰아가고 있습니다. 가정을 돌보는 일보다 직장 생활을 하는 남성 혹은 여성은 자아 실현과 자아 성취에서 더 앞서가는 사람들로 인식됩니다. 남성은 자신의 직장 생활을 통해서 받은 스트레스를 가정에 와서 혼자 게임을 하거나 티비를 멍하게 보는 자신만의 시간을 가짐으로써만 자아를 실현한다고 느낍니다. 반면에 독박 육아는 자아를 완전히 죽이고 육아를 벗어나는 순간 자아 실현의 공간이 열리는 것처럼 자아 실현의 담론은 우리를 설득하고 있습니다. 육아를 벗어나 자신만의 시간을 가지는 것이 힐링이며 가정에서 주어진 일을 감당하면서 생긴 상처는 비로소 그것을 벗어날 때 해소됩니다. 가정의 모든 곳에서 자아 실현의 아우성이 터져 나오면서 관계는 파열음을 냅니다. 어떤 의미인지도 알 수 없는 자아 실현이라는 현대인의 신화는 가정에서 자신의 임무를 다하는 것을 끊임없이 부정적으로 인식하게 합니다.

창조원리와 가정

하나님의 창조는 가정이 인류 역사와 함께 시작되었음을 증거해주고 있습니다. 하나님은 사람을 다른 피조물과 명확하게 구분되는 존재로 지었습니다. 엿새 동안의 창조는 창조주 하나님께서 모든 피조 세계를 사람이 살기에 적합한 곳으로 디자인해 가시는 역사를 보여줍니다. 사람은 창조의 과정에 중심에 있다는 점에서 특별합니다. 또한 하나님께서는 사람을 지으실 때 육체는 땅의 재료인 흙으로부터, 영혼은 자신의 호흡으로 창조하시는 것을 통해서 그 어떤 피조물과도 구별하셨습니다. 하나님께서는 사람을 천사와도 구별된 존재로 특별히 지으셨습니다. 천사는 남성과 여성으로 지음 받지 않았습니다. 사람의 창조는 남성이 먼저였지만 남성과 여성으로 지으셨다는 점에서 천사와도 차이가 있습니다.

플라톤은 원래 인간은 남녀양성인 한 인격으로 피조 되었는데 신들의 저주로 남성과 여성이 구분되었다고 보았습니다. 남성과 여성의 구분을 불완전성과 연결하였습니다. 결혼은 이런 불완전성을 극복하는 과정이었습니다. 그러나 하나님의 창조는 남성과 여성의 불완전성에 의한 것이 아닙니다. 남성과 여성 모두 하나님의 특별한 창조에 의해서 하나님 자신의 형상을 따라 모양대로 지음 받은 존재입니다. 여성은 남성으로부터 지어졌지만 남성을 통해서 피조된 것은 아니었습니다. 남성은 여성의 머리이고 여성은 남자의 영광입니다(고린도전서 11:3, 7). 그러나 여기서 바울은 여성의 존재가 남성에 의존하고 있다고 말하지 않습니다. 여성은 남성이 아니라 전적으로 하나님에게서 났고(고린도전서 11:12) 하나님께 그 존재를 의존합니다.

다만 창조주 하나님은 남성과 여성을 구분하여 지으셨습니다. 시간적으로 보면 남성인 아담을 먼저 그리고 여성을 나중에 지으셔서 구분했습니다. 여성이 아니라 아담이 그리스도와 비견되는 모든 인류의 머리의 직분을 받았습니다(로마서 5:18-19). 남성과 여성의 구분은 죄의 결과가 아니라 하나님의 창조에 속한 것입니다. 남성과 여성이 각각 고유한 자신만의 본성, 성격, 목적으로 구분됩니다. 남성에게 먼저 에덴에 있는 한 동산을 경작하며 하나님의 말씀 가운데 지키도록 임무를 주시고 모든 생물들의 이름을 짓는 사명을 부여하셨습니다(창세기 2장 17-20절). 이후 남성으로부터 만드신 여성 또한 이 동일한 임무, 동일한 소명을 가집니다. 다만 여성은 돕는 베필이며(창세기 2:20, 고린도전서 11:9) 남성을 지배하지 않도록 했습니다. 그렇다고 해서 여성이 남성의 위나 아래의 서열상 위치로 매겨지지 않으며 남성의 유희대상도 아니며 남성의 옆에서 동등하게 피조 세계를 향해서 주신 임무를 함께 감당합니다. 이런 점에서 바울은 주 안에서는 남자 없이 여자만, 여자 없이 남자만 있지 않다고 말합니다. 하나로부터 남성과 여성이라는 구분된 둘을 만드신 하나님은 이 둘이 서로를 향해서 하나를 이루게 했습니다. 한 영혼과 한 몸이 된 남편과 아내는 그 교제의 결과물인 자녀와도 하나를 이룹니다. 헤르만 바빙크는 『가정』^{Huisgezin}이라는 저서에서 남성의 머리 됨, 여성의 사랑 그리고 자녀의 순종은 각각의 임무를 통해서 하나를 이루는 것을 창조 원리에 나타난 가정으로 정의하고 있습니다.

이러한 창조 원리에 나타난 가정은 원래 남성에게 주셨고 여성과 공유하게 하시며 언약 자녀들과의 언약으로 이어지는 임무 곧, 직분으로서의 인간 됨을 중심에 두고 있습니다. 그리고 창조 때 인간에게 주어졌으며 가정이라는 기관을 이루는 구성원들을 통해서 이루고자 하시는 사명은 이제 그리스도의 직분을 통해서 재해석되고 다시 생명을 얻습니다. 남성과 여성, 자녀로 구성되는 가정을 직분을 중심에 두고 생각하는 것은 스킬더라는 신학자를 통해서 단서를 찾을 수 있습니다. 그는 그리스도를 직분으로 이해하였습니다.

> 내가 하나님을 통해서 세상 속으로 보내진 이 '사람'에 대해서 묵상할 때 그것은 어떤 본성(인성 혹은 신성-논문저자 해설)적 이해가 아니라 그를 '직분'으로 이해하는 것으로 시작한다. 왜냐하면 모든 본성은 이미 하나님의 영원한 작정에서 정해졌고 이어서 창조 직후에는 이것이 직분적 명령을 통해서 주어진 것을 수행하는 것을 염두에 두고 만들어 졌기 때문이다. (클라스 스킬더, De Reformatie 17, 165)

하나님께서 창조하신 사람은 직분자 그리스도 안에서 문화명령이라는 임무를 수행하는 직분을 가집니다. 이 임무 아래서 남성과 여성, 그리고 자녀는 모두 직분입니다. 직분자 그리스도 안에서 우리는 창조 원리에 나타난 가정과 가정을 이루는 구성원 모두 사명을 감당하는 직분자로 스스로를 규정해야 합니다.

바울은 디모데에게 쓴 편지에서 남성과 여성을 자연적으로 주어진 성적인 구분이 아니라 직분적 구분이라는 점을 잘 드러내고 있습니다. 바울은 디모데전서 2장 8절부터 남성과 여성을 직분적으로 이해하고 있고 교회를 세워가기 위해서 어떤 임무를 맡았는지를 중심으로 설명합니다. 특별히 교회 직분자로 세워지지 않았던 여성 됨도 직분으로 보면서 직분자 여성의 일에 대해서 말하고 있습니다. 디모데전서 3장부터는 남성 직분자인 감독과 집사를 말하는데 이처럼 남성 직분이 잘 세워지기 위해서는 여성이 직분자로 잘 서야 한다는 점을 미리 전제하고 있습니다.

에베소는 아데미 신전을 중심으로 모든 것이 형성된 사회였습니다. 신전 창기들은 돈을 벌어 머리를 땋고 금과 은과 진주로 장식하고 좋은 옷을 입고 활개를 쳤습니다. 이런 배경에서 여성은 세상의 시대정신에서 벗어나야 합니다. 여성이 직분을 다하는 것은 남성이 집을 잘 다스리는 일에 필수 불가결하게 연결되어 있습니다. 이런 남성과 여성이 가진 직분 수행은 위계적 관계가 아니라 가정이라는 집과 하나님의 집인 교회가 평안하게 되는 길입니다. 그리스도의 낮아지심(빌립보서 2:6-8) 바로 그 경건의 비밀(디모데전서 3:16)을 아는 직분자 여성만이 그 직분을 잘 감당합니다.

바울은 골로새서에서 남성과 여성, 부모와 자녀가 직분을 다하는 일을 창조 원리와 연결합니다. 골로새서 3:9-10에 바울은 옛 사람과 그 행위를 벗어버리라고 합니다. 새 사람이 되는 것은 옛 행위를 버리고 완전히 새로운 행위를 하는 것입니다. 앞서 바울은 골로새서 1: 10에서 주께 합당하게, 우리가 믿는 주님이라는 분에 걸맞게 인생의 길을 걸어가고 행동해야 한다고 말합니다. 골로새서 3:10을 보면 새 사람은 자기를 창조하신 이의 형상을 따라 지식에까지 새롭게 하심을 입은 자라고 말합니다. 여기서 지식은 단지 행동에만 국한되거나 단지 아는 것에만 제한되지 않는 이 둘을 모두 포함한 인격 전체입니다. 새 사람은 하나님의 형상을 따라 지식에까지 새롭게 함을 입어서 행위, 인격, 생각, 존재가 주께 합당하게 주님께 걸맞게 변화되어 가는 것을 말합니다. 이처럼 바울은 그리스도 안에서 새롭게 된 사람을 자기를 지으신 하나님의 형상에까지 새롭게 하심을 입은 자라고 하면서 창조 때의 직분을 소환합니다. 그리고 새롭게 회복된 하나님의 형상 됨 안에서 남편과 아내(골로새서 3:18-19) 자녀와 부모(3: 20-21)의 직분을 말하고 있습니다. 그리스도 안에서 회복된 하나님의 형상됨은 창조 원리에 새겨졌던 남성, 여성, 자녀라는 직분을 그리스도를 아는 지식 안에서 새롭게 해석합니다. 우리는 끊임없이 우리의 머리 되신 그리스도를 붙들면서(골로새서 2:19)

창조 원리에 나타난 가정을 회복합니다. 모든 인류의 머리 되신 그리스도 안에서만 우리는 비로소 가정됨을 말할 수 있습니다. 파편적이고 도덕적인 남성, 여성 담론보다 창조에 나타난 가정과 이 가정의 회복이 오직 그리스도 안에서 발견되는 하나님의 형상된 사람이 가진 직분에 대한 깊은 묵상에서 주어진다는 점을 명심해야 하겠습니다.

복음과 가정

그리스도인의 모든 삶은 그리스도 안에서 나타난 복음에 기초해야 합니다. 가정과 그 안에서의 삶도 복음 곧, 그리스도의 구원 사역과 깊이 연관되어 생각해야 합니다. 이럴 때 비로소 가정은 주 안에 있는 그리스도인의 가정이 될 수 있습니다. 올리버 오도노반Oliver O'Donovan은 부활과 기독교 윤리의 연관성을 다룬 그의 저서 『Resurrection and Moral Order』에서 그리스도인의 모든 삶은 복음적 기초를 가져야 하고 그리스도의 복음으로부터 나와야 한다는 점을 강조합니다. 특별히 그는 그리스도의 부활을 주목합니다. 부활은 한 특정 개인인 그리스도에게 일어난 일입니다. 그러나 부활은 우주적이고 보편적인 성격을 가지게 됩니다. 부활은 죽음의 죽음입니다. 죄의 삯으로 주어진 죽음을 예수님은 정복하셨습니다. 부활을 통해서 이제는 새로운 실재Reality가 열렸습니다. 부활에서 예수님은 몸을 다시 취하셨습니다. 부활은 단지 영혼이나 정신의 문제가 아니라 몸 곧, 전체 물질적 실체와 관계를 맺게 되었습니다. 부활은 죄로 인해 사망에 이른 인류의 회복일 뿐 아니라 전체 물질적 피조세계의 창조 질서가 새롭게 되는 것을 압축하고 있습니다. 이런 점에서 부활은 창조 질서를 재정립함으로써 모든 피조 세계를 새롭게 하는 기초가 됩니다. 부활에서 창조 원리가 새롭게 확인되면서 하나님 나라와 연결됩니다. 부활안에서 창조 질서와 하나님 나라는 충돌하지 않고 서로를 포옹합니다. 부활에서 확인되는 것처럼 창조 질서의 회복과 하나님 나라 도래는 복음 위에서만 정초할 수 있습니다.

바울은 로마서에서 직접적으로 가정이나 남성과 여성의 관계에 대해서 언급하지 않습니다. 그러나 복음의 중요한 기둥으로서 하나님 나라를 말합니다. "하나님 나라는 먹는 것과 마시는 것이 아니요 오직 성령 안에 있는 의와 평강과 희락이라."(로마서 14장 11절) 로마서는 바울이 로마 제국의 심장부인 도시 로마에 살고 있던 그리스도인들에게 보낸 편지입니다. 그리스도인이 되기 이전에 그들은 '로마'의 정신, 가치, 세계관, 삶의 모양에 충실한 사람들이었습니다. 그들의 몸들이 존재하고 움직이면서 만들어 내는 모든 문화가 '로마'였습니다.

무엇보다도 로마인들은 법의 민족이었습니다. 법은 정의가 생명입니다. 따라서 로마인들은 법에 의해서 실현되는 의를 무엇보다도 중요한 덕으로 간주했습니다. 사람이 행한 만큼 합당한 보상을 받는 것을 아주 중요한 가치로 생각했습니다. 반면에 잘못은 명백하게 처벌받아야 하는 것이 이들이 추구하는 '의'였습니다. 그러나 이런 방식의 의는 바울이 말하는 행위의 법에 속했습니다. 바울은 그들에게 익숙한 이런 의와 매우 낯선 의, 믿음의 법을 선포합니다. 믿음의 법은 하나님의 의로부터 옵니다. 로마서 1장 17절에서 "복음에는 하나님의 의가 나타났다"고 선언합니다. 복음은 의로우신 하나님에 대한 선포입니다. 하나님의 은혜로 죄인이 처벌받지 않고 값없이 의롭다 하심을 받는 새로운 의의 질서가 공포되었습니다.

또한 하나님 나라의 평강은 로마인들의 평화^{Pax Romana}와도 대비됩니다. 로마인들은 평화를 항상 열망했습니다. 그만큼 전쟁과 재해의 소식이 끊이지 않았습니다. 로마의 통치철학이었던 스토아는 세상이 조화롭고 원래 지어진 원리대로 순조롭게 진행되는 것을 추구하던 사상이었습니다. 그만큼 로마제국은 끊임없이 평화를 깨는 소식 속에서 살았습니다. 그들은 로마 황제가 자신의 군사력과 정치력, 곧 권력이 평화를 가져다줄 것을 기대했습니다. 그러나 진정한 평화는 권력에 의한 힘의 평화가 아니었습니다. 원수를 군사력으로 억제하는 데서 오지 않습니다. 오히려 하나님께서 원수 된 자들과 그리스도 안에서 화목하셔서 진정한 평화를 이루셨습니다.

우리가 사는 세상 그리고 이 세상에 속한 가정은 마치 고대 도시 로마처럼 권력관계에 의한 평화나 보상, 처벌에 의한 의를 설득합니다. 그러나 복음이 말하는 하나님 나라는 가정에 대해서도 중요한 원리를 말해 줍니다. 남편과 아내의 관계에서 실현되는 하나님 나라는 권력관계에 의해서 좌우되는 평화가 아닙니다. 로마는 힘에 의한 평화라는 원리를 제시했습니다. 그러나 하나님은 그리스도 안에서 원수와 화해하는 복음을 드러내셨습니다. 서로를 향한 지배와 편의를 얻기 위한 노력을 중지하고 그리스도 안에서의 하나님의 평화 원리를 실현해야 합니다. 남성과 여성은 죄로 말미암아 서로 원수의 상태에 놓인 것처럼 서로를 대할 때가 많습니다. 배우자를 향해 내 인생을 망쳐 놓은 원수라는 말을 할 때도 있습니다. 그러나 하나님 나라는 원수와 화평하는 평화의 나라입니다. 보상과 처벌의 날이 서 있는 의가 아니라 믿음의 법 곧, 그리스도 안에서 죄인들을 기꺼이 용납하시고 스스로 의인된 자들을 낮추시는 하나님의 의가 실현되어야 그리스도안에 있는 가정입니다. 남편과 아내, 부모와 자녀의 관계에서 그리스도 안에서 비로소 도래하는 하나님 나라, 복음에 기초한 의와 평화와 기쁨이 실현되는 것이 복음적인 가정입니다.

죄와 가정

가정은 가장 원초적인 관계로 구성됩니다. 여기서 원초적이라는 뜻은 우리 죄의 본성과 실체가 그대로 드러나는 현장이라는 의미입니다. 우리는 그리스도 안에서 창조 원리와 하나님 나라 복음을 통해서 가정의 원리를 비추어 보았습니다. 그러나 이런 원리들도 엄연히 존재하는 죄와 공존합니다. 죄악 된 우리 본성과의 깊은 씨름을 동반하면서 실현될 수밖에 없습니다. 팀 켈러는 결혼에 대한 그의 저서에서 결혼은 '진실의 힘' 곧 스스로의 실체를 사실 그대로 드러내는 힘이 있다고 긍정적으로 말합니다. 결혼은 마주하고 싶지 않은 자화상을 들이대고 똑바로 그것을 직시하도록 합니다. 그러나 이런 긍정적인 서술은 매우 비참한 죄악이라는 부정적인 실재를 역설적으로 보여주고 있습니다. 그리스도와 교회의 신비를 드러내도록 설계된 남편과 아내의 관계는 사실상 서로의 죄악의 깊이를 경험하며 자신의 죄악의 한없음을 직면하게 만드는 처참한 현장이기도 합니다. 자녀들은 자신의 죄악됨을 부모를 원망하면서 외면하고 반대로 부모는 자녀에 대한 지배력이라는 죄악을 그들을 향한 사랑으로 근사하게 포장하기도 합니다. 가정에서 죄는 매우 현실적이며 동시에 늘 우리에게 던져진 현존이기도 합니다.

본회퍼는 가정을 다루는 그의 저서 『윤리학』에서 먼저 우리가 항상 실존적으로 처하게 되는 자리가 바로 이 죄인된 자리, 한계의 자리라고 말합니다. 인간은 율법을 소유하지만 그것을 성취할 가능성과 소망은 전혀 없습니다. 이것이 인간 실존의 한계입니다. 그리스도는 바로 우리가 서야 할 이 변두리와 한계에 자신을 두심으로 우리 인간 실존의 중심이 되십니다. 그는 이미 우리 대신 죄인의 자리에 자신을 두셨을 뿐 아니라 지금도 우리가 죄악을 만날 때마다 이 한계에 자신을 두심으로 우리의 옛 자아와 새로운 자아의 중심이 되십니다. 그리스도는 우리 실존의 중심으로 현존하시면서 세상과 하나님 나라를 하나로 통합하십니다. 그리스도인은 세상에 속해 있다는 사실 때문에 그리스도와 분리되지 못하고 그리스도께 속해 있기 때문에 세상과 분리되지 못합니다.

가정에도 이 원리가 적용됩니다. 가정은 세상에 속해 있지만 그리스도와 연결되어 있기 때문에 우리는 하나님의 위임을 맡은 자로서 살게 됩니다. 곧 직분을 위임받은 자들입니다. 이런 관점에서 결혼을 생각해 본다면 결혼을 통해서 예수 그리스도에게 영광을 돌리고 그분을 섬기며 그분의 나라를 확장하는 것입니다. 결혼을 통해서 예수 그리스도를 섬기는 새로운 인간이 창조됩니다. 그러나 여기에서도 죄악의 깊은 그림자를 잊지 않아야 합니다. 첫 번째 아들 가인은 낙원에서 멀리 떨어진 곳에서 태어났고 형제를 살해한 자가 되었습니다. 오직 그리스도가 죄인인 우리 실존의 중심이 될 때 그때 비로소 현실은 그리스도 안에서의 현실이 됩니다. 끊임없이 죄악의 그림자 속에 살아가지만 하나님의 위임을 받은 가정의 직분자들은 그리스도와의 연합을 추구하면서 하나님의 사명을 다하는 자들로 세워져 갑니다. 세상과 동일하게 가정을 이루는 사람들의 죄악의 실체는 비참합니다. 이 참담함 때문에 사람들은 가정에 주신 하나님의 위임에 동참하기보다 결혼과 가정의 현실에서부터 도피하고자 합니다. 죄악의 심각성을 직시하지 못한다면 가정은 단지 신기루, 환상에 불과할 것입니다. 다만 이 죄악됨을 직면하고 고백하면서도 오히려 이를 통해서 우리 실존의 중심되신 그리스도, 우리 대신 우리 자리에 서 계신 그리스도와의 끊임없는 연합을 소망하는 자리로 나가야 합니다.

기도: 가정을 위한 유일한 치료제

우리는 가정을 향한 그리스도 안에서 원리와 다른 한편 존재하는 거대한 걸림돌을 함께 생각해 보았습니다. 창조 원리와 복음에 기초한 직분 수행을 위한 다양하고 구체적인 지혜들이 많습니다. 그러나 무엇보다도 기도를 강조하고 싶습니다. 기도는 가정을 신학적이면서도 실질적인 차원에서 생각하게 합니다. 우리의 기도는 근본적으로 삼위 하나님 안에서 이루어집니다. 기도하면서 우리는 그리스도의 중보기도와 탄식하시면서 우리 안에서 함께 기도하시는 성령의 기도에 동참합니다. 기도 자체가 이미 신학적입니다.

삼위일체론은 일종의 열망의 존재론입니다. 성자는 성부의 뜻을 알고 이를 실현하기를 열망하였습니다. 성부, 성자는 성령의 생각을 알고 성령은 하나님의 뜻대로 성도를 위해서 기도합니다. 삼위의 내적인 하나 됨은 그 열망의 하나 됨을 전제합니다. 우리는 기도를 통해서 삼위의 열망에 포함되고 기도하는 중에 우리의 왜곡된 열망이 교정되고 정당하게 순서 매김하게 됩니다. 사라 코클리Sarah Coakley는 이런 열망의 문제가 집약되어서 나타나는 실천적 현장을 남성-여성의 관계라고 봅니다. 열망의 문제, 곧 기도는 항상 잘못된 남녀간의 욕망의 문제와 분리될 수 없습니다. 오히려 남성-여성의 문제는 교정되고 바르게 정돈된 우리 안에 열망이 가장 일차적으로 나타나야 하는 처소가 되어야 합니다.

앞서 언급한 것처럼 현대 사회에서 남성-여성문제는 권력을 향한 욕망과 서로를 향한 지배욕으로 대치되었습니다. 이런 근본적인 문제로 인해 남녀의 성적인 욕망도 왜곡되었습니다. 코클리는 과감하게 19세기부터 주장된 페미니즘 담론을 삼위일체론 안에서 해소합니다. 앞서 살펴 본 삼위 하나님 사이에 존재하는 열망이 모든 형태들의 욕망들에 관한 현대적 사유를 지탱하는 유일한 기초가 되어야 합니다. 또한, 하나님을 향한 우리의 갈망이 우리의 열망들을 은혜와 기독교적인 덕 안에서 이해하는 참된 터가 되어야 합니다.

코클리는 이를 '욕망의 새로운 금욕주의'a new asceticism of desire로의 요청으로 규정합니다. 이 요청은 인간의 기본 욕망 – 음식, 음료, 성, 권력, 친밀함, 사랑 –들이 어떤 방식으로 도덕적 성찰의 '사슬'에 매여야 하는지 우리로 하여금 창의적으로 생각하게 합니다. 도덕적 성찰이기 때문에 우리는 이를 금욕주의라고 부를 수 있습니다. 코클리는 이 문맥에서 기도를 강조합니다. 우리가 기도 안에서 실제로 삼위일체의 삶으로 들어갈 때 우리는 욕망의 새로운 금욕주의를 만나며 또한 이 도전이 우리 삶을 끝까지 변혁적으로 훈련시켜 나갈 수 있습니다. 오직 기도의 자리만이 삼위 하나님 안에 있는 진정한 열망을 이해하고 이를 따라서 우리의 열망을 새로운 금욕주의, 곧 정당한 모든 열망으로 전환할 수 있습니다.

코클리는 삼위일체론과 기도 그리고 열망의 관계성 속에서 페미니즘과 '남성-여성'의 관계를 접근합니다. 예를 들어 19세기 말에 시작된 기독교 여성주의자들은 하나님을 '아버지'라고 적절하게 부를 수 있는가? 아니면, 그렇게 부르는 것이 자유를 향한 그들 자신의 탐구를 방해하는가?와 같은 질문들에 직면해 왔습니다. 이런 신학적 여성주의는 한편으로 사회적 주제를 수용해서 신학적으로 대답하고자 한 시도입니다. 페미니즘은 하나님을 아버지로 부르는 것에 대해서 불편함을 토로해 왔습니다. 그러나 코클리는 이런 불편함이 부당하다고 봅니다. 대신에 그는 예수님 자신과 기도에 대한 예수님의 가르침으로 돌아가는 것만이 유일한 해답이라고 봅니다. 기도하는 여성은 사실상 잘못된 가부장제를 도말하면서도 고전전인 여성주의의 한계도 동시에 극복합니다. 바로 성령 안에서 기도를 통해서입니다. 이 여성 신학자가 남긴 말을 짧게 나마 인용해 보겠습니다.

예수님께서 자신의 '아버지'로 독특하게 명명한 '아빠'에게 성령 안에서 드리는 기도를 통해서 우리는 남성과 여성의 갈등과 대치를 극복할 수 있습니다. 달리 표현하면, 바로 기도안에서 삼위일체 하나님을 만나는 행동을 통해서 그리고 성령 안에서의 예수님의 겸허로 드리는 '케노시스'의 기도가 지닌 자기 비움의 행동을 통해서, 거짓된 가부장제적 악령들로부터, 심지어 자신의 영혼 안에 깊이 존재하는 여성주의의 악령들로부터 벗어나는 것입니다. 그럼으로써 가부장제의 한계 밖에서 '부성(아버지 됨)'을 다시 생각할 수 있는 용기가 주어집니다.

"기도 외에 다른 것으로는 이런 유가 나갈 수 없느니라."(마가복음 9장 29절) 가정은 하나님의 창조 때부터 존재한 삼위 하나님이 세우신 고귀한 기관입니다. 창조 원리와 그리스도의 복음, 하나님 나라 모습이 가장 극명하게 드러나야 하는 곳입니다. 이런 기관이 왜곡된 자아 실현의 욕망이나 지배력과 권력 관계 등의 잘못된 담론들에 포위되어 신음하고 있습니다. 근본적으로 가정은 우리의 죄악 됨이 가장 적나라하고 비참한 모습으로 그 일그러짐을 드러내는 곳입니다. 우리는 기도 중에 하나님 안에서 정당한 욕망으로 우리 자신을 교정하고 기꺼이 고난 받고 피차 복종하는 새로운 금욕주의를 실현할 능력을 공급받아야 합니다.

토의를 위한 질문

1. 결혼과 가정에 대해서 부정적인 담론들은 어떤 것이 있습니까? 평가해 봅시다.

2. 결혼과 가정의 성경적 기초를 창조 원리와 복음을 따라 정리해 봅시다. 이런 기초를 그리스도 안에서 설명하고 확인해 봅시다.

3. 자신이 만나는 결혼과 가정, 출산의 어려운 점들은 어떤 것입니까? 이런 어려운 순간들을 만날 때 드러나는 자신의 죄악 됨은 어떤 것인지도 함께 말해 봅시다.

4. 결혼과 가정의 위기의 시대에 기도가 어떻게 치료제가 될 수 있는지 나누어 봅시다. 우리 가정 안에서만이 아니라 교회가 이런 기도의 중심이 될 수 있도록 공동체적 기도의 실현 방안도 함께 찾아봅시다.

연애관의 회심을 꿈꾸며

권율(세계로병원 원목)

제7계명을 설교하기 부담스러운 시대

제가 이전에 어느 교회에서 사역할 때 있었던 일입니다. 고등학교 남학생이 어느 날 기분이 아주 좋아 보여서 무슨 일이 있냐고 물었는데 그의 대답이 가히 충격적이었습니다. "목사님, 최근에 저한테 '섹파'가 생겼습니다." 평소에 연애 상담을 자주 하기 때문에 웬만해서는 당황하지 않는데 그날은 제가 정색을 하면서 화를 냈습니다. "당장 안 끊어내면 지금 바로 아버지한테 전화할 거니까 얼른 정신 차려!"

더욱 충격적인 건 그 친구의 아버지가 어느 교회의 담임목사라는 것입니다. 조금 지난 일이지만 저는 아직도 그날의 기억을 잊을 수 없습니다. 자신이 저지르는 행동이 하나님 앞에서 얼마나 끔찍한 죄악인 줄 전혀 인지하지 못하는 그의 표정을 말입니다. 물론 그 후에 그 친구는 저의 충고대로 '섹파'를 정리했습니다.

지금 한국 교회는 전 연령대에 걸쳐 성적 타락이 심각한 싱태입니다. 상담을 하다 보면 다음 세대뿐만 아니라 기성세대조차 성적인 타락에 빠져 있는 경우가 정말 많습니다. 더구나 교회에서 목사들은 7계명 설교하기를 부담스러워합니다. 현장에서 강의하며 들은 바로는, 강단에서 7계명과 혼전 순결을 설교하다 보면 갑자기 안 보이는 교인들이 생긴다는 것입니다. 코로나 이후로 가뜩이나 출석 교인이 감소하고 있는데, 교회의 쇠락(?)을 부추기는 그런 설교는 최대한 절제하는 상황입니다.

저는 20년 전부터 "연애, 결혼, 하나님 나라", 소위 '연애 신학'이라는 주제로 강의하고 있습니다. 20대 중반의 이른 나이에 결혼을 했는데, 결혼 전에 아내에게 썼던 유별난 연애편지가 한때 회자되기도 했습니다. 3년 전에 출간되어 여전히 많이 읽히는 『연애 신학』(샘솟는기쁨, 2020)은 20년 전에 썼던 연애편지에 기초하여 평소 강의 내용을 정리한 책입니다. 본 글에서 저는 이 책의 내용을 바탕으로 현재 한국 교회 청년들의 연애관을 진단하고 적절한 대안을 제시하고 싶습니다.

신앙과 완전히 분리된 연애관

앞서 언급한 고등학생의 이야기는 사실 특별한 케이스가 아닙니다. 청년들의 연애 문제를 상담하다 보면 참으로 기이한 현상을 발견하게 됩니다. 일반적으로 볼 때 청년부 회장을 하고 모임 리더를 하는 청년이라면 신앙이 상당히 뜨거운 상태입니다. 놀랍게도 이런 청년들 중에도 기존의 패러다임을 뒤집는 신앙 행태를 보이는 경우가 많습니다. 청년부 임원이나 리더로서 열심히 교회를 섬기면서도 연애도 열심히 하는 경우가 있는데, 그 연애를 들여다보면 상상을 초월할 정도로 충격적입니다. 혼전순결 개념은 전혀 없고 세상 친구들처럼 똑같이 음란한 행위를 서슴지 않습니다.

여기에서 우리가 알아야 할 것이 있습니다. 이런 청년들을 보면 의외로 착하고 성실하다는 것입니다. 대화를 해 보면 교회를 사랑하는 마음이 남다르고, 자신의 인생 문제를 두고 진지하게 고민하며, 하나님을 위해 무언가에 헌신하는 자세가 돋보이기도 합니다. 그러면서도 자신들의 문란한 연애에도 진심입니다. 참 이상하게 들리겠지만, 교회를 섬기는 일에 진심이면서도 연애를 음란하게 하는 일에도 정말 진심입니다. 물론 죄의식이 전혀 없는 상태로 말입니다.

그런 일이 어떻게 가능하냐고 반문하고 싶겠지만 실제로 교회 현장에서는 얼마든지 찾아볼 수 있습니다. 예전에는 연애를 '잘하는' 교회 청년들의 이미지가 정해져 있었습니다. 일단 신앙에는 무관심하고 세상 친구들처럼 음란한 연애에 진심인 경우가 대부분이었습니다. 그나마 신앙이 조금 있는 경우에는 음란한 연애에 충실하면서도 마음 한편에는 죄의식을 느끼고 있었습니다. 그러니까 참된 신앙과 음란한 연애는 양립 불가능한 것으로 인식했다는 것입니다.

하지만 지금 세대의 교회 청년들은 상당히 다릅니다. 하나님을 '진심으로' 섬기면서도 자신들의 그런 연애를 '진심으로' 할 수 있다고 생각합니다. 결혼 전 연애하는 중에도 성관계를 가지며 서로의 사랑을 확인하고, 그러면서도 둘이 함께 교회를 헌신적으로 섬긴다고 말합니다. 기성세대들이 보기에는 그들의 연애가 분명히 음란한 상태인데, 그들 스스로는 전혀 그렇게 생각하지 않습니다. 이런 상황에서 그들의 변칙적인 신앙 행태를 무조건 정죄만 한다면, 앞으로 그들과 대화하기란 전혀 불가능해집니다.

물론 저는 그들의 연애가 바람직하다고 생각하지 않습니다. 분명히 말씀드리지만, 참된 신앙과 음란한 연애는 절대 양립할 수 없고, 그들의 신앙은 분명히 교정되어야 하며, 하나님 앞에서 제대로 된 연애를 경험해야 합니다. 다만 저는 기성세대들에게 전혀 낯설게 보이는 이 시대 청년들의 연애관을 있는 그대로 소개하려는 것뿐입니다. 구약의 타락한 이스라엘 백성처럼 하나님도 경외하고 시대의 풍속대로 자기의 신들도 섬기는 기이한 상태(왕하 17:33)가 지금 한국 교회에 도래한 것입니다.

연애 문제를 언급하지 않는 성경

성경도 역사성을 지니는 텍스트이기 때문에 기록된 당시의 문화를 배경으로 합니다. 따라서 현대 사회의 모든 문제들이 성경에 언급되어 있지는 않습니다. 오늘날 청년들의 연애도 그중의 하나입니다. 저는 고등학교 시절에 처음으로 '연애'(가벼운 이성교제)를 시작했는데, 성경을 열심히 읽다가 궁금해진 사실이 있었습니다. 성경이 결혼에 관해서는 수없이 언급하면서도 어째서 결혼 전 연애에 대해서는 언급하지 않을까 하는 생각입니다. 당시 여자친구와 교제하면서도 연애의 원리를 성경에서 찾아내려고 애쓴 기억이 지금도 생생합니다.

거두절미하고 말하면, 지금과 같은 연애는 20세기에 들어와서 새롭게 생겨난 문화 현상입니다(에리히 프롬, 『사랑의 기술』, 세계명저 영한대역 5, 17). 다시 말해, 사랑하고 싶은 짝을 '내가' 선택해서 연애를 하고, 또 그(녀)를 배우자로 삼아 결혼하는 걸 '내가' 결정하는 방식은 그 역사가 불과 120년이 조금 넘습니다. 사회학자들의 분석대로, 사실상 대부분의 인류 역사에서 결혼 문제는 자신의 의중보다는 부모나 존경하는 스승이나 중매인의 의중에 달려 있었습니다. 한국 사회에서도 불과 한 세대 전의 부모들(특히 70대 이상)의 결혼 스토리를 들어봐도 그 같은 사실을 확인할 수 있습니다. 심지어 사랑하는 마음도 없이 결혼해서 나중에 자기 남편을 사랑하게 되었다고 고백하는 나이 든 『연애 신학』 독자도 있습니다.

여하튼 성경은 수천 년 전에 기록되었기 때문에 역사가 짧은 지금과 같은 연애를 언급하지 않는 것은 당연하다고 볼 수 있습니다. 그렇다고 연애의 원리가 성경에 나오지 않는 것은 아닙니다. 결혼 전 연애에 관한 구체적인 지침 자체는 찾기 힘들어도 결혼을 언급하는 구절에서 신학적 필터링^{filtering}을 거쳐 연애의 원리를 얼마든지 추출해 낼 수 있습니다. 이 작업을 시도한 책이 바로 『연애 신학』입니다.

신학적이고 교리적인 연애!

신학은 학문의 성격이 분명하지만 원래의 의미대로 일상성을 담보하고 있습니다. 즉, 신학^{theology}의 헬라어 어원(떼오로기아)대로, 하나님이 우리에게 말씀하시고 우리가 하나님을 말하는 것이 신학의 일상성입니다. 그렇다면 '연애 신학'^{a theology of dating}이라는 말은 하나님이 연애하는 커플에게 말씀하시고 동시에 그 커플은 자신들의 연애를 통해 하나님을 말하는 것입니다. 한때 많은 분들에게 공격당했던 '연애 신학'이라는 표현을 제가 고집하는 이유가 바로 여기에 있습니다. 교회 청년들의 연애 역시 삼위 하나님과 절대 분리될 수 없고, 오히려 그들의 연애 자체가 거룩하신 하나님을 증거하는 방편이 되어야 합니다. 흔히 세속적이라고 생각하는 연애 영역이 적어도 성도인 우리에게는 하나님의 통치를 받는 거룩의 영역으로 인식되어야 합니다.

그렇다면 어떤 신학적 원리에 기초하여 연애 신학을 정립하느냐의 문제가 제기됩니다. 저의 모든 설교와 강의가 그러하듯이, 연애 신학 역시 하나님 나라 신학에 기초하고 있습니다. 하나님의 자녀인 우리는 한순간도 하나님의 통치를 벗어날 수 없습니다. 하나님 나라는 하나님의 통치와 그 통치의 실현이기 때문에 우리의 모든 일상은 하나님 나라와 결코 분리될 수 없습니다. 따라서 청년들의 연애 문제도 철저하게 하나님 나라와 깊은 관련이 있습니다. 그들이 가장 양보하기 싫어하는 연애 문제를 하나님의 통치에 굴복시키는 훈련이 이 시대에 꼭 필요합니다.

저는 상담학과 심리학 및 일반 학문을 결코 무시하지 않습니다. 실제로 『연애 신학』의 곳곳에서 상담학적 원리들을 차용하고 있습니다. 그럼에도 청년들의 연애 문제를 접근함에 있어 전체 구조를 하나님 나라 신학에 기초해야 하고, 그 내용을 설명하는 방식에서 부분적으로 상담학 및 일반 학문을 활용해야 한다고 주장합니다. 그러나 많은 경우에 기독교 연애 관련 책들은 이 순서가 뒤집혀 있습니다. 기독교 용어를 사용하지만 결국 상담학·심리학적 결론으로 끝나는 경우가 많습니다.

그리고 연애 신학은 개혁주의 교리에 기초하고 있습니다. 사실 이전에 제가 SFC 간사로 섬기면서 캠퍼스 운동원들에게 가르친 내용이기 때문에, 개혁주의를 표방하는 '학생신앙운동'Student For Christ의 강의답게 철저하게 개혁주의 교리를 담고 있습니다. 하나님의 절대주권과 인간의 자유의지의 관계, 교회론과 구원론 및 언약 신학 등의 교리에 정초定礎하여 연애 신학을 전개하고 있습니다. 아무튼 저는 개혁파 목사답게 교회 청년들의 연애도 신학적이고 교리적이어야 한다고 생각합니다.

절대 타협할 수 없는 3가지 원리

창세기 2장 24절은 하나님이 전 인류에게 주신 결혼 구절입니다. "이러므로 남자가 부모를 떠나 그의 아내와 합하여 둘이 한 몸을 이룰지로다" 여기에는 언약 결혼의 3가지 요소가 들어 있습니다. '떠남'과 '연합'과 '한 몸 됨'입니다. 이 3가지는 성도들에게만 주신 것이 아니라 세상의 모든 사람들에게 주신 결혼의 원리입니다. 사실 사람들의 결혼 문제를 곰곰이 들여다보면 이 3가지를 제대로 지키지 않아서 생기는 문제들입니다. 세상은 그렇다 치더라도 적어도 성도인 우리는 언약 결혼의 3가지 요소를 명심하고 있어야 합니다.

이 3가지의 의미를 하나씩 논하면서 실제 사례들을 제시하고 싶지만, 지면 관계상 생략하고 연애의 원리에 집중하려고 합니다. 우선 이 3가지(떠남, 연합, 한 몸 됨)는 결혼 관계에만 적용되는 원리들입니다. 즉, 서로가 부모를 떠나서 둘이 연합하고 한 몸을 이루는 것은 결혼한 부부 사이에서만 허용되어야 한다는 뜻입니다.

그렇다면 이 3가지를 뒤집으면 결혼 이외의 연애 관계에서는 허용될 수 없다는 원리가 나옵니다. 다시 말해, 결혼 전에 각자의 부모를 떠나는 것은 허용되지 않습니다. 연애 중에는 여전히 부모의 권위 아래에 있어야 하고 아직 교회의 최소 단위인 가정(남편과 아내)으로서 존재할 수 없습니다. 또한 연애 과정에서는 서로가 합하여 은밀한 관계를 누릴 수 없습니다. '합하다'에 해당하는 히브리어 동사 '다바크'는 두 쇠붙이를 땜질해서 딱 붙여 놓는다는 뜻입니다. 그러니까 제3자가 끼어들 수 없는 배타성을 띤 성적 친밀감을 내포하는 말입니다. 연애 관계는 아직 파기 가능한 상태이기 때문에 그런 수준의 친밀감을 누릴 수 없습니다. 그리고 결혼 전에 연애 관계에서는 '한 몸 됨'이 절대 허락되지 않습니다. 한 몸을 이룬다는 표현에서 알 수 있듯이, 여기에는 남녀의 성관계 및 성행위가 포함되어 있습니다. 바로 이 지점에서 혼전순결의 원칙이 나오는 것입니다.

하지만 오늘날 세상의 연애관은 창세기 2장 24절 말씀을 정면으로 대적합니다. 결혼하기 전부터 부모를 떠나 자기 마음대로 연애를 하고, 서로가 합하여 은밀한 관계를 즐기며, 혼전순결 개념은 고리타분한 고대의 유물로 여기고 마음껏 성적 쾌락을 탐닉하라고 부추깁니다. 문제는 이런 현상이 이미 한국 교회 안으로 깊숙이 들어와 있다는 것입니다. 실제로 현장에서 강의하다 보면, 연애 중에 왜 혼전순결을 굳이 지켜야 하는지 질문하는 청년들이 있습니다. 예전에 교회에서는 당연시되던 개념이 이제는 차근차근 설명해 줘야 하는 상황이 도래한 것입니다. 그것도 다음 세대들의 정서를 최대한 고려해서 납득이 되는 방식으로 말입니다.

아무튼 우리는 세상의 연애관이 아무리 판을 치더라도 이 3가지(떠남, 연합, 한 몸 됨) 지점에서는 절대 타협하지 말아야 합니다. 성경을 하나님의 말씀으로 진짜로 믿는 사람이라면 누구나 동의할 수 있도록 끊임없이 설득하고 가르쳐야 합니다. 이미 혼전순결을 범한 커플들도 거룩에 대한 감각이 살아나도록 그들을 품고 기도하며 계속해서 지도를 해야 합니다. 세상이 흉내낼 수 없는 연애관의 회심이 일어나도록 범교회적으로 힘을 모아야 합니다.

결혼관에 기초하는 연애관

크리스천 연애관은 성경이 말하는 결혼관에 기초하고 있습니다. 연애와 결혼은 엄연히 구별되면서도 연결되는 속성이 있기 때문입니다. 참고로, 이 글에서 말하는 연애dating는 남자와 여자가 결혼marriage이라는 언약 관계에 진입하기 전까지 사랑을 추구하는 과정을 가리킵니다. 적어도 결혼을 약속한 사이라고 하면 성경이 말하는 결혼이 무엇인지 구체적으로 공부하면서 남은 연애 과정에 충실해야 합니다.

성경이 말하는 결혼의 의미는 사도 바울을 통해 더욱 밝히 계시되었습니다. "그러므로 사람이 부모를 떠나 그의 아내와 합하여 그 둘이 한 육체가 될지니 / 이 비밀이 크도다 나는 그리스도와 교회에 대하여 말하노라"(엡 5:31-32). 여기에서 바울은 창세기 2장 24절을 인용하면서 결혼제도의 궁극적인 의미를 드러냅니다. 그는 성도의 결혼을 두고 '큰 비밀'("이 비밀이 크도다")이라고 지칭하면서 그 이유를 곧이어 말하고 있습니다. 성도의 결혼이 큰 비밀인 이유는 그것이 바로 그리스도와 교회의 신비적 연합을 드러내기 때문입니다.

그래서 성도의 결혼은 결혼 그 자체가 목적이 아닙니다. 부부는 결혼생활을 통해 궁극적으로 지향하는 바가 있다는 걸 깨달아야 합니다. 남편과 아내는 서로의 사랑과 행복을 추구하면서 이 모습 자체가 그리스도와 교회의 관계를 드러내는 방편으로 생각해야 한다는 것입니다. 사실 이 부분은 꼭 부부가 아니어도 모든 성도들이 힘써야 하는 부분입니다. 그리스도의 한 몸을 이루는 모든 성도는 서로가 사랑하고 용납함으로써 그리스도가 어떤 분이신지, 또 교회가 어떠해야 하는지를 온 세상에 증거해야 하는 사명이 있습니다.

그럼에도 하나님은 언약 결혼이라는 더욱 구별되고 특수한 관계를 통해 그리스도와 교회의 관계가 어떠한지를 증거되게 하셨습니다. 실제로 하나님은 당신과 언약 백성의 관계를 남편과 아내의 관계로 시종일관 계시하셨습니다(사 54:5; 렘 3:14; 호 2:16; 마 9:15; 요 3:29; 고후 11:2). 성경에서 하나님과 우리의 관계를 여러 가지로 드러내지만(왕과 백성, 아버지와 자녀 등), 사랑이라는 관점에서 가장 생생한 관계적 비유가 남편과 아내의 관계임을 꼭 기억해야 합니다.

여하튼 성도의 결혼은 단순히 한 남자와 한 여자가 만나 사랑을 나누고 행복하게 살다가 생애를 마감하는 수준이 아닙니다. 우리의 완전한 신랑 되신 그리스도의 다시 오심을 기다리며 그분의 신부로서 교회인 우리가 세상 가운데 어떻게 살아야 할지를 부부가 함께 온몸으로 증거해야 하는 선교 현장입니다. 이렇게 고귀한 결혼생활을 준비하는 전 단계가 바로 크리스천 연애라는 것입니다. 그렇기 때문에 교회 청년들의 연애는 세상의 그들과는 근본적으로 달라야 합니다. 세상이 감히 흉내 낼 수 없는 거룩한 연애관을 우리 청년들의 의식 속에 장착해야 합니다. 그래서 저는 이 시대에 연애관의 회심이 꼭 필요하다고 봅니다.

하나님 나라를 꿈꾸는 연애관

그렇다면 연애관의 회심을 어떻게 하면 우리 청년들에게 일으킬 수 있을까요? 저는 하나님 나라가 그 대안이라고 확신합니다. 물론 하나님 나라는 청년들의 연애관뿐 아니라 성도의 모든 일상에 회심을 일으키는 동력입니다. 우리의 모든 일상 자체가 하나님 나라와 관련되지 않은 영역이 없기 때문입니다.

저는 현장에서 여러 주제들로 강의를 자주 하지만, 그중에서도 하나님 나라를 설교하고 강의할 때 청중의 실제적인 반응을 목격합니다. 평소에 막연하게 생각되던 하나님 나라가 이미 우리 가운데 실현되고 있고 장차 그 완성(또는 극치)을 향해 진행되고 있다는 사실을 실제적으로 도전하는데, 교인들의 표정이 바뀌고 특히 청년들의 삶의 태도가 변화된다는 증언을 자주 듣습니다.

조금 부끄럽지만 저는 결혼 전 아내에게 썼던 연애편지에 하나님 나라에 대한 소망을 담았습니다. 하나님 나라를 위해 평생 함께하고 싶은 동역자로 확신하며 당신을 사랑하겠다고 결단한다는 제 마음을 아내에게 표현했습니다. 당시 아내가 기상천외한(?) 연애편지를 받고 당황했던 기억이 있지만, 저의 진심을 알아보고 부족한 저를 받아주었던 아름다운 추억이 지금도 생생합니다.

하나님 나라 이야기를 여기에서 다 다룰 수는 없지만 그래도 간단하게 말해 보겠습니다. 신학적으로 하나님 나라는 하나님의 통치와 그 통치의 실현으로 정의합니다. 저는 현장 사역자답게 그냥 쉽게 이렇게 표현하기를 좋아합니다. 즉, 하나님 나라는 하나님이 왕이 되어 다스리시는 모든 영역이라고 말입니다. 그렇다면 우리의 인생과 우주를 포함하는 이 세상에서 하나님 나라가 아닌 곳이 단 한군데도 존재하지 않습니다.

흔히 하나님 나라라고 하면 죄가 없는 완전한 상태만을 떠올리는데, 당연히 최종적인 하나님 나라는 죄가 없고 의로 충만한 그 상태로 도래합니다. 하나님은 온 세상을 만드실 때 죄가 없는 상태로 당신의 나라를 창조하셨습니다. 그것이 창세기 1장과 2장에 잘 나와 있습니다. 하지만 창세기 3장부터 하나님 나라에 죄가 들어오고 말았습니다. 이때부터 하나님 나라의 개념이 분화되었다고 볼 수 있습니다. 원래는 한 개념이었던 그 나라가 죄로 인해 균열이 생겨 하나님의 통치가 완벽하게 실현되지 않는 영역이 생겨난 것입니다. 물론 이 영역은 하나님의 주권 하에 허용된 것입니다. 이곳은 세상 사람들과 공유되는 그분의 통치 영역인데, 소위 하나님의 일반적 통치(또는 보편적 통치)라고 부릅니다. 이 영역 또한 하나님의 주권 하에 있기 때문에 일반적인 의미에서 하나님 나라라고 부를 수 있습니다.

이에 반해 하나님의 통치가 그분의 뜻대로 이루어지고 있는 영역이 있습니다. 십자가와 부활의 복음을 통해 다스리시는 영역인데, 이것을 우리는 '구속적 통치'라고 부릅니다. 구속적 통치는 죄가 들어온 직후에 이미 약속의 형태로 시작되었지만(창 3:15), 2천 년 전 십자가 사건과 특히 그리스도의 부활 때부터 본격적으로 진행되고 있습니다. 구속적 통치를 위해 하나님은 이 땅에 교회를 세우시고, 바로 이 교회를 통해 하나님 나라(구속적 통치)가 확장되고 있는 것입니다. 이것이 바로 예수님이 이 땅에서 외치신 그 '하나님 나라'입니다(막 1:14-15; 눅 8:1). 구속적 통치를 뜻하는 이 하나님 나라가 죄인들에게 좋은 소식, 곧 복음이기 때문에 그것을 하나님 나라의 복음이라고 부릅니다. 또한 그 나라를 오게 하는 신적 근거를 십자가에서 다 이루셨기 때문에(요 19:30), 하나님 나라는 십자가의 복음과 절대 분리될 수 없습니다. 평소 강의 중에 사용하는 하나님 나라 개념도를 아래에 덧붙입니다.

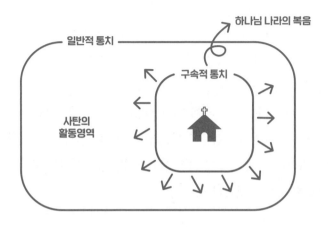

개념도에서 보듯이, 교회를 통해 하나님 나라(구속적 통치)가 확장되고 있는 시점에 우리가 살아가고 있습니다. 이 일은 주님의 재림 때까지 계속될 것입니다. 우리의 모든 일상이 바로 이 맥락에서 이해되어야 합니다. 그렇기 때문에 교회 청년들의 연애와 결혼 문제도 동일하게 적용되어야 합니다.

과연 우리는 하나님 나라를 꿈꾸며 살아가고 있습니까? 그리스도의 부활로 본격적으로 시작된 하나님 나라가 이 땅에 장차 완성될 것을 정말로 의식하며 살아갑니까? 죽어서 들어가는 '낙원'이 최종 목적지라고 생각하지 말아야 합니다. 낙원을 넘어서는 믿음을 가져야 합니다. 우리의 믿음은 현세적인 믿음입니다. 세속적이라는 뜻이 아니라 지금 밟고 있는 이 땅과 관련된 믿음이라는 뜻입니다. 왜냐하면 현재 우리가 살아가는 이 세상에 하나님 나라가 완성되기 때문입니다. 그날이 되면 지구를 포함하여 온 우주가 새 하늘과 새 땅으로 변화(갱신)될 것입니다.

그렇기 때문에 지금 어떤 생각으로 일상을 사느냐가 참 중요합니다. 현재

무의미해 보이는 모든 순간들이 하나님 나라의 완성에 어떤 식으로든 기여하기 때문입니다. 우리의 순종과 행함에 근거해서 하나님 나라가 오는 것은 아니지만, 하나님은 우리의 일상적 행함(순종)을 통해 그 나라를 오게 하십니다. 주님이 재림하셔서 새 하늘과 새 땅을 '창조'하시지만, 세상을 소멸하지 않으시고 우리가 남긴 흔적 위에 그 일을 일으키실 것입니다.

이제 크리스천 형제 자매들에게 질문하고 싶습니다. 한번뿐인 그대의 인생을 통해 하나님 나라의 완성에 기여하고 싶지 않습니까? 가장 양보하기 싫은 연애 문제를 그분의 주권에 내어드리고 싶은 마음은 없습니까? 하나님의 사랑에 사로잡혀 사랑하는 연인과 함께 그 나라를 꿈꾸고 싶지는 않습니까? 십자가와 부활의 복음이 여러분의 연애관을 좌우하는 하나님의 능력이라고 확신할 마음은 없습니까?

하나님 나라를 꿈꾸는 사명자 커플

창세기 2장에 보면 연애의 원리를 하나 발견할 수 있습니다. 하나님이 아담을 지으시고 그를 이끌어 에덴동산에 두어 그곳을 경작하며 지키게 하셨습니다(2:15). 여기에 나오는 에덴동산은 죄가 없는 하나님 나라의 원형입니다. 장차 완성될 하나님 나라는 최소한 에덴처럼 또는 그 이상의 모습으로 아름답게 회복될 것입니다. 아무튼 하나님 나라의 원형인 에덴동산에서 아담은 하나님이 부여하신 사명을 감당하고 있었습니다.

이때 하나님은 아담을 지켜보시며 말씀하십니다. "사람이 혼자 사는 것이 좋지 아니하니 내가 그를 위하여 돕는 배필을 지으리라"(2:18). 흔히들 이 구절을 보고 사람이 혼자 사는 '외로운 상태'를 하나님이 싫어하셔서 짝을 만나게 하신다는 의미로 자주 오해합니다. 그러나 아담은 지금 결핍에 따른 외로움을 전혀 느끼지 않는 상태입니다. 왜냐하면 무언가 부족하다고 느끼는, 결핍을 초래하는 죄가 들어오기 전이기 때문입니다.

그렇다면 어째서 하나님은 아담이 혼자 사는 것이 좋지 않다고 하셨을까요? 아까 언급한 15절의 맥락에서 이해해야 합니다. 하나님은 아담을 에덴동산에 두어 그곳을 경작하며 지키게 하셨습니다. 그에게 부여하신 사명을 혼자 감당하며 사는 것을 하나님이 좋지 않다고 여기신 것입니다. 그렇기 때문에 하나님은 아담이 자신의 사명을 혼자 감당하지 않고 누군가와 함께 감당하도록 "돕는 배필"을 만들어 주신 것입니다.

바로 이 지점에서 우리는 연애의 중요한 원리를 발견할 수 있습니다. 남녀가 서로 만나 짝을 이루기 위해서는 특히 남자가 하나님이 주신 사명을 분명히 발견하고 그 일을 이루기 위해 몸부림을 치고 있어야 합니다. 그렇다고 여자에게는 하나님이 주신 사명이 필요 없다고 말하는 것이 아닙니다. 적어도 죄가 들어오기 전에 인류 최초로 이루어진 '연애와 동시에 결혼' 과정에서 그렇게 나타난다는 것입니다. 당시에는 아담이 혼자서 하나님이 주신 사명을 감당하고 있었고 바로 이 일에 평생 함께하는 여자를 보내셔서 그 둘이 '사명자 커플'이 되게 하셨습니다.

여기에서 우리가 알 수 있는 사실이 무엇입니까? 청년들이 연애를 시작하기 전에 자신에게 부여된 사명을 발굴하고 그 일을 위해 몸부림을 치는 것이 먼저라는 사실입니다. 아무것도 하지 않고 기도만 하고 있으면 하나님이 '직통계시'로 사명을 알려주시는 게 아닙니다. 하나님이 아담을 이끌어 에덴동산에 두셨듯이, 마찬가지로 당신의 자녀들을 이끌어 이미 하나님 나라 안에 두셨습니다. 아담에게 부여된 사명, 즉 에덴동산을 경작하며 지키는 일을 아담 자신이 직접 행했듯이, 또한 우리도 하나님 나라를 경작하며 지키는 실제 행위를 해야 합니다.

하나님 나라를 경작하며 지키는 사명의 모습은 사람마다 정말 다양하게 나타납니다. 사실 우리가 무슨 일을 해도 그것은 이미 하나님 나라 안에 있는 우리의 행위이기 때문에 하나님과 관련 있는 그분이 주신 사명이 될 수 있습니다. 따라서 모든 성도들은 자신의 사명을 기도하며 만들어 갈 수 있는 무한한 자유가 이미 주어져 있습니다.

그렇다면 크리스천 청년들은 본격적으로 연애하기 전에 먼저 각자에게 주신 사명을 발굴하고 만들어 가는 일에 열정을 쏟아 부어야 합니다. 이때 가장 중요한 것은 하나님을 사랑하는 마음으로 그렇게 해야 합니다. 하나님을 사랑한다는 외적인 표현이 사명을 향한 열정이 되어야 합니다. 이런 상태가 되어 있으면 짝을 만날 준비를 어느 정도 한 것입니다. 이제 이렇게 기도하면 됩니다. "하나님, 제가 지금 하나님 나라를 위해 이 일을 계획하고 준비하는 중입니다. 여기에 평생을 함께하며 동역할 수 있는 짝을 만나도록 섭리해 주옵소서."

물론 갈수록 신앙이 약해지고 있는 교회 현실에서 이런 생각조차 하지 않는 경우가 많습니다. 겨우 주일에 예배만 참석하며 막연하게 살다가 이성의 매력에 이끌려 연애를 시작하는 경우도 있습니다. 그럴지라도 그 커플은 연애 과정에서 둘이 함께 대화하며 하나님 나라를 위한 사명자 커플이 되도록 힘써야 합니다. 서로를 향한 사랑의 에너지가 자신들 안에 머무르지 않고 하나님 나라를 꿈꾸는 일에 표출되도록 의식적으로 노력해야 합니다. 그렇지 않으면 세상이 추구하는 연애와 별반 차이가 없게 됩니다.

사랑, 감정을 수반하는 의지의 작용

이제 미혼 청년들의 피부에 와 닿는 주제를 좀 다루려고 합니다. 연애를 해 본 경험이 있거나 연애를 하지 않고 짝사랑이라도 해 본 적이 있는 청년들은 사랑이 무엇인지 생각해 봤을 것입니다. 사실 사랑만큼 다루기 까다로운 주제도 없습니다. 그렇지만 성도인 우리는 사랑을 다룰 때도 성경에 근거하여 '계시 의존적 사고'를 해야 합니다. 성경은 무엇보다 사랑을 존재로 정의합니다. 그래서 하나님이 사랑이시라고 표현합니다(요일 4:8). 우리가 사랑을 논할 때 절대 잊어서는 안 되는 측면입니다. 그러니까 사랑이신 하나님을 배제한 채 사랑을 그저 개념적으로만 다뤄서는 안 된다는 뜻입니다.

그럼에도 하나님이 사랑이시라는 사랑의 존재적 정의를 전제한 상태에서 개념적으로 접근하는 건 괜찮다고 봅니다. 성경은 사랑을 표현할 때 거의 한결같이 사랑의 의지적인 측면을 부각시킵니다. "사랑은 오래 참고 … 교만하지 아니하며 무례히 행하지 아니하며 … 모든 것을 참으며 … 모든 것을 견디느니라"(고전 13:4-7) 소위 '은사 장'이라고 하는 고린도전서 12장과 14장 사이에 끼어 있어 은사 활용의 태도에 관한 본문으로 13장을 자주 해석하지만, 여러 학자들의 주장대로 그리스도의 사랑에 관한 속성을 기술하는 본문으로 봐도 무방합니다. 그리고 이것이 연애 중에 나타나는 사랑과 무슨 관계가 있냐고 반문하는데, 오히려 그리스도의 사랑이야말로 사랑하는 연인 간의 사랑과 가장 닮아 있다고 확신합니다. 왜냐하면 그분과 우리의 관계가 신랑 신부의 관계로 끊임없이 계시되고 있기 때문입니다. 여하튼 '사랑 장'에서 보듯이, 성경이 말하는 사랑은 일차적으로 의지적인 측면을 강하게 부각시킵니다.

그러나 사랑에는 의지적인 측면만 있는 것이 아닙니다. 연애를 해 본 사람은 경험적으로 알겠지만, 자기 의지와는 무관하게 사랑 호르몬이 충만히 분비되어 그(녀)를 향한 불타는 감정이 솟구치는 것을 경험했을 것입니다. 심장이 뛰고, 마음이 설레고, 하루 종일 그립고, 스킨십을 하고 싶은 증상들이 바로 사랑의 감정 상태와 관련된 것들입니다. 그렇기 때문에 사랑은 의지와 감정을 모두 포함하고 있습니다.

이제 사랑의 의지와 감정의 관계를 어떻게 이해할지 결정해야 합니다. 사랑은 의지만도 아니고 감정만도 아니기 때문에 이 둘의 관계를 제대로 이해하는 것이 참으로 중요합니다. 저는 이 둘의 관계를 설명하는 데 있어 믿음과 행함의 관계를 대응시킵니다. 믿음과 행함은 구원을 이루는 두 가지 개념입니다. 구원은 십자가의 사랑이 우리에게 적용된 것이기 때문에, 존재적 사랑("하나님이 사랑이시다")과 개념적 사랑(의지와 감정)을 이어주는 중요한 지점이라고 봅니다. 그렇다면 아래 도표로 정리해 볼 수 있습니다.

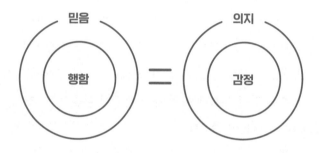

구원은 오직 믿음으로 받지만 그 믿음에는 이미 행함이 전제되어 있습니다. 즉, 믿음은 뿌리이고 그 뿌리에서 흘러나오는 것이 행함이라는 것입니다. 마찬가지로 사랑은 의지적인 측면이 크게 부각되지만 여기에는 사랑의 감정이 또한 전제되어 있는 것입니다. 왜냐하면 남녀가 서로 사랑하는 데 제3자와 구별되는 감정이 전혀 없다는 건 상상할 수 없기 때문입니다. 사랑의 의지가 뿌리이고 사랑의 감정이 뿌리 위로 드러난 줄기와 열매에 비유될 수 있습니다. 그런데 이런 원리를 뒤집으면 큰 통찰을 얻을 수 있습니다. 누군가에게 선한 행함이 나타난다고 해서 그 사람이 반드시 구원하는 믿음을 소유했다고 말할 수 없듯이, 마찬가지로 누군가를 향해 남다른 감정이 생겼다고 해서 반드시 사랑의 의지를 가졌다고 단정할 수는 없습니다. 왜냐하면 구원 받은 기준이 행함이 아닌 것처럼, 사랑한다는 기준이 감정 상태에 있는 것이 아니기 때문입니다.

일단 정리하자면, 사랑은 감정을 수반하는 의지의 작용입니다. 성경이 말하는 것처럼 의지가 작용하는 것이 사랑의 본질이고, 그 의지를 더욱 풍성하게 만드는 것이 사랑의 감정입니다. 그리고 믿음과 행함에서 행함처럼 사랑의 감정은 가변적입니다. 생겼다가도 없어지기도 하고, 또 없다가 생겨날 수 있다는 것입니다. 그러나 사랑의 의지는 일단 뿌리가 내리면 감정 상태보다는 훨씬 불변적인 상태로 전환됩니다.

요즘 청년들은 사랑의 의지보다는 감정 상태에 치중하고 있는 것 같습니다. 서로가 사랑한다는 감정과 느낌을 확인하는 데 엄청난 노력과 의미를 부여합니다. 사랑할 때 사랑의 감정이 참으로 중요하지만, 호르몬 분비에 따른 이 감정 상태는 언젠가 소멸되는 시점이 옵니다. 그렇게 되면 이제 사랑의 의지가 뿌리 내렸는지 확인하는 단계가 찾아옵니다. 쉽게 말해, 사랑의 짜릿한 감정이 이전 같지 않아도 그(녀)와 계속해서 관계를 이어가겠다는 남다른 '의지'가 있는지 스스로 확인하게 됩니다. 이때 반드시 필요한 과정이 서로가 함께 하나님 나라를 꿈꾸며 서로의 사명을 조율하는 것입니다. 다시 말해, 다른 사람이 아닌 왜 굳이 이 사람과 연애를 계속하고 결혼을 생각하고 싶은지에 대한 이유를 외부에서 찾는 것입니다.

운명의 짝은 없다!

교회 청년들이 연애할 때 과연 그(녀)가 하나님이 정해 주신 짝인지를 두고 고민하는 경우가 많습니다. 하지만 이러한 접근법은 하나님이 미리 정해 두신 짝이 있다는 운명론적인 생각입니다. 저도 주례를 설 때 자주 인용하는 말씀이지만, "하나님이 짝지어 주신 것을 사람이 나누지 못할지니라"(마

19:6; 막 10:9)는 구절을 오해해서 그런 것 같습니다. '짝지어 주시다'에 해당하는 헬라어 동사συζεύγνυμι는 문자적으로 '멍에를 지우다'라는 의미입니다. 따라서 이 구절은 하나님이 이제 두 사람에게 결혼이라는 멍에를 지우셔서 서로에게 뗄 수 없는 짝이 되게 하셨다는 의미입니다.

그렇기 때문에 이 말씀은 하나님이 이전부터 나의 배우자를 미리 짝지어 주셨다는 말이 아닙니다. 하나님은 나를 위해 어떤 특정한 짝을 미리 정해 두시고 그(녀)를 찾아가라고 하시는 분이 아닙니다. 이런 운명론적 생각은 우리의 자유의지와 정면으로 배치됩니다. 하나님은 우리가 당신과 상호작용하는 가운데 수많은 가능성에 도전하기를 원하십니다. 나를 위해 정해진 단 하나의 짝을 찾아내는 게 아니라, 우리가 기도하며 자유롭게 선택하는 그(녀)가 나를 위한 최고의 짝이 되게 하십니다.

하나님이 특정한 내 짝을 정해 두셨다는 생각에는 실패에 대한 두려움이 깔려 있습니다. 혹시 하나님이 원치 않으시는 짝과 결혼하면 내 인생이 실패할지도 모른다는 두려움입니다. 그러나 이런 생각은 하나님의 성품을 오해하는 데서 비롯되는 것입니다. 당신의 자녀들에게 단 하나의 선택지를 정해 두시고 그걸 찾아내지 못하면 우리를 힘들게 하시는 분으로 오해하지 말아야 합니다. 오히려 우리가 자유롭게 선택하기를 바라시고 우리의 선택이 선한 길로 나아가도록 끝까지 섭리하신다는 믿음을 가져야 합니다. 왜냐하면 그분은 우리를 사랑하는 아버지 하나님이시기 때문입니다.

나가는 말

크리스천 연애를 위한 '신학'을 정리하는 것이 쉽지는 않습니다. 할애된 지면에 담지 못한 내용들이 훨씬 더 많습니다. 그럼에도 연애관의 회심을 꿈꾸는 데 필요한 기본 원리들은 어느 정도 담은 것 같습니다. 그밖에 스킨십의 범위, 비신자와의 연애 문제, 사랑의 수렴성, 첫 사랑 개념 등은 『연애신학』의 내용을 참고하시기 바랍니다.

저는 교회 청년들의 연애 문제만큼은 범교회적으로, 초교파적으로 힘을 모아 접근해야 한다고 생각합니다. 교회가 청년들 스스로 연애 문제를 해결하도록 방치해서는 매우 곤란합니다. 사역자들은 그들의 연애 문제에 관해 아주 실제적이고 구체적으로 접근해야 합니다. 무턱대고 교회 봉사를 열심히 하면 하나님이 짝을 보내 주신다는 '허황된' 환상을 그들에게 심어 주어서는 안 됩니다. 실제로 이런 말만 믿고 계속 교회나 선교단체에 헌신하다가 40대에 진입한 미혼 노총각, 노처녀들이 생각보다 많습니다.

이제 한국 교회는 연애관 회심 운동을 일으켜야 합니다. 혼전순결 개념을 고대의 유물로 여기고 마음껏 성욕을 표출하라는 현대의 타락한 성문화에 정면으로 맞서야 합니다. 이 시대에 교회의 거룩성이 교인들의 연애관과 결혼관에 달려 있다고 해도 과언이 아닙니다. 왜냐하면 그리스도와 교회의 신비적 연합이 우리의 결혼생활을 통해 드러나기 원하시는 그분의 섭리 때문입니다. 한국 교회의 거룩성을 지키기 위해서라도 청년들의 연애관에 근본적인 회심을 일으켜야 합니다. 하나님 나라를 꿈꾸며 교회의 영광스러움을 갈망하는 청년 커플들이 우후죽순 생겨나도록 모두가 힘을 모아야 합니다.

토의를 위한 질문

1. 평소에 자신이 생각하는 연애관이나 연애 기준을 진솔하게 나누어 봅시다.

2. 창세기 2장 24절에 나타난 언약 결혼의 3가지 요소를 말해 보고, 이 3가지 요소가 과연 오늘날에도 절대 타협할 수 없는 기준이 될 수 있는지 서로의 생각을 나누어 봅시다.

3. 장차 이 땅에 도래할 하나님 나라를 얼마나 소망하고 있는지 말해 봅시다. 그리고 하나님 나라를 위해 자신이 구체적으로 어떤 사명을 수행하고 있는지도 말해 봅시다.

4. 자신이 생각하는 사랑의 정의를 한번 말해 봅시다. 평소에 사랑의 어느 측면에 좀 더 치중하고 있는지 솔직하게 나누어 봅시다.

5. 한국 교회에 연애관의 회심을 일으키려면 어떻게 해야 하는지 자유롭게 나누어 봅시다.

그리스도인과 우울증

하재성(고려신학대학원 교수)

청년시절의 소진과 우울증

미국의 뉴스프링교회를 개척하여 부흥시킨 페리 노블 목사는 지독하게 성실한 대학시절을 보냈습니다. 그는 남들에게 '게으르다'는 말을 단 한 번도 듣지 않았을 만큼 성실하게 일하고 공부하였습니다. 어떻게든 자신의 가치를 증명해 보이려고 노력하였으며, 자신이 쓸모없는 버러지가 아니라는 사실을 입증하기 위해 정말 열심히 살았습니다. 대학교 3학년 때는 혼자 아르바이트 3개를 하면서까지 애쓴 덕택에 4년 만에 대학을 졸업할 수 있었습니다.

목사가 된 후 그가 우울증이 심각하여 상담사를 찾았을 때, 상담사는 그가 그렇게 열심히 일하고 공부했던 것은 그가 불안정했던 어린 시절로 돌아가고 싶지 않아서 발동한 방어기제 탓이라 설명하였습니다. 그런 성실함이 내면적으로는 지독한 자기 의와 율법주의를 일으켰고, 그 자신에게도 고통을 주었습니다. 그러나 이 모든 증상을 아우르는 그의 근본적인 문제는 우울증이었습니다. 우울증이 그를 강박적으로 성실한 사람이 되게 했고, 자신의 현재 모습에 불안과 불만을 느끼며 자기 가치를 증명하려고 절박하게 노력하였던 것입니다.

그 결과 노블 목사는 자기도 모르는 사이 삶의 에너지를 소진해버렸고, 불안, 강박, 자살충동에 시달리게 되었습니다. 목회자가 되고 교회가 크게 성장한 이후에도 그는 자살의 유혹으로 자신을 무너뜨리려는 강력한 우울증과 씨름해야만 했습니다. 때로 큰 트럭 아래로 차를 몰고 들어가고 싶은 충동에 괴로워했습니다.

그의 어린 시절을 돌아보면 고통과 상처의 연속이었습니다. 그의 아버지는 우울증과 조울증을 앓으면서 두 번의 재혼과 이혼을 반복하였습니다. 그가 청소년기를 지날 때 아버지는 폭언을 서슴지 않았고, 방과 후에는 언제나 포옹 대신 욕을 들어야 했습니다. 또한 그는 이른 나이에 어머니를 여의었습니다. 초등학교 3학년 경에 아버지의 외도에 충격을 받은 어머니는 가출하였고, 돌아와 다시 아버지와 화해한 후 1년도 채 되지 않아 이미 손을 쓸 수 없는 상태의 암 환자가 되어 세상을 떠났습니다.

노블 목사가 내린 자신의 우울증 진단은 나름 의미가 있습니다. 그의 말처럼 한 번의 큰 사고 때문에 우울증에 걸리는 사람은 많지 않습니다. 사소하게 보이는 고통과 아픈 일들이 반복될 때 우울증은 발발하기도 하고 깊어지기도 합니다. 마치 청소년 우울증을 폭포효과cascade effect라 부르는 것과 같습니다. 작은 물길같은 문제들이 모여 절벽같은 청소년기를 만나 한꺼번에 쏟아진다는 뜻입니다. 그러나 노블 목사의 경우 워낙 어릴 때 부모의 불화와 어머니의 별세와 같은 큰일을 겪었으니 불안과 우울증의 조건이 이미 마련된 셈입니다. 왜냐하면 청소년기를 지나면서 자신의 자아를 견고하게 해줄 좋은 자기대상 즉 자신의 모습을 거울처럼 반영해주며 지지해 줄 수 있는 사랑의 주체, 즉 좋은 엄마나 좋은 아빠가 결여되있기 때문입니다.

그렇다고 그의 우울증이 유전된 것은 아닙니다. 우울증 유전자는 없으며 유전되지 않습니다. 그러나 우울했던 부모로부터 학습되는 경우는 많습니다. 그의 아버지는 조울증이 심했고 폭력적이었습니다. 아들의 마음을 전혀 공감하지 못하는 아버지에 대한 반감과 분노 때문에 어렸을 때부터 좌절과 우울감이 컸습니다. 또한 그의 어머니는 아버지의 불륜으로 큰 고통을 겪었기에 소년기에 그는 정서적 황폐함이 매우 컸을 것입니다. 특히 정서적 관계가 가까운 부모의 기질이나 성향을 많이 닮게 되는데, 노블 목사는 특히 배신당하고, 암을 앓다가 훌쩍 세상을 떠나버린 어머니에 대한 연민과 상실감, 미해결된 애도의 과제가 그의 우울증에 큰 영향을 미쳤을 것입니다.

이런 환경에서 그는 부모로부터 받지 못한 인정을 얻기 위해, 그리고 게으르다는 비난을 피하기 위해 필사적으로 일하며 내면의 우울감과 싸웠습니다. 성인이 되고 목회자가 되었을 때는 이미 삶의 많은 에너지를 소진하여 사소한 스트레스와 압박감을 견딜 힘조차 없었습니다.

하지만 사실 청년이나 이미 학부모가 된 30-40대의 성인들 가운데도 유달리 소진이나 우울증에 취약하게 하는 성장기의 '사소하게 보이는 고통과 아픔'이 있었음을 볼 수 있습니다. 조금만 이야기해 보아도 혼자 감당하기 힘든 아픔과 상실이 있었다는 사실을 알게 됩니다. 얕은 정서적 뿌리와 자신을 지지할 힘조차 없는 아픔 때문에 우울한 사람들은 앞으로 나가려 해도 자꾸만 제자리를 맴도는 고통 가운데 살아갑니다. 거기에 덧붙여 현실에서의 관계적, 경제적 압박감이 찾아올 때 그것이 곧 방아쇠가 되어 깊은 우울감을 촉발하게 됩니다.

특히 현재 30-40대가 어렸던 1990년대 말의 IMF 경제 위기는 많은 가정 경제에 직격탄을 날렸습니다. 그 결과 그들의 부모들은 경제적 충격과 가난을 겪어야 했고, 어린 자녀들은 소홀과 방치의 충격을 겪어야 했습니다.

페리 목사가 겪은 우울증이 사실은 교회의 청년들이나 젊은 가족들에게 그렇게 낯선 것이 아닙니다. 성실하게 맡은 일을 하고 잘 참는 청년들에게 우울한 그늘이 있다는 것은 드문 일이 아닙니다. 심리학자 프로이트의 지적처럼 착하고 양심적인 사람일수록 우울증을 경험할 가능성이 크기 때문입니다.

우울증의 진단

우울증을 진단할 때는 증상과 시기의 기준이 있습니다. 임상적 우울증은 다른 말로 주요우울장애Major Depressive Disorder라 부르는 중요한 정서장애의 일종으로, 좀처럼 극복하기 힘든 슬픔, 절망, 무거움, 무미건조함이 특징입니다. 평소에 좋아하던 활동이나 취미나 즐거움에 전혀 반응하지 않습니다anhedonia. 거기에 덧붙여 우울증 자체가 신체적 증상psychosomatic symptoms을 포함하고 있어서 원인 모르는 통증 혹은 소화의 어려움도 함께 겪을 수 있습니다.

2013년에 개정된 미국진단통계편람 제5권Diagnostic Statistical Manual-V에서는 시간적으로 연이어 두 주간 이상, 다음 8가지 가운데 5가지 이상을 경험하고 있을 때 주요우울장애 즉 우울증으로 진단합니다. 그 가운데 1) 혹은 2) 중 하나는 반드시 포함되어야 합니다.

1) 온종일, 혹은 거의 매일 우울한 기분
2) 온종일, 혹은 거의 매일 모든 것, 혹은 거의 모든 것에 대한 관심이 눈에 띄게 감소함
3) 다이어트를 하지 않음에도 체중이 상당히 늘어나거나 줄어들 때, 혹은 거의 매일 식욕이 감소하거나 증가할 때

4) 생각이 느려짐 그리고 신체 동작의 감소(타인에 의해 관찰될 수 있으며, 주관적인 불안 혹은 느려짐의 감정이 아님)

5) 거의 매일 피곤을 느낌 혹은 기력 상실

6) 거의 매일 무가치감 혹은 과도하고 부적절한 죄책감

7) 거의 매일 사고 혹은 집중 능력 감소, 혹은 결정능력 부재

8) 죽음에 대한 반복적인 생각, 구체적 계획이 없는 상태에서의 자살에 대한 반복적인 상상, 혹은 자살 시도 혹은 자살을 저지르고자 하는 구체적인 계획

우울증 진단을 받기 위해서는 이와 같은 증상들이 기준대로 갖추어져야 할 뿐만 아니라 가족, 직장, 사회적 관계 등에서 눈에 두드러지게 스트레스와 장애를 일으키는 것이어야 합니다. 그러므로 단순히 영화를 보고 우울하다거나, 좋지 않은 일이 겹쳐서 일시적으로 마음이 무거운 것은 우울한 감정일 뿐 우울증으로 진단할 수 없습니다. 동시에 우울증 진단을 위해서는 다른 약물의 부작용이나 혹은 다른 의학적 진단의 결과로 생긴 것이 아니어야 합니다.

흔히 우울증에 걸릴 확률은 여성이 남성보다 두 배나 높습니다. 우울증의 가장 큰 위험은 자살인데, 자살시도율 역시 여성들이 남성들보다 3-4배 높습니다. 그러나 실제 자살에 성공하는 것은 남성들이 4배나 더 높습니다. 이것은 남성들이 더욱 치명적인 수단을 선택한다는 사실에 근거합니다.

그러므로 가족을 비롯한 주변 사람들은 누군가가 자살을 암시하는 어떤 경고나 평소와 다른 행동이 있는지,[1] 그리고 실제 자살 실행 가능성이 얼마

---

1 자살을 경고하는 행동이나 말은 여러 가지가 있습니다. 아끼는 물건들을 남에게 준다든지, 사람들에게 작별인사를 하는 경우, 작별인사를 위해 일부러 지인들을 방문하기도 하고, 죽겠다는 이야기를 자주 하기도 합니다. 좋아하던 활동들을 접고, 약이나 술을 많이 복용하며, 스스로를 무가치하게 여깁니다. 그리고 이전에 자살시도를 한 사람일수록 자살 가능성은 높습니다. 주변 사람들은 이런 경고를 결코 가볍게 여기지 말고, 좀 지나칠 정도로 자살 실행 가능성을 확인해야 합니다.

나 있는지에 대해 면밀하게 확인할 필요가 있습니다. 죽음에 대한 상상을 하고 있는지, 혹 상상만 하는 것인지, 아니면 실제로 자살 시도를 한 적이 있는지, 앞으로 어떤 계획을 하고 있는지, 실행을 위해 수단, 도구, 장소 등을 탐색한 적 있는지 등등, 매우 철저하게 확인할 필요가 있습니다. 이것은 한 사람의 생사를 좌우하는 매우 중요한 작업이기 때문입니다.

우울한 사람들 가운데는 "나 이제 죽을거야"하는 사람이나, "나는 아침에 영원히 일어나지 않았으면 좋겠어"라고 말하는 사람 사이에 우울증의 심각성에는 차이가 없습니다. 누군가 이런 고민을 하고 있을 때 가족이나 친구 등 가까운 사람들은 반드시 전문가의 도움을 구해야 합니다. 다른 모든 상담은 비밀준수가 중요하지만, 자살에 관한 한 관련된 모든 가족들과 전문가들을 통해 이 사실을 공유하고 자살을 예방할 수 있어야 합니다.

여기서 전문가란 상담을 해줄 수 있는 상담자, 약을 처방해줄 수 있는 신경정신과 의사 등을 가리킵니다. 프로작과 같은 우울증 약은 뇌에서 세로토닌의 흡수를 지연시켜주는 역할을 하는데, 신경전달물질인 세로토닌의 재흡수를 억제함으로써 불안증이나 우울증과 같은 정서장애 발생을 억제해줍니다. 우울증 약을 통한 치료도 일정한 효과가 있으나 더 중요한 것은 상담치료입니다. 대화를 통한 치료는 우울한 사람의 존재를 인정하고 공감하며, 특히 고장난 일상생활의 기술을 코치해줄 수 있는 역할을 하기에 약물에 대한 의존보다 상담을 통한 치료가 훨씬 효과적입니다. 물론 이 둘을 같이 시행할 때 효과는 더욱 높아집니다.

슬픔과 애도는 우울증과 오랫동안 비교되어왔습니다. 프로이트는 슬픔과 애도를 외적 대상의 상실 즉 사랑하는 가족이나 친구, 애완견 등을 잃었을 때 생기는 것이지만, 우울증은 보이지 않는 내적 대상, 즉 어린 시절에 상실한, 지금은 더는 존재하지 않는 대상의 상실에 기인한다고 보았습니다.

물론 슬픔과 우울증은 다양한 차이점을 가지고 있습니다. 슬픔을 겪는 사람은 비록 하루나 이틀, 감정적인 기복을 경험하지만, 재미있는 뉴스나 텔레비전 프로그램 등 단순한 것들을 잠깐이라도 보며 웃을 수도 있고, 맛있는 음식을 즐겁게 먹을 수도 있습니다. 하지만 우울증을 겪는 사람은 그런 즐거움과 웃음을 표현할 수 없고, 어떤 일에든 흥미를 보이지 않습니다.

슬플 때는 그래도 잠을 잘 수 있지만 우울할 때는 식습관이나 일반적인 수면습관이 심각하게 방해를 받습니다. 슬플 때는 후회도 하고 자책도 하지만 스스로 무가치하다고 느끼지는 않는데, 우울할 때는 자신의 무가치감을 깊이 느끼며 자신이 살아 있다는 사실조차 견디지 못합니다. 슬퍼한다고 자기를 해롭게 하거나 자살 충동을 느끼지 않지만, 우울하면 삶과 죽음 사이에서 심각하게 갈등하게 됩니다.

다만 DSM-V는 깊은 애도와 슬픔이 좀처럼 가시지 않을 때 우울증과 특별히 구별되지 않는다고 지적합니다. 특히 중요한 사람이 세상을 떠났을 때, 혹은 재정 파탄이나, 심각한 질병을 앓게 될 때, 큰 슬픔과 더불어 우울증이 발생할 가능성이 높습니다. 특히 남성들은 재정파탄에 대한 두려움과 상실감이 커서 짜증을 내며 힘들어하다가 갑자기 목숨을 끊을 수도 있으므로, 재정파탄 이후 남성에게 나타나는 짜증은 우울증과 자살의 중요한 예견인자가 됩니다. 재정 위기 상황에서 두드러지게 나타나는 남성의 까다로운 짜증은 자칫 위험한 상황을 불러올 수 있으므로 주변의 가족들은 신속하게 전문가의 도움을 요청해야 합니다. 오랜시간 동안 슬픔의 신호를 보내는 여성들과 달리 남성 우울증은 양상도 다르고 위험 수위는 더 높기 때문입니다.

사람들이 일상적으로 겪는 우울감은 우울증과는 구별됩니다. 시험 점수가 낮아서 생긴 짜증이나 분노, 직장 상사에게 꾸중을 듣고 일시적으로 다운된 기분, 부부싸움을 한 후 일시적으로 처진 기분, 슬픈 영화를 보고 낮아진 기운 등은 우울감이라 할 수 있습니다. 우울감이란 지속적인 우울증과 달리 부정적인 사건 이후에 일시적으로 다운된 기분을 가리킵니다. 우울감은 직접적인 원인에 따른 일시적인 현상이기에 시간이 흐르거나 그 사건이 잊혀지면 다시 일상적인 기분으로 돌아오게 됩니다.

하지만 시험이 있든 없든 상관없이 계속해서 가라앉은 마음, 가정이나 직장에서도 자기 자리를 찾지 못한 채 늘 당황하고 주눅이 든 상태, 부부싸움을 할 때마다 일방적, 반복적으로 상처를 받거나 폭행을 겪으면서 자살 유혹을 느끼는 것은 심각한 우울증의 증상입니다. 20대 청년들이 주로 겪게 되는 조현증과 같은 정신병은 깊은 상실감과 더불어 자살 충동을 동반한 우울증을 일으킬 수도 있습니다.

아울러 집중적으로 심각한 우울증은 아니라 하더라도, 2년 이상 장기간 우울한 기분, 무기력, 절망을 경험하고 만성적으로 침체된 기분으로 지내는 것을 기분부전장애dysthymia라고 일컫습니다. 특히 여성들이 기분부전장애에 많이 취약한데, 우울감이 만성이 될 만큼 힘들고 어려움에도 불구하고 도움을 구하기보다 혼자 참고 버티며 사는 경우가 많습니다. 이것을 가리켜 DSM-V에서는 '지속성 우울장애'Persistent Depressive Disorder라고 부르는데, 이 기분장애를 가진 여성들은 주로 피로감, 반복적인 슬픔과 같은 감정의 변화를 겪습니다.

과거 지속성 우울장애는 성격의 유형으로 분류되어 이런 사람들이 우울하고 게으르며 신경질적이라는 특성을 가졌다고 여겼습니다. 그러나 지속성 우울장애는 심각한 주요우울장애가 아닐 뿐 오랜 기간 환자를 괴롭히는 증상이기에 이제는 새로운 진단 기준에 따라 분별하게 되었습니다. 우선 2년 이상 지속되는 증상이어야 하고, 동시에 다음 중 2가지 이상에 해당할 때 우리는 지속성 우울장애를 진단합니다.

1. 식욕 감소 또는 증가
2. 불면증 또는 과다 수면

3. 에너지 부족 혹은 피로감

4. 낮은 자존감

5. 집중력 부족 또는 의사결정 어려움

6. 절망감

7. 고민, 끊임없는 고통

8. 정신병이나 조울증은 없다. 다른 유사 질병도 없고, 심각한 우울증에 대한 의심도 없다.

그 외에도 청년기 우울증의 특징들은 다음과 같은 대인관계의 증상으로도 나타날 수 있습니다.

- 스스로 소외되어 친구나 가족과 즐겁게 시간을 보내지 못함
- 이전에 좋아하던 취미나 관심을 이제는 좋아하지도 않음
- 공부나 일에 집중하기 어려움
- 오랜 시간 동안 슬픈 감정에 빠져 있거나 절망함
- 불안해하고 안정된 마음이 감소함
- 아침에 일어나 일상적인 일을 하기 어려움
- 불면증과 수면장애가 있음
- 반복적인 혼전 성관계에 빠짐
- 타인에 대한 통제 욕구가 강함

청년기 우울증

"내가 아프고 심히 구부러졌으며 종일토록 슬픔 중에 다니나이다

내가 피곤하고 심히 상하였으매 마음이 불안하여 신음하나이다"(시38:6, 8)

청년들은 새벽이슬과 같이 영롱한 존재들입니다(시110:3). 그들은 맑고 참신하며, 투명하고 신선합니다. 그러나 그들이 살아내야 하는 청년 시기의 수많은 도전과 장애물들은 그들이 참신함과 신선함을 유지할 수 있을 만큼 호락호락하지 않습니다. 취업의 어려움에 따른 자신감의 하락과 경제적 고통, 직장의 업무 과중과 대인관계의 어려움, 쏟아져 들어오는 SNS 정보들 때문에 생기는 비교의식과 낮은 자존감 등은 청년들의 자아 정체성과 정서의 안정성을 흔들어놓기에 충분합니다.

20대라는 강은 어쩌면 물살이 깊고 강폭이 넓은 위험한 강과 같습니다. 대학, 남성의 경우 군대, 진로 선택, 취직 등 인생의 가장 중요한 결정과 그에 따른 첫걸음이 시작되는 때이기 때문입니다. 많은 청년들은 20대에 자신의 목표를 성취하고, 사랑하고, 심지어 결혼하여 가정을 시작하기도 하는 시기입니다. 그러나 동시에 다른 많은 젊은이들이 20대의 강을 다 건너지 못하는 것은 안타까운 일이 아닐 수 없습니다.

20대의 청년들에게 신체적 통증, 죄책감, 자살충동을 일으키는 우울증은 새벽이슬의 영롱함과 전혀 어울리지 않습니다. 원하지도, 바라지도, 예상할 수도 없는 우울증은 예고 없이 찾아와 젊은이들의 자유와 평안을 빼앗아갑니다. 무엇보다도 우울증은 맑고 힘차게 맞이해야 할 청년들의 미래를 어둡게 하며, 청년들의 값진 생명마저 위협하고 있습니다.

"요즘 지적인 능력도 떨어지고 삶의 의욕이 너무 없어서 관계가 힘들어서 이렇게 살아야 하나 생각이 들었구요~가끔 삶의 끈을 끊어버리고 싶다는 생각이 간절하네요~"

우울증의 가장 비극적인 결과는 역시 아까운 청년들의 자살입니다. 우울증을 앓는 청년들은 삶의 의욕이 적어지고 인간관계를 유지할 기운이 없어 삶에 대하여 회의합니다. 우울한 기운에 집중력이 떨어지면, 다른 사람들은 힘차게 하루를 시작하는데 자신은 잠자리에서 일어나 하루를 맞이하는 것이 두렵고 부담스럽습니다. 이런 일이 반복되다 보면 문득 죽음에 대한 유혹이 커집니다. 그래서 이제는 어떻게 죽어야 할지, 어떻게 죽는 것이 고통이 적을지를 고민합니다.

"지난 5개월간 어떤 사회활동이나 직장생활을 하지 못했어요. 친구들에게서 카톡이 와도 어떻게 답장을 해야 하는지 잘 모르겠습니다. 남이 어떻게 나를 볼지에 대해 예민하게 되는 것 같아요. 저만의 서사가 있는 게 아니어 가지고, '어떻게 지냈어?'라는 말에 대답할 것도 없고… "

20대에 나타날 수 있는 조현증 증상으로 지금까지 근무하던 회사, 지금까지 교제했던 친구들과 점점 멀어졌던 이 청년은 갑자기 사회적 관계와 소통 능력을 상실한 자신의 현실에 심각하게 절망하였습니다. 무엇보다 이 질병 때문에 친구들과 함께 나눌 수 있는 자신의 이야기가 멈추어버렸다는 사실에 큰 고통을 느끼면서, 죽음까지 생각하는 심각한 우울감에 빠졌습니다. 물론 조현증 때문에 생긴 망상과 환청으로 심리적 고립과 고통을 겪는 것은 말할 것도 없었습니다. 청년들에게는 오늘 하루의 관계를 버틸 수 있는 자신만의 이야기 곧 서사가 필요합니다. 청년은 밥만 먹고 사는 것이 아니라, 꿈만 갖고 사는 것이 아니라, 관계를 유지할 자신만의 점진하는 내러티브가 필요합니다.

"가슴 주변으로 통증이 너무 심해 숨쉬기가 불편할 때가 있어요."

청년 우울증은 심신의 통증을 일으킵니다. 좀처럼 몸에서 떨어져 나가지 않는 거머리처럼 우울증은 청년들의 몸과 마음에 밀착하여 청년 주변을 서성거리며, 때로 죽음의 사자처럼 이들의 생명을 위협하기도 합니다. 숨쉬기 힘든 답답함, 심장을 압박하는 통증, 잃어버린 식욕 등은 우울한 청년의 생명을 막다른 골목으로 몰아갈 수 있습니다. 이것은 심각한 육체적인 증상이지만 그 원인은 관계적이며, 어릴 때부터 겪은 부모의 학대, 혼자 감당하기 힘들었던 비극적인 엄마의 죽음과 트라우마가 원인이었습니다.

"제가 우울증이 너무 심해서… 늘 항상 우울해서… 안 우울했던 적이 삶에서 한번도 없었어요."

오랫동안 상담을 해 오면서 상담자로서 가장 안타깝고 나도 모르게 눈물이 맺히는 순간이 바로 힘든 청년들로부터 이런 말을 들을 때입니다. 20여 년을 살아오면서 단 한 번도 우울하지 않은 날이 없었다는 말은 얼마나 하루하루가 무겁고 힘들었는가를 말해 줍니다. 단 한 사람도 편들어준 적이 없고, 단 한 번도 제대로 위로받은 적이 없었기 때문입니다. 그러면서도 자신은 우울하다는 표시를 내지 않으려 안간힘을 쓰고 있지만, 사실 주변 사람들은 그가 얼마나 힘들다는 것을 잘 알고 있습니다. 그러나 그들의 표정과 행동이 다른 사람들에게 어떤 불편함을 주거나 두려움을 일으키든 상관없이 그들은 그 표정과 행동과 몸짓으로 지금 도와 달라고 외치고 있습니다. 사사로운 작은 관심들도 필요하지만, 이 정도 우울한 사람에게는 정말 따뜻하고 인내심이 많은 기독교 상담가가 필요합니다. 먹을 것과 입을 것 이상으로 아픈 상처를 함께 되짚어 주고, 괜찮다고 안심시켜 줄 전문가의 도움의 손길은 반드시 필요합니다.

"자살 충동을 자주 느끼는 편이에요. 그거를 버티는 게 너무 힘들더라고요."

건강한 사람은 죽음을 두려워합니다. 그러나 우울한 사람에게는 죽음이 평소에 묵상하는 생각이며, 자살도 그 죽음에 이르는 한 가지 선택입니다. 우울증이 심할 때 사실은 모든 것이 죽음에 이르는 길처럼 보입니다. 그리고 그 길과 수단들이 손짓하며 유혹합니다: '이렇게 죽는 것은 어때?' 다리 위를 걸어갈 때는 뛰어내리고 싶은 마음을 일으키고, 수면제, 끈, 커터 등 온갖 도구들이 평소보다 더 잘 눈에 띄기도 합니다. 이런 충동을 혼자 버티기는 힘듭니다. 그래서 심한 우울증 환자는 혼자 두지 말라고 루터가 이미 500년 전에 권면하였습니다. 이들에게는 함께 버텨줄 사람이 필요합니다. 맛있는 것을 함께 먹고, 즐거운 이야기를 함께 나누고, 아픈 줄 알지만 아프지 않은 것처럼 대해 줄 친구와 가족이 필요합니다. 불편함과 어려움을 준다고 눈치를 주거나 소외시키면 우울한 사람은 더 외로운 싸움을 힘겹게 버텨야 할 것입니다.

"가족들이 힘들어하는 것이 제 탓이라는 생각이 드니까 저 자신에 대해 화가 나기도 하고 자책도 하고 분노도 하고, 그런 감정이 섞여서 더 자해하게 되는 것 같아요."

우울한 사람의 죄책감은 현실에서 필요 이상으로 큽니다. 전혀 자신의 책임이 아닌데도 어떤 일이 잘못되거나 누군가가 화를 내면 그 모든 것이 자신의 탓인 양 비난을 짊어집니다. 프로이트에 따르면 우울한 사람은 자신에게 분노를 향하여 죄책감을 느낀다고 하였습니다. 자신에 대한 분노의 감정을 다른 누구에게 쏟을 수도 없고, 그러면 미안함을 느끼는 착한 양심이 더 고통스러우니 차라리 자신을 비난하고 자신을 고통스럽게 하는 것입니다.

우울한 사람의 정신적 고통은 견딜 수 없을 정도로 크기 때문에, 자기 신체에 가하는 따끔한 통증은 차라리 달콤합니다. 그 통증을 느끼는 순간 그래도 정신적인 고통과 가책은 잊을 수 있기 때문입니다. 인간이 느끼는 육체적 고통보다 마음과 정신으로 느끼는 고통이 더 크다는 것을 우울한 사람들의 고백을 통해 우리는 조금 이해할 수 있습니다. 팔에 상처를 내고 핏자국이 선명할 만큼 자신을 아프게 하면, 그 순간이 아프게 느껴지기보다 심각한 우울감의 무게로부터 살짝 벗어나는 '쾌감'을 주기에 심한 우울증 환자에게 자해는 '위로'입니다. 그러나 그것은 왜곡된 위로이며 위장된 위로입니다. 결국 몸과 마음에 고스란히 남을 상처를 아프지 않다고 여기는 생각과 느낌은 반드시 교정되어야 합니다.

우울한 30-40대의 소망

한국의 1년간 혼인 건수가 2021년 처음으로 19.3만명 즉 10만명 대로 떨어진 이후 2022년에도 결혼 숫자는 19.2만명대로 줄어들고 있고, 동시에 혼인 연령은 남성 33.7세, 여성 31.3세로 높아졌습니다. 그러므로 30대라고 하여 모두 기혼자가 아니며, 모두가 가정을 가진 학부모는 아닙니다. 그러나 편의상 우리가 30-40대를 결혼한 기혼자 부부의 나이라 생각할 때 이들이 짊어진 삶의 무게와 더불어 우울증의 위험 역시 만만치 않음을 볼 수 있습니다.

코로나가 발발하면서 청년들의 우울증이 많이 늘었는데, 그것은 코로나 방역 때문에 청년들의 수업, 취업, 사업이 직격탄을 맞았기 때문이었습니다. 그 결과 2021년 1분기 20대 우울 위험군 비율이 30.0%였는데 30대의 우울증 위험군은 30.5%였다고 보건복지부가 발표하였습니다. 이것은 같은 해 60대 우울증 14.4%의 두 배 이상 높은 것으로 나타났습니다.

20대의 대학교육과 진로, 다양한 불안정의 경험을 거친 후, 30대에 이르러 청년들은 새로운 탐험과 다소 안정된 직장생활, 그리고 늦으나마 결혼에 대한 꿈을 실현하기도 합니다. 그러나 20대보다 좀 더 높은 우울증을 경험하고 있다면 그것은 여전히 불안지수가 높다는 뜻이기도 합니다.

취업은 청년들의 오랜 꿈과 노력의 결과입니다. 그렇다면 청년 실업은 우리 청년들을 우울하게 하는 심각한 우울증 격발 요소입니다. 코로나 시기 기업들이 면접과 채용을 연기하고 공무원 시험 등이 연기되면서 청년들이 느끼는 체감 실업률은 26.6%였습니다. 네 명 가운데 한 명의 청년이 실업을 겪는 경력 단절의 상황을 맞이하게 되었던 것입니다. 청년 실업은 재정 압박과 사회적 고립, 더 나아가 자살까지 불러올 수 있는 심각한 사회 문제입니다.

오늘날의 물질주의적 사회에서 청년들의 취업과 경제적인 수익은 청년들의 자존감과 일치합니다. 실업 때문에 청년들의 10.6%, 즉 열 명에 한 명이 자살충동을 느끼는 것은 조금도 이상한 일이 아닙니다. 구직 청년 60.6%는 그런 실업 청년들의 자살 충동에 공감한다고 합니다. 많은 청년들이 처우가 열악한 서비스업에 많이 몰려 있어서 사회적 특권에서 제외된 '사회적 배제'social exclusion를 경험하고 있습니다. 이 말은 유럽에서 비롯된 표현으로서 아직 사회적으로 자리 잡지 못하고, 사회적 특권에서 배제된 청년들의 사회적 취약성을 일컫는 말입니다. 이들에 대한 사회적 압박감은 높고, 필요를 채워줄 자원은 희소하기 때문입니다. 그들의 자신감은 떨어져 있고, 자존감은 거의 아사상태입니다.

"일하러 가는 사람이 너무 부러워요!" "너무 우울하고 무기력해요. 내가 세상에서 가장 쓸모없는 기생충 같아요. 부모님 등골이나 빼먹는…"

"마냥 우울하기만 하고, 정말 쓸모없는 사람처럼 느껴져요" "창피하고, 기분도 안 좋고, 뭐든 제대로 할 줄 아는 게 아무 것도 없어요!"

30대에 접어들면 안정된 직장에서 일을 하던 사람 가운데도 자신의 직업과 일에 대한 회의를 느끼기도 합니다. 때로는 자기가 하는 일이 따분하고 지겨울 수도 있고, 때로는 너무나 업무가 많고 경쟁이 심하여 부담스러울 수도 있습니다. 그나마 금전적인 보상이 크다면 견딜 이유가 있지만 수익마저 크지 않다면 자신의 일에 대한 회의가 커질 수도 있습니다.

동시에 30대에는 과거를 회상하며 특히 아동기나 청소년기에 경험한 가정에서의 상처로 부모와의 갈등이 깊어질 수도 있습니다. 자신은 상처를 받고 힘들었는데 당시 부모가 이해나 공감을 해주지 못했다고 느낄 때, 서운함과 서로에 대한 기억의 차이 때문에 가족 안에 갈등이 커질 수 있습니다.

거기에 덧붙여 젊은 부부의 결혼은 갈등의 새로운 면들을 부각시킵니다. 부부의 성격차이가 깊어져 따분함이나 권태감을 느낄 수도 있고, 개별화에 대한 욕구로 별거나 이혼을 경험할 수도 있습니다. 이혼을 거듭한 사람들은 좌절감과 외로움을 맛보기도 합니다. 자녀들의 출생으로 부부중심의 관계가 자녀중심의 관계로 재편되면서 서로의 역할에 대한 갈등이 깊어지기도 합니다. 여기서 주로 특권과 목소리가 없는 여성들의 우울증이 자주 등장합니다.

부산에서 살다가 결혼 후 경기도에서 살게 된 한 여성은 남편의 분주한 직장생활, 아이들의 출생, 부모나 친구의 부재 등을 한꺼번에 겪으면서 우울증을 앓게 되었습니다. 다른 한 여성은 연이어 자녀들을 연년생으로 낳는 바람에 심한 산후우울증을 겪었습니다. 그러나 그녀의 남편은 우울한 아내를 이해해주지 못했고, 오히려 "전쟁통에도 여자들이 애를 낳는데 뭐가 힘들어서 그러냐? 나는 우울한 여자 싫다"는 말을 들으며 모욕을 견뎌야 했습니다. 또다른 여성은 시부모의 비하와 남편의 무관심 때문에 심한 우울감을 겪으면서 높은 아파트에서 바라본 주차장이 편안한 쿠션으로 보이는 위험한 착시를 경험하기도 하였습니다.

미국의 한 여성의 사례를 보면, 그 여성은 풀타임 간호사로서 혼자 세 명의 아이들을 기르는 싱글맘이었습니다. 3교대 근무를 하면서 아이들을 기르는 피곤하고 힘든 삶을 살아가는데, 차를 강으로 몰고 들어갔습니다. 피곤하고 지친 그에게 "강물로 들어가"라는 강력한 충동과 목소리가 있었기 때문이었습니다.

대개 결혼한 여성들의 우울증은 우선 관계적 자원의 결핍으로 설명할 수 있습니다. 전통적으로 한국 사회에서는 결혼한 여성을 출가외인으로 여기며 경원시하였습니다. 다행히 지금은 그런 문화가 많이 줄어들었으나, 사실은 원가족과 친구들의 도움이 가장 필요한 때가 결혼 직후와 자녀들을 양육할 때입니다. 결혼한 이후 남편의 산만함이나 소홀이나 부주의, 남편이 정리하지 못한 옛 여성과의 관계, 원가족의 결핍과 어릴 때 상처, 때로는 원가족을 피하기 위해 선택한 결혼, 결혼 이전에 겪은 트라우마, 시댁의 핍박과 멸시 등은 여전히 여성들을 강력하게 흔들어놓는 우울증의 촉발요소가 됩니다. 스트레스나 소진이 그러하지만, 아무리 부정적인 경험이 커도 그것보다 큰 자원이 있으면 견딜 수 있지만, 그렇지 못하다면 홍수로 물이 범람하듯 순식간에 생명을 잠식할 수도 있는 것이 우울증입니다.

건설회사를 운영하는 40대 남성은 건설현장을 돌아볼 때 자신이 지은 건물들이 갑자기 쏟아지는 듯한 어지러움을 겪으면서 우울증을 앓게 되었습니다. 그때부터 그의 시선과 표정이 달라졌고, 다른 사람들은 그를 보며 무서워 피하기도 하였습니다. 증상이 심할 때는 어쨌거나 죽어야겠다는 생각을 하게 되었고, 자신만 죽을 것이 아니라 어린 자녀들까지 같이 죽어야겠다는 충동에 시달렸습니다. 그래서 어디선가 뛰어내릴지, 아니면 집에 불을

질러야할지 고민했다고 하니, 그의 우울증의 시달림이 얼마나 극에 달했는지 알 수 있습니다. 다행히 하나님의 은혜로 마치 검은 구름이 걷히고 다시 푸른 하늘이 비치는 체험을 교회에서 하면서 그는 회복되었고, 자녀들은 예쁘게 잘 성장하였습니다.

남성의 탈진과 우울증을 철학적으로 풀어낸 사람이 『피로사회』라는 책으로 전세계의 반향을 일으킨 재독 철학자 한병철 교수입니다. 그는 현대사회를 "성과사회"로 지칭하면서, 현대인들은 누군가의 억압이나 강압이 아닌 자발적인 성과의 동기에서 자신을 착취한다고 지적하였습니다. 결국은 긍정적인 동기 즉 높은 성과를 얻겠다는 동기가 과잉이 되어 인간은 멈추지 않고 자신을 착취하고, 그 결과 소진과 우울증, 심지어 자살의 위험까지 맞이하게 되었습니다.

소진과 자살의 위험을 안고 사는 현대인들에게 필요한 것은 멈춤입니다. 자신을 성찰하면서 '쓸모없는 것들의 쓸모'라고 말할 수 있는 멈춤과 쉼을 택하는 사람이야말로 강력한 죽음의 유혹을 이기는 사람들입니다. 특히 삶과 미래를 향해 강력한 드라이브를 걸게 되는 30-40대 남성들이 멈추고, 쉬고, 돌아보며 가족과 함께 시간을 보내는 것은 자신과 가족을 살리는 지름길입니다.

때로 안타까운 것은 30-40대 가장들이 가족들을 차에 모두 태우고 함께 바다나 저수지에 빠졌다는 뉴스입니다. 특히 남성들에게 사업이나 투자의 실패, 가정 재정의 위축, 명예의 상실 등은 정말 견디기 힘든 고통임이 분명합니다. 내성적인 남성들 가운데는 위계조직의 강압성을 견디기 힘들어하는 사람들도 많습니다. 그러나 사업도 모르고, 돈도 모르고, 오직 아빠 엄마만 아는 아이들, 어쨌거나 힘내어서 다시 한번 살아보자며 기도하며 응원하는 아내, 그들에게 아빠 혹은 남편은 돈 이상이며 세상 그 무엇 이상의 존재입니다. 믿음으로, 기도로, 말씀으로, 어쨌거나 내일을 하나님께 맡기고, 오늘을 생존해 살아내는 것이 자신을 위해, 가족을 위해, 그리고 생명을 주신 하나님을 위해 중요합니다. 아울러 어떤 이유를 가진 우울증이든 이해와 공감의 경청을 통해 우울증을 가진 사람이 화자가 되어서 자신의 고통을 말할 수 있을 때 비로소 우울증 치료의 길은 열리기 시작합니다.

우울한 영혼의 위로와 회복

우울한 청년 혹은 30-40대를 돕는 핵심은 주변의 태도와 언어의 변화입니다. 교회가 늘 그러하듯 육체적인 사고나 질병에 대해서는 참 잘 위로를 하고 익숙하지만 우울증은 실패자의 병 혹은 나약한 의지를 가진 사람들이나 겪는 부끄러운 정신병 정도로 여기고 쉽게 판단합니다. 그러나 우울증을 심각하게 앓았던 500년 전의 종교개혁자 마르틴 루터도 우울증을 조금도 부끄러운 병이 아니라고 강조하였습니다. 하루아침에 우울증이 좋아지는 법은 없지만, 틀림없이 시간과 더불어 좋아질 것이라 루터는 말해 줍니다.

우울증은 게으름으로 생긴 병이 아니며, 더군다나 회개하지 않은 죄가 많아서 생긴 질병도 아닙니다. 루터나 스펄전, 링컨이나 처칠 등도 자기 인생에 맞닥뜨린 깊은 우울증과 싸우며 자기 삶에 주어진 부르심과 사명을 다해 갔기 때문입니다.

그러므로 가정과 교회에서는 우울한 청년들에 대한 단순하고 비과학적인 판단이나 편견을 모두 버려야 하며, 오히려 때로 이상하고 게으르게 보인다 하더라도 인내하며 기다려 주어야 합니다. 청년 자녀들이 성인이 되었다고 쉽게 물러서지 말아야 합니다. 독립을 위해 애쓰는 그들이지만 여전히 기도와 이해가 필요한 자녀들입니다. 그들을 공감해주는 것이 그들을 연약하게 만든다는 생각은 잘못된 편견입니다. 그들에게는 여전히 기도가 필요하고,

따뜻한 공감과 지지가 필요합니다. 그리고 기도해 주어야 합니다. 그리고 이런 말들은 주의해야 합니다.

"너 그렇게 우울하게 보이지 않는데"
"네가 우울할 이유가 뭐가 있어? 딴 사람들도 좀 봐!"
"곧 괜찮아 질거야, 너무 걱정하지마!"

우울한 것은 눈으로 보이는 것이 아니라 안에서 마음이 찢어지는 아픔입니다. 그러므로 우울하게 보이는가 아닌가 하는 것은 중요한 문제가 아닙니다. 물론 우울한 표정을 가진 사람들도 있지만 그렇지 않다고 해서 우울하지 않은 것이 아닙니다. 곁에 있는 사람들은 우울한 사람의 말을 듣고, 그 말에 공감하며, 얼마나 아픈지를 관심을 가지고 물어보아야 합니다.

특히 다른 사람과 비교하면서, 마치 그 사람은 우울할 이유가 없는 것처럼 말하는 것은 우울증을 전혀 알지 못하는 사람의 무지한 말입니다. 우울한 사람에게는 마음에 말을 다 못하는 이유가 있고, 다른 사람과 비교하지 말아야 할 자기만의 사정이 있습니다. 그리고 그것은 쉽고 편리하게 해결될 문제가 아닙니다. 누군가가 함께 깊이 있고 진지하게 씨름해야 할 아픔입니다.

"신앙생활 하는 청년이 이렇게 우울할 수가 있지?"
"그건 회개하지 않은 죄, 찌꺼기 죄가 있어서 그럴 거야!"
"회개하고, 말씀과 기도로 힘쓰면 좋아질거야"

그럼 예수님 믿으면 넘어져 무릎이 벗겨져도 피가 안 날까요? 살다 보면 마음에 상처가 나고 인간관계로 아파서 생긴 '마음의 출혈'이 우울증입니다. 어쩌면 예수님의 산상수훈의 말씀대로 참고 인내하며 양보하며 사는 그리스도인일수록 이런 우울감은 커질 수도 있습니다. 자신의 사정을 누군가와 공유하고, 때로 사람들 앞에서 자기의 마음을 표출할 수 있어야 하는데, 그 모든 것을 참는 사람에게 우울감이 없다는 것은 오히려 모순이 아닐 수 없습니다.

예수님은 장애를 가진 남성을 보시면서 오히려 "그에게서 하나님이 하시는 일을 나타내고자 하심이라"고 말씀하셨습니다(요9:3). 앞을 못보고 평생 공부를 제대로 한 적이 없었던 맹인 남성을 통해 하나님께서는 예수님을 하나님의 아들이라 입증하는 어마어마한 일을 하게 하셨습니다. 마치 사과 씨앗 하나에 몇 개의 사과가 들어있을지 알 수 없는 것처럼 우울증을 겪는 한 사람의 청년 성도를 통해 하나님께서 하실 큰 일을 우리는 기대할 수 있습니다.

그러므로 20대 자녀를 둔 부모님들은 다 컸다고 방심하지 말고, 30-40대 부모가 된 청년들은 혹시 자신의 우울감 때문에 아이들에게 부정적인 영향이 가지는 않을지 주의를 기울여야 합니다. 젊은 부모가 우울하여 에너지가 소진되면 아이들을 돌보거나 공감할 힘이 약해지고, 부모와 동일시하는 아이들, 혹은 부모의 무관심과 학대를 견디는 아이들은 부모를 위해 자신의 여린 정서를 다 써버리기 때문입니다. 우울한 부모는 만만한 아이들에게 짜증을 많이 내고 잔소리를 하지 않도록 조심해야 합니다. 그들에게는 솔루션 곧 해결책이 필요한 것이 아니라, 끝까지 동행해주는 따뜻한 동반자가 필요합니다. 사랑으로 주목해주는 한 사람이 있으면 그 사람은 반드시 좋아질 수 있습니다.

혹시 깊은 우울과 절망 가운데 죽음에 대한 생각이 자주 드는 청년들이 있다면 스바냐 3:16-17을 반드시 읽고, 묵상하고, 암송해야 합니다. 말씀이 사람을 살립니다. 시편 38편, 139편과 같은 하나님의 생명의 말씀을 반드시 붙드셔야 합니다. 그리고 마치 시편의 기자들이 그러했던 것처럼 자신의 깊은 고통과 아픔을 언어화하여 하나님께 호소해야 합니다. 그리고 진심으로 마음을 공감해주는 상담자나 멘토를 만나 여러분의 아픔을 인간 언어로 토설해야 합니다.

우울한 사람, 그는 결코 혼자가 아닙니다. 구약 시대 요셉도, 룻도, 다윗도, 엘리야도, 다니엘도, 심지어 예수님조차도 깊은 슬픔의 사람이었습니다. 인생의 깊은 절망과 좌절, 거절로 인한 우울감의 후유증을 겪은 사람들입니다. 동시에 조금만 눈을 들어 둘러보면 의외로 주변에 어려움을 함께 안타까워하며 눈물로 함께 기도할 믿음의 가족들이 많다는 것을 알게 될 것입니다.

아울러 우울한 그리스도인 청년들을 위한 다음의 처방들을 기억하고 실천함으로 미래가 창창한 우리 청년들과 그들의 가족들을 생동감있게 다시 살리는 교회와 그리스도인들이 되어야 할 것입니다.

1. 우울한 사람에게 가장 중요한 것은 판단하지 않고 공감하는 긍휼과 공감입니다. 청년들은 자신의 삶에 대한 타인들의 부정적인 평가에 민감합니다. 이들에게는 무조건적인 사랑과 지지가 필요합니다. 이들은 첫째 부모, 둘째 친구와 이웃들로부터 무조건적인 지지를 계속 받아야 합니다. 이들이 다 큰 어른이라 생각하고 무관심하게 버려두어서는 안 됩니다. 관심과 사랑이 절대적으로 필요합니다.

2. 약물 치료와 심리치료 상담은 반드시 필요합니다. 이 둘이 결합할 때 우울증 치료에 큰 효과를 발휘할 수 있지만, 우리 그리스도인들에게는 기독교 상담이 중요하고, 영적으로 하나님의 말씀은 영혼을 소생시키는 필수요소입니다.

3. 부정적인 사고방식의 변화를 위해서는 인지행동치료가 매우 유용합니다. 사고방식을 우선 긍정적으로 바꿔야 할 필요가 크기 때문입니다. 기독교 상담사들이 시행하는 인지치료를 통해 말씀 안에서 생명의 소망을 발견하고 유지하도록 도와야 합니다.

4. 요가와 같은 긴장 완화 프로그램을 강조하는 사람들이 많으나, 기독교인들의 경우 요가는 건전한 영적 실천이라 할 수 없으므로, 심호흡과 더불어 기도와 말씀 묵상은 필수적입니다. 어떤 경우에도 말씀을 손에서 놓아서는 안 됩니다.

5. 힘든 이웃들이나 손길이 필요한 사람들을 위해 자원하여 봉사하는 것은 삶의 의미를 고양시키고, 열심히 살아야 할 이유와 자원들을 제공합니다. 우울할수록 더 보람있는 일에 함께 참여할 수 있도록 독려하는 친구들이 필요합니다. 삶의 목적의식이 여기서 생기고, 자존감도 높아져서 우울증을 멀리할 수 있는 기회를 제공하기 때문입니다.

6. 특히 건강한 식습관은 20-40의 청년들에게 반드시 필요합니다. 인스턴트 음식들을 과다 섭취하는 시기에, 설탕이 많이 든 음식, 스낵과 음료수를 줄이고, 신선한 과일과 야채, 덜 가공된 밥과 빵을 먹음으로 뇌의 활동을 신선하게 해야 합니다.

7. 동성 친구와의 비 성적인 우정이 우울증 때문에 생긴 성중독을 피하게 합니다. 자신을 우울증으로부터 지키는 길은 중독적이고 파괴적인 혼전, 혼외 성관계에서 벗어나는 것입니다.

8. 무엇보다 규칙적인 신체 운동은 뇌의 엔도르핀과 세로토닌을 증가시켜 정서, 수면, 집중력을 확연히 증가시킬 수 있습니다. 하루 만 보 걷기 운동을 하는 교회도 있는데 청년들이 함께 모여 건강한 습관을 함께 실천하는 것은 매우 효과적인 일입니다.

9. 술은 어떤 경우라도 우울증에 해롭습니다. 우울증에 술은 마약과 같은 심각한 중독물질입니다. 어떤 경우에라도 우울할 때 알코올과 중독성 마약을 피해야 합니다.

10. 실연당했을 때, 관계가 깨졌을 때, 혼자서 슬퍼할 시간이 필요합니다. 친구와 교회 지인들로부터 위로받을 시간도 필요합니다.

11. 좋은 상담자를 만나 자신의 이야기들을 풀어놓을 필요가 있습니다. 훈련받은 상담자와의 대화를 통해, 미래에 대한 전망을 가질 수 없을 것 같은 현실에 대해 "의미를 변경함으로써 미래의 선택을 다변화할 수 있는 능력이 있습니다."

12. 우울증의 형편과 사정, 경험과 아픔은 매우 개별적이므로, 자신만의 이야기를 신뢰할 만한 누군가에게 할 수 있는 것은 참으로 중요한 치료의 방법입니다. 다만 우울한 청년들 가운데는 내성적이고, 자신의 이야기가 알려지기를 원하지 않는 경우가 많으므로, 청년 상담의 내용들을 주변인들에게 알리지 않도록 주의하는 것이 필요합니다.

한 사람의 가치는

이 글을 쓰면서 오랜 상담기록들을 뒤져보는 가운데, 우연히, 자살 충동이 심했던 15년 전 한 청년의 이메일을 보게 되었습니다. 그 자매는 우울증과 무기력이 너무 심하여 죽고 싶은 충동이 매우 강했습니다. 메일을 읽는 가운데 문득 이런 생각이 들었습니다: '지금은 과연 살아 있을까?'

다행히 옛 전화번호가 남아 있어서 그분 전화번호가 맞는지 확인했습니다. 다행히 "네 맞습니다"라는 답이 왔습니다. 얼마나 반가웠는지 모릅니다. "응답해주셔서 감사하다"고 했더니 다음과 같은 문자가 왔습니다:

"오!!! 교수님 안녕하세요? 잘 지내고 계시죠… 그때 (상담을 통해) 얻은 힘과 용기로 그 후로부터는 그때처럼 힘들어하지 않고 기쁘게 잘살고 있었어요!!… 그때 병원 진료도 받고 했는데도 상황이 계속되어서 마지막으로 교수님과의 상담 통해서 하나님께서 참 변화를 주셨습니다."

상담은 우울한 사람에게 필수 과정입니다. 성경말씀을 붙드는 것은 상담보다 더 중요합니다. 더군다나 성경에 기초한 기독교 상담은 인생의 가치와 신앙의 터를 다시 다지게 돕습니다. 다행히 필자가 그 청년 자매의 고민에 답한 메일도 남아 있었습니다. 끝으로 그 메일의 일부를 소개하고 이 글을 마치려 합니다. 부디 우울한 청년기를 맞는 누구라도 이 글을 함께 나누면서 새 힘 얻기를 소망하며 기도합니다.

우울증은 마음의 병입니다.
부끄러운 일도 아니고, 특이한 일도 아닙니다. 그저 더 많은 여성들에게 나타나고 경험되는 증상입니다.
약을 먹는 것도 나쁜 것이 아닙니다. 수치스럽거나 당황스러운 일도 아닙니다.
굳은 마음과 믿음과 기도와, 함께 이야기 나눌 수 있는 상담자나 친구만 있어도
이겨낼 수 있는 병입니다.

하나님은 ○○ 자매를 사랑하십니다.
그리고 ○○ 자매의 생명은 하나님께 참으로 존귀한 것입니다.
그럼에도 불구하고 그것을 조금도 느끼지 못하는 이유는 아프기 때문입니다.
감기 걸려 코가 막히면 맛있는 음식의 맛을 알 수 없는 것처럼
우울증이 있으면 삶의 맛, 행복의 감정, 좋아하는 것에 대한 감각이 없어집니다.
멍하고, 아무 생각도 없고, 하고 싶은 것도 없습니다.

더구나 ○○ 자매는 믿음의 사람입니다.
그런데, 자신의 삶에 대한 의지를 놓으려 할 때, 사단은 영락없이 역사하려 합니다.
그러나, ○○ 자매는 하나님의 소유입니다. 어떤 경우에도 사단은 손 끝 하나

댈 수 없습니다. 다만 무섭게 할 수도 있고, 위협할 수도 있고, 자기의 악한 형체를 보이려 할 수도 있습니다.

문제는 ○○ 자매의 전투 의지입니다.
○○ 자매의 삶은 하나님께서 아름답게 지으셨습니다.
그래고 ○○ 자매에 대한 크고 놀라운 계획을 가지고 있습니다.
지금 그것이 보이지 않는다고 없는 것이 아니지요.

놀랍게도 하나님은 우리의 연약함과 부족함을 합쳐서 선을 이루어 가십니다.
삶의 의지, 전투의 의지를 놓지 마세요.
혼자 있을 때 하나님을 찬양하시고,
먹고 싶은 것 있으면 가서 과감히 사 먹고,
놀고 싶은 놀이가 있으면 한번 대담하게 하시면서,
삶의 에너지를 엎─ 시켰으면 합니다.

곁에 어떤 분들이 도와줄 수 있을까요?
신뢰할 수 있는 분들에게 도움을 요청하세요.
절박한 환경에서 도움을 요청하는 것은 결코 부끄러운 일이 아닙니다.

회사의 업무나 상사에 대해 부담을 가지는 것, 충분히 이해가 됩니다.
왜냐하면 ○○ 자매가 아프니까요.
○○ 자매가 건강해지면, 아마 틀림없이 그 일들은 넉넉히 해 낼 수 있는 힘이 생길 거예요. 능력이 없어서가 아니라 단순히 아파서 입니다.

○○ 자매의 의지는 중요합니다.

물론 사람의 의지는 죄로 인해 많이 약하거나 잘못되어 있습니다.

하지만 기도하는 가운데 얻는 의지는 생명을 살리는 의지입니다.

예뻐하는 아이 다시 오면 이제는 나가서 안아주세요.

의지를 주저앉히는 어두움이 있으면 한번쯤은 과감히 날려버리시고,

거짓된 의지를 쫓아버리고, 정반대의 행동들을 한번씩 해야 이길 수 있지요.

 한 사람의 가치는 그의 성과나 성취에 있지 않습니다. 그런 면에서 하나님을 닮은 한 영혼, 그러나 죄로 병든 그 영혼을 위해 죄 없으신 하나님의 아들이 대신 죽으셨다는 것은 그 생명의 어마어마한 가치를 이야기해줍니다. 이제 우리의 가치는 우리 위해 대신 죽으신 예수 그리스도의 생명의 값에 의해 결정됩니다. 말 그대로 세상 무엇과 바꿀 수 없는 가장 소중한 생명, 우리 주님 부르시는 그날까지 우리가 숨 잘 쉬고 살아있기를 우리 하나님은 그렇게도 고대하시고 기뻐하십니다.

1. 페리 노블 목사가 성인기에 우울증을 겪게 된 성장기의 어려움은 무엇이 었습니까?

2. 미국 진단통계편람이 말하는 우울증 진단 기준을 말씀해 보세요.

3. 지속성 우울장애는 어떤 증상들을 가지고 있습니까?

4. 청년기 우울증의 특징을 나누어 봅시다.

5. 우울한 청년들을 위해 주변의 사람들은 어떤 도움을 주기 위해 노력해야 할까요?

6. 자녀를 기르는 30-40대의 남성과 여성들에게는 어떤 우울증 경험들이 있 을까요? 그리고 우울증을 극복할 수 있는 어떤 자원들이 있을까요?

7. 우울한 사람들에게 해야 할 말과 하지 말아야 할 말은 어떤 것이 있을까 요? 교회는 그들에게 어떤 태도를 보여야 할까요?

2부

교회와
신앙

교회 헌법에 기초한 교회 생활

신재형(화명중앙교회 담임목사)

교회 생활과 교회 헌법

'교회 헌법에 기초한 교회 생활'이라는 주제는 우리에게 다소 생소합니다. 이 내용을 한번이라도 생각해 본 분보다 그렇지 못한 분이 훨씬 많을 것입니다. 하지만 이 주제는 생각보다 훨씬 깊이 우리의 교회 생활에 들어와 있습니다. 예를 한번 들어볼까요? 혹시 여러분은 이런 질문을 들어본 적이 있습니까?

"여러분은 이제부터 교회의 관할과 치리에 복종하고 성결과 화평을 이루도록 노력하기로 작정합니까?"

이것은 제가 소속된 교회(단)에서 시행하는 세례 서약의 마지막 질문입니다. 같은 질문이 입교 예식 서약에도 있습니다. 유아 세례나 학습의 경우, 비록 같은 질문은 없지만, 그 서약의 내용이 모두 이 질문을 향한다고 해도 과언은 아닙니다. 물론 이 질문에는 '교회 헌법'이라는 말은 없습니다. 하지만 "교회의 관할과 치리"가 오직 교회 헌법에 따라서 이루어지기에 이 부분을 "교회 헌법의 내용에 복종하고"라고 이해해도 됩니다. 즉, 교인으로서 우리의 공식적인 교회 생활은 교회 헌법을 잘 알고, 그 내용에 순종하기로 서약하는 것에서 출발합니다. 또한, 교회의 "성결과 화평을 이루도록 노력"하는 것이 "교회 헌법의 내용에 복종" 뒤에 따라 나오는 것을 주목해서 보십시오. 문맥상 우리가 교회에서 이뤄야 할 '성결과 화평'은 각자의 생각과 열망이 아니라 교회 헌법에 기초한 교회 생활에서 시작되고 구현됩니다. 이와 비슷한 언급이 또 있습니다.

> "본 장로회 교리표준인 신앙고백서, 대교리문답과 소교리문답은 구약과 신약 성경에서 교훈한 도리를 총괄한 것으로 알고 성실한 마음으로 믿고 따릅니까?"

> "본 장로회 관리표준인 교회정치, 권징조례와 예배지침을 정당한 것으로 승낙합니까?"

이 두 질문은 직분자(목사, 장로, 집사, 권사) 임직 서약 때 묻는 내용 중에 일부입니다. 이 질문에서 볼 수 있듯이 교회 헌법은 교리표준(신앙고백서와 교리문답)과 관리표준(예배지침, 교회정치, 권징조례)으로 구성되어 있습니다. 그리고 교회의 직분자는 모두 교회 헌법을 잘 알고 이해해야 하며, 그 내용에 순종하겠다고 서약해야 합니다. 만약 이 질문에 '아니요'라고 대답하면 임직을 받을 수 없습니다. 또한, 임직 서약의 나머지 질문들도 모두 직간접적으로 교회 헌법과 연결되어 있습니다.

이렇듯 우리의 교회 생활은 교회 헌법과 떨어질 수 없습니다. 우리가 이 사실을 인지하든 인지하지 못하든 말입니다. 신자의 요람에서 무덤까지, 그 모든 과정이 교회 헌법과 밀착되어 있습니다. 따라서, '교회 헌법에 기초한 교회 생활'은 신앙생활의 한 옵션이 아닙니다. 우리의 교회 생활은 마땅히 교회 헌법에 기초해야 합니다. 교회 헌법이 없이는 정상적인 교회 생활이 불가능하다고 해도 과언이 아닙니다.

이 글은 교회 헌법에 기초한 교회 생활을 다룹니다. 물론 '법'이라고 하니 경직된 느낌을 지울 수 없습니다. 법대로 생활한다고 하니 제도에 치우친 것 같고, 하나님의 은혜와도 다소 거리가 멀어 보입니다. 하지만 교회 헌법은 그리스도 안에서 본질상 은혜와 화평의 법이며, 우리 교회 생활을 안전하고 풍성한 길로 인도합니다.

다만, 여기서 교회 헌법과 관련된 모든 것을 설명할 수는 없습니다. 특히 신앙고백서와 교리문답에 관한 논의는 또 다른 지면이 있어야 할 것입니다. 교회 헌법의 관리표준을 중심으로 살펴보되, 더 실제적인 내용은 지면 관계상 다른 기회를 통해 나눌 수 있기를 기대합니다. 이 글을 통해 우리의 교회 생활이 조금이나마 은혜롭고 화평한 교회 생활이 되길 원합니다.

성경, 신앙고백서, 그리고 교회 헌법 : 교회 헌법은 신뢰할만한가?

교회 헌법은 과연 권위 있고 신뢰할만한 것일까요? 만약 교회 헌법이 신뢰할 수 없는 문서라면, 우리의 교회 생활이 교회 헌법에 기초해야 한다는 주장 자체가 무의미하기에 이 질문은 아주 중요합니다. 교회 헌법은 과연 우리에게 필요할까요? 우리에게는 성경이 있지 않습니까? 게다가 신앙고백서와 교리문답도 있지 않습니까? 이것으로 충분하지 않습니까? 관리표준이 굳이 있을 이유가 있습니까?

결론부터 말씀드리면 교회 헌법은 권위 있고 신뢰할만한 문서입니다. 그래서 세례와 임직 이라는 교회 생활의 아주 중요한 지점에서도 교회 헌법에 관한 질문을 합니다. 하지만 한 가지 반드시 주의해야 할 원리가 있습니다. 교회 헌법은 본질상 성경과 신앙고백서에서 생성되었고, 오직 성경과 신앙고백서의 권위 아래에서만 그 가치와 신뢰성을 유지할 수 있다는 것입니다. 먼저 성경, 신앙고백서, 그리고 교회 헌법의 관계를 살펴보겠습니다.

성경

교회에서 성경의 권위와 위치는 절대적입니다. 교회의 그 어떤 것도 성경의 자리를 차지할 수 없습니다. 심지어 그 권위의 일부라도 대신할 수 없습니다. 종교개혁 당시 로마교회가 성경과 전통의 권위를 같은 위치에 둔 것에 반해 종교개혁자들, 특히 칼빈은 오직 성경의 권위만을 강조했습니다. 그리고 이 같은 견해는 역사적 개혁주의 전통에서 일관되게 견지했습니다. 따라서 교회 생활의 모든 것은 오직 성경에 근거해야 합니다.

실제로 성경은 교회의 질서와 생활의 모든 원리를 생성합니다. 그 어떤 잘못된 원리, 제도, 구조도 모두 성경에 의해 거부됩니다. 물론, 장로교회도 신앙고백서를 비롯한 전통, 예를 들면 교회 헌법이나 총회의 결정사항 같은 것도 구속력 있는 문서로 받아들입니다. 하지만, 이것들도 오직 성경에 기초하여 점검되어야 합니다. 하나님의 말씀이야말로 우리 교회 생활의 최종 결정권자입니다. 그래서 성경은 '규정하는 규범'the norming norm입니다.

이러한 성경의 가르침을 따라 신앙고백서도 교회 헌법의 토대가 되는 교회 생활의 기본 원리를 고백합니다(웨스트민스터 신앙고백서 25-31장, 벨직 신앙고백서 27-32장). 먼저 신앙고백서는 이 부분에서 그리스도의 왕권을 강조합니다. 모든 신자는 참 교회에 가입함으로 그리스도의 왕권에 복종합니다. 이 교회는 순수한 말씀의 선포와 성례의 시행, 그리고 말씀을 따라 바르게 다스리는 것 안에서만 가시적으로 드러납니다. 특별히 교회의 다스림은 목사(말씀과 성례), 장로(다스림), 집사(돌봄)라는 직분을 통해 드러납니다. 또한, 그리스도의 왕권에 기초하여 모든 직분은 그 직무를 수행하는 데 있어 동등합니다. 특히, 여기서 벨직 신앙고백서 32장, 교회의 질서에 관해 고백을 우리 교회 생활에 적용할 필요가 있습니다.

> "우리는 비록 교회를 다스리는 사람들이 교회를 질서 있게 움직이기 위하여 만든 규칙과 질서들이 쓸모 있고 유익하다 하더라도 그 모든 것은 유일한 주인이신 그리스도께서 세우신 모든 규례에서 벗어날 수 없다는 사실을 믿는다. 따라서 우리는 인간적인 모든 생각과 인간의 양심을 묶어버리며 강요함으로써 하나님을 섬기도록 하는 그 어떤 인간적인 수단들을 배격하는 바이다."

물론 성경이 교회 질서와 생활의 모든 원리를 명시적으로 언급하지는 않습니다. 그것을 규정하는 것은 교회의 과제입니다. 하지만, 교회에는 성경과 배치되거나, 성경적 원리를 담지 못하는 규정을 임의로 만들어 낼 권세가 조금도 없습니다. 이 모든 원리와 규정은 오직 성경에 일치할 때만 구속력이 있으며, 교회에서 사용될 수 있습니다. 그리고 만약 교회 헌법이 이 원리를 견지하고 있다면 그리스도의 통치 아래에 있는 우리는 마땅히 교회 헌법을 적극적으로 활용하며 교회 생활을 해나갈 수 있습니다.

신앙고백서

주지하다시피 신앙고백서는 성경에 의해 작성되고, 또 성경에 종속됩니다. 이런 점에서 신앙고백서는 '규정된 규범'the normed norm입니다. 신앙고백서는 성경을 평가하지 않으며, 성경이 우리의 신앙에 대해 무엇을 포함하는지 그저 재진술 할 뿐입니다. 신앙고백서는 하나님 말씀에 대한 인간의 반응일 뿐이며, 결코, 성경보다 높지 않습니다. 심지어 나란히 위치하지도 못합니다. 성경 다음에 있지만, 성경보다 '한참 아래'입니다.

역사적으로 성경을 맡은 교회는 그 가르칠 권세로 신앙고백서를 작성했습니다. 이것으로 잘못된 가르침에 대항하기도 했습니다. 이로써 교회는 하나님 말씀의 교의를 보존하고, 해석하며, 방어해왔습니다. 교회는 본질상 신앙고백 교회이며, 역사상 그 어떤 교회도 신앙고백 없이는 존재할 수 없고, 또 존재하지도 않았습니다.

성경에 대한 종속성에서 신앙고백서의 의무와 한계가 발생합니다. 그 내용에 대한 이의나 반대가 있을 때, 신앙고백서는 항상 성경으로 가서 묻습니다. 따라서, 신앙고백서는 항상 성경에 의해 점검되어야 하며, 이런 점에서 신앙고백서는 언제든지 수정 혹은 재작성될 수 있습니다. 이 부분에 있어 너무 과민반응할 필요는 없습니다. 역사적으로도 교회는 종종 신앙고백서의 내용을 성경에 비추어 점검해왔고, 여전히 같거나 거의 비슷한 내용을 가지고 있기 때문입니다. 하지만, 이것이 신앙고백서의 권위를 성경에 비견하도록 하지 못합니다. 각 시대의 교회는 여전히 신앙고백서를 성경에 기초해 점검하여 모든 종류의 실수와 잘못을 제거할 사명이 있습니다. 이것이 위에서 살펴본 벨직 신앙고백서 32장, 교회 질서(생활)에 대한 고백이 함의하는 바입니다.

사실 개혁주의 진영 안에서도 신앙고백서의 권위에 대한 논쟁이 있었습니다. 대표적인 논쟁이 *quia* (because)와 *quatenus* (insofar as)입니다. 전자가 의미하는 바는 이렇습니다. 신앙고백서는 권위 있는 문서로 교회가 신뢰할 수 있는데, "왜냐하면(*quia*)" 그 내용이 성경의 가르침과 일치하기 때문입니다. 반면에 후자가 의미하는 바는 이렇습니다. 신앙고백서는 권위 있는 문서로 교회가 신뢰할 수 있는데, 오직 그 내용이 성경에 "일치하는 한(*quatenus*)" 그렇습니다.

역사적 개혁주의 교회는 일반적으로 "왜냐하면(*quia*)"의 편에 서 있습니다. 신앙고백서는 성경에 어떤 가르침이 있는지를 표현한 것입니다. 성경의 권위 아래에서 신앙고백서를 작성하는 그 어떤 교회나 사람도 신앙고백서를 성경에서 벗어나거나 다르게 작성하려는 의도를 가질 수 없습니다. 비록 신앙고백서가 사람에 의해 만들어졌고, 완전하지 않으며, 충분히 오류가 있을 수도 있지만, 우리는 이것이 본질상 성경에 일치하기 때문에, 항상 성경에 의해 점검받는다는 조건으로 신앙고백서를 권위 있는 문서로 받아들입니다. 여기서 기억해야 할 점은 신앙고백서조차도 항상 성경에 철저하게 종속되어 점검받아야 한다는 사실입니다.

교회 헌법

교회 헌법(특히 관리표준)은 그 본질상 성경과 신앙고백서에서 생성되었습니다. 성경, 신앙고백서, 그리고 교회 헌법의 이런 관계 설정 과정을 통해 태어났습니다. 따라서 교회 헌법은 성경이라는 "규정하는 규범"과 신앙고백서라는 "규정된 규범"의 "시행 규범"attending norm/ministering of the norm이라는 특징을 가집니다.

따라서 교회 헌법은 본질상 결코 성경, 그리고 신앙고백서와 같은 권위와 위치에 있을 수 없습니다. 교회 헌법은 오직 성경과 신앙고백서를 따라 교회의 질서와 생활에 관한 올바른 원리를 반영하고 시행할 뿐입니다. 이런 점에서 교회 헌법은 태생적으로 오직 신앙고백서에 규정된 교회 질서와 생활의 핵심 원리만 다룰 수 있습니다. 항상 신앙고백서의 그늘에 머무릅니다. 만약 교회 헌법이 독자적으로 교회에 필요한 법과 규범을 작성하기 시작한다면 그 두께는 점점 '두꺼워져' 세상 법과 다를 것이 없는 소위 '법전'이 될 것입니다. 세상 법과는 다른 은혜와 화평의 법이라는 교회법의 본질적 특징이 사라집니다. 반면 그 가치와 권위는 점점 '얇아질 것'입니다. 교회 헌법을 맡아 작성하고 관리하는 분들은 이 점에 유의해야 합니다.

따라서 교회 헌법은 성경의 가르침을 따라 교회 질서와 생활의 기초인 교회의 머리요, 왕이신 그리스도께서 어떻게 교회를 다스리시는지를 오직 표현하는 것이어야 합니다. 교회 헌법은 교회가 오직 그리스도의 다스림에 순종하도록 이끌어야 할 의무와 사명만 있을 뿐이며, 이런 점에서 교회 헌법은 무엇보다 "천국의 열쇠"(말씀과 치리)가 교회에서 잘 시행되도록 보호하는 것이어야 합니다.

이 부분을 정리하면 이렇습니다. 교회 헌법은 본질상 성경과 신앙고백서에서 나왔습니다. 이미 언급했듯이 교회 헌법도 '법'이기에 딱딱하고, 재미없으며, 은혜와도 멀어 보입니다. 우리가 느끼는 거리감이 상당합니다. 하지만, 지금도 교회를 질서 있게 다스리시는 그리스도의 통치를 고백한다면 이것이 우리에게 가장 은혜로운 길임을 신뢰해야 합니다. 우리가 성경과 신앙고백서를 신뢰한다면, 그리스도의 다스리심을 수행하고 있는 교회 헌법도 신뢰할 수 있습니다. 만약 교회 헌법이 성경과 신앙고백서와 올바른 관계를 유지하고 있다면, 우리는 이것을 신뢰할만한 문서로 받아들일 수 있습니다.

우리 교회 헌법은 과연 성경과 신앙고백서를 따르고 있는가?

이제 우리는 교회 헌법이 과연 성경과 신앙고백서를 근거로 작성되었는지, 또 성경과 신앙고백서에 철저하게 종속되어 있는지를 살펴야 합니다. 이를 위해 '도르트 교회 질서church order of Dort, 1618/19'와 제가 속해 있는 대한예수교장로회 고신 교회의 '헌법'을 대략 살펴보겠습니다. 참고로 '도르트 교회 질서'는 개혁교회reformed churches의 교회'법'으로 이해하시면 되겠습니다.

도르트 교회 질서

교회 헌법의 이런 본질 때문에 도르트 교회 질서 역시 성경과 신앙고백서를 근거로 작성되었고, 그 내용은 다른 교회법보다 훨씬 더 철저하게 신앙고백서에 종속되어 있습니다. 전술했듯이 벨직 신앙고백서의 교회 생활과 교회 질서 부분의 핵심은 교회를 다스리시는 그리스도의 왕권(27, 29장), 그 왕권이 전달되는 수단인 직분과 회의(30장), 그 왕권이 가시화되는 말씀과 성례, 그리고 치리(29장, 30장)입니다. 참고로 성례는 교회의 질서와 생활을 다룬 후 33장부터 35장까지 길게 설명합니다. 또한, 벨직 신앙고백서 31장은 목사, 장로, 집사 직분을 따로 할애하여 설명하는데, 직분의 핵심은 부르심calling과 교회의 선택election입니다. 그리고 직분의 동등성과 권위의 문제를 다룹니다. 전술했듯이 32장은 교회의 질서와 생활을 위한 모든 규례가 오직 하나님의 말씀인 성경에 종속된다는 고백으로 마무리합니다.

도르트 교회 질서도 철저하게 이 순서로 구성되어 있습니다. 전체 구조는 다음과 같습니다. 바로 위에 언급된 교회 질서와 생활에 관련된 신앙고백서의 내용과 비교하면 놀라운 일치성을 확인할 수 있습니다.

항목	내용
1조	서론 – 교회 질서의 필요성 – 내용 (직분 / 회의 / 교리, 성례, 예식 / 교회 치리)
2–28조	직분
29–52조	회의
53–70조	교리, 성례, 예식
71–86조	교회 치리

첫 번째 부분인 도르트 교회 질서 1조는 "'그리스도'의 교회에 건전한 질서를 유지하기 위해"라고 시작하면서 이 교회가 '그리스도'의 교회라는 것을 먼저 드러냅니다. 명시적으로 언급되어 있지 않지만, 신앙고백서를 따라 그리스도의 왕권과 주되심에 대한 강조로 시작합니다. 두 번째, '직분' 부분의 강조는 적법한 부르심calling과 교회의 선택입니다. 또한, 도르트 교회 질서는 신앙고백서의 언급을 따라 교리에 대한 감독과 성례를 다룬 후에 마지막으로 교회 치리를 다룹니다. 그리고 마지막 부분인 84조는 직분의 동등성을, 86조는 교회 질서의 개정을 다룹니다. 교회 질서는 (성경이 아니기에) 개정될 수 있지만, (성경과 신앙고백서를 따라) 신중하게 시행하며 이 일에도 일치성이 유지되어야 합니다(권위의 유지).

벨직 신앙고백서와 도르트 교회 질서 비교를 통해 우리는 다음과 같은 사실을 확인할 수 있습니다. 첫째, 교회 질서와 생활 원리와 관련하여 두 문서는 그 구조와 내용 모두가 일치합니다. 교회 질서가 신앙고백서에 종속된 것이 명확하게 드러납니다. 둘째, 신앙고백서와 교회 질서의 진술 성격은 차이가 있습니다. 신앙고백서가 큰 그림이라면 교회 질서는 세부적인 그림입니다. 신앙고백서가 제목이라면, 교회 질서는 내용입니다. 신앙고백서가 질서에 관한 신앙의 고백이라면, 교회 질서는 질서와 생활 원리의 진술입니다. 신앙고백서가 교회 질서를 이끌고, 교회 질서는 신앙고백서와 조화를 이룹니다. 신앙고백서와 교회 질서가 서로 각자의 영역을 존중하며, 자기 역할에 충실합니다. 기독교 신앙에서는 낮은 권위와 높은 권위도 이렇게 조화될 수 있고, 또, 조화되는 것이 마땅합니다. 은혜와 화평의 원리는 이런 부분도 세밀하게 지배합니다. 셋째, 신앙고백서와 교회 질서는, 성경의 가르침을 따라서 그리스도께서 교회에 주신 가장 적절하고 필요한 원리만 담고 있습니다. 겨우 86조 항목으로도 교회의 질서를 이루고 교회 생활에서 성결과 화평을 이룰 수 있다는 고백이 드러납니다. 넷째, 두 문서가 이를 통해 드러내고자 하는 궁극적인 목표는 바로 은혜로운 그리스도의 통치입니다.

도르트 교회 질서는 개혁교회의 교회법입니다. 개혁교회는 교회 질서와 생활에 있어 이 문서를 신뢰할까요? 네 그렇습니다. 개혁교회의 모든 직분자는 신앙고백서와 교리문답, 신조, 그리고 이 교회 질서의 내용에 관한 신뢰의 표현으로 서명합니다. 교회 생활을 하면서, 그리고 교회를 섬기고 세우면서, 그리스도의 은혜로운 통치와 그 시행 방식인 교회법의 권위를 존중합니다. 도르트 교회 질서가 성경과 신앙고백서에 매여 있음을 확인하기 때문입니다.

대한예수교장로회 고신 교회 헌법

장로교회 헌법 역시 마찬가지입니다. 성경과 신앙고백서에서 생성된 그 본질에 맞게 신앙고백서에 종속되어 있습니다. 먼저 웨스트민스터 신앙고백서도 교회의 질서와 생활의 원리를 고백합니다(25-31장). 참고로 벨직 신앙고백서와 마찬가지로 웨스트민스터 신앙고백서도 '성례'를 따로 길게 설명합니다(27-29장). 물론 차이점도 있습니다. 벨직 신앙고백서가 '성례'를 교회의 질서 뒷부분에 위치시키는 데 반해, 웨스트민스터 신앙고백서는 교회(25장)와 성도의 교제(26장) 다음, 교회의 권징(30장)과 회의(31상) 앞에 위치시킵니다. '말씀-성례-치리'라는 교회의 표지를 더 잘 담아낸 배치라고 할 수 있습니다.

웨스트민스터 신앙고백서도 역시 마찬가지로 주 예수 그리스도의 왕권과 통치를 강조합니다(25장, 30장). 교회에 관한 고백(25장)이 담고 있는 독특성은 교회의 구성원(교인)에 관한 고백이 있다는 것입니다. 이것은 관리표준으로 그대로 연결됩니다. 또한, 교회에 관한 고백 안에는 직분(사역), 말씀, 여러 규례가 포함되어 있습니다. 성도의 교제(26장)가 뒤따라 나오는 것도 훌륭한 점입니다. 성도의 교제는 우선 그리스도와의 교제이며, 함께 성도 된 자들과의 교제가 뒤따릅니다. 이 교제는 예배, 말씀, 성례, 직분, 치리 문맥에 들어 있으며, 이 글의 서론에서 살핀 질문에 나오듯이 성결과 화평은 개인의 열망과 의지가 아니라 바로 이러한 교회의 정체성에서 출발합니다. 이어서 신앙고백서는 교회의 권징(30장)을 다룹니다. 벨직 신앙고백서와 비교할 때 웨스트민스터 신앙고백서는 교회 권징을 따로 고백하고 있다는 특징이 있습니다. 교회의 권징은 직분자의 손에 맡겨져 있고, 천국의 열쇠로서 기능하며, 범죄한 형제를 살리고 교회의 순수성을 지키는 방법입니다. 이제 신앙고백서는 교회의 회의(31장)로 이 부분을 마무리합니다. 교회의 회의(치리회) 역시 직분자(목사, 장로)에게 주어졌습니다. 교회 회의는 그리스도의 통치를 잘 드러내고, 교회를 잘 세우기 위해 이 모든 것을 잘 정비하며 시행해야 합니다.

놀랍게도 교회 헌법 역시 대체로 이 순서와 내용을 따르고 있습니다. 전술했듯이 관리표준은 예배지침, 교회정치, 권징조례로 구분됩니다. 웨스트민스터 신앙고백서가 예배(21장)를 교회의 질서를 다루기 전에 먼저 다루듯이, 예배지침이 교회정치에 선행합니다. 이 역시도 웨스트민스터 문서의 독특성입니다. 장로교회는 개혁교회와는 다르게 교회의 일치성에 좀 더 특별한 강조가 있는데, 이 일치는 무엇보다 예배의 일치라는 고백입니다. 또한,

신앙고백서가 교회의 권징과 회의에 강조점을 두듯, 관리표준은 교회정치 다음에 권징조례를 두며 보다 자세하게 다룹니다. 역시 예배지침, 교회정치 및 권징조례는 모두 그리스도의 머리되심과 왕권을 언급하며 시작합니다. 교회정치는 교회, 교인, 직분, 회의(치리회)라는 순서로 구성되어 있으며, 이는 신앙고백서의 내용 구성과 같습니다. 이를 도표로 정리하면 이렇습니다.

신앙고백서	관리표준
종교적 예배와 안식일(21장)	예배지침
교회(25장)	교회정치(교회, 교인, 직분, 치리회)
교회권징(30장)과 대회와 공의회(31장)	권징조례

웨스트민스터 신앙고백서와 관리표준(예배지침, 교회정치, 권징조례) 비교를 통해 우리는 다음과 같은 사실을 확인할 수 있습니다. 첫째, 관리표준은 신앙고백서의 넓은 문맥을 고려하여 구성되어 있으며, 그 구조는 일치합니다. 둘째, 관리표준은 신앙고백서의 강조를 따르고 있으며, 이로써 관리표준이 신앙고백서에 종속되어 있음을 드러냅니다. 셋째, 다만, 신앙고백서와 관리 표준의 진술 성격은 벨직 신앙고백서와 도르트 교회 질서의 그것보다는 차이가 분명하지 않습니다. 이 부분은 관리표준이 다소 비대해지는 이유이기도 합니다. 이 부분은 교회 헌법을 다루는 분들에게 남겨진 숙제입니다. 넷째, 그런데도 관리표준은 장로교회의 독특성을 고스란히 담고 있는데, 그것은 교회의 하나 됨입니다. 신앙고백서가 26장에서 성도의 교제를 따로 구분하여 고백하는 것처럼 관리표준도 이 정신을 고스란히 반영하고 있습니다. 다섯째, 도르트 교회 질서와 마찬가지로 관리표준의 모든 부분은 그리스도의 은혜로운 통치를 분명히 드러내고자 하는 목적이 있습니다.

이상에서 살펴봤듯이 약간의 차이점에도 불구하고 교회 헌법 역시 성경과 신앙고백서에 매여 있습니다. 장로교회 역시 교회 질서와 생활에 있어 이 문서를 신뢰할까요? 네 그렇습니다. 장로교회의 모든 직분자도 신앙고백서와 교리문답, 그리고 교회 헌법의 내용을 받아들이기로 서약함으로 직분을 맡습니다. 교회의 머리요 왕이신 그리스도께서 지금도 직접 수행하시는 은혜로운 통치를 고백하는 정신이 성경과 신앙고백서를 바탕으로 교회 헌법에 고스란히 들어와 있습니다. 여전한 과제가 남아 있지만, 우리는 교회 헌법의 이런 본질적인 특징 때문에 우리의 교회 생활에서 적극적으로 활용할 수 있어야 합니다.

교회 헌법을 배우고 가르치자

교회 헌법의 이러한 본질과 특징을 고려할 때, 이제 우리는 교회 헌법을 마땅히 배우고 가르쳐야 한다는 과제를 가집니다. 하지만, 그간의 한국 장로교회 역사를 냉정하게 평가했을 때, 그간 이 과제가 제대로 수행되지 않았다고 해도 과언은 아닙니다. 서론에서 살폈듯이, 안타깝게도 직분자와 성도들은 서약만 했지 그 실제 내용은 알지도 못하고, 또 그에 관한 관심도 없습니다. 그러다 보니 성경과 신앙고백서가 고백하는 교회에 대한 그리스도의 은혜로운 통치와 다스림이 제대로 '시행'되지 못하고 있습니다. 분쟁과 갈등이 고조되고, 곳곳에서 교회가 몸살을 앓는 소리가 들립니다. 실제로 관리표준의 상당한 내용은 아주 은혜로운데 말입니다. 언제 기회가 있다면 이것에 관해서도 풀어볼 수 있을 것입니다.

교회 헌법을 배우고 가르쳐야 한다는 과제와 관련하여 사실 고민이 하나 있습니다. 한국은 영미권의 선교 영향을 받았습니다. 신학 전통 역시 영미

권의 영향을 받았습니다. 그러다 보니 유럽 신학 전통(네덜란드, 독일, 남아공)과는 다르게 교회법이 신학의 한 분과로 자리 잡지 못했습니다. 많은 유능한 교회법 학자들이 그 계보와 명맥을 유지하는 유럽 신학 전통과는 달리 우리는 교회 헌법에 관한 전문가와 자료가 거의 없다고 해도 과언이 아닙니다. 신학대학원에서 가르치는 '교회 정치(교회법)'도 한 과목 정도에 불과합니다. 또, 결정적인 순간에 대체로 교회 헌법은 경험 많은 목사나 변호사 같은 세상 법을 다루는 분들에 의해 다루어져 왔습니다. 물론 이를 통해 한국 장로교회는 많은 도움을 받았고 지금까지 비교적 안전하게 보호받아 왔습니다만, 유럽의 신학 전통과 비교할 때 많이 아쉬운 것도 사실입니다. 이런 가운데 교회 헌법을 마땅히 배우고 가르치기가 쉽지 않다는 것이 고민입니다.

다행스럽게도 최근 유학을 통해 교회법을 공부하고 오는 목사들이 생기기 시작했습니다. 또, 직분에 관한 관심이 지대하게 높은 한국 장로교회의 특성상 교회와 직분에 관해 연구해 온 학자들이 많이 있습니다. 이분들을 통해 앞으로 많은 도움을 받을 수 있기를 기대합니다.

하지만, 성경과 신앙고백서의 가르침을 따라 교회 헌법이 직분자의 손에 맡겨져 있다는 사실을 기억해야 합니다. 또, 우리에게는 당회, 노회, 그리고 총회라는 직분자의 모임이 있습니다. 성경과 신앙고백서를 다루는 사람은, 누구든지 충분히 교회 헌법을 살피고 연구하여 가르칠 수 있습니다. 이 법이 그야말로 '법'이 아니라 주 예수 그리스도께서 다스리시는 은혜와 화평의 법이라는 것을 발견하고 얼마든지 교회에 적용할 수 있습니다. 주 예수 그리스도로부터 이 권세의 사명을 부여받은 직분자, 주 예수 그리스도 앞에서 이 권세 앞에 순종하겠다고 서약한 성도들이라면 얼마든지 교회 헌법을 가르치고 배울 수 있습니다.

교회 헌법을 그 본질과 특성에 맞게 부단히 점검하자

교회 헌법을 가르치고 배워야 한다는 점에서 이 두 번째 과제가 우리에게 주어집니다. 사실은 더 크고 시급한 과제입니다. 교회 헌법을 작성하고, 시행하며, 다시금 점검하여 수정하고 보완하는 과제는 각 교회(단)에 주어져 있습니다. 실제로 한국 장로교회를 비롯한 세계의 많은 장로교회는 그간 이 과제를 잘 실천해 왔습니다. 제가 속한 고신 장로교회도 최근까지 총 6차례 헌법 작성 및 수정을 해왔습니다. 각 개체교회가 교회 헌법의 내용을 잘 모른다는 단점에도 우리 교회는 이 과제를 성실히 수행하고 있는 셈입니다.

문제는 교회 헌법 작성과 수정에 담긴 신학적 정체성과 그 방향성입니다. 저의 판단으로는 그간의 헌법 개정은 앞서 살펴본 교회 헌법의 '본질과 특성'에 대한 고려가 다소 부족했습니다. 물론 이를 무작정 비난만 할 수는 없습니다. 한국 장로교회 신학과 신앙의 특성에서 비롯된 결과이기 때문입니다. 다만 앞으로는 교회 헌법의 '본질과 특성'을 고려한 점검과 수정이 수행되기를 기대합니다. 교회 헌법은 성경과 신앙고백서에 철저하게 종속되도록 만들어 가야 합니다. 또한, 성경과 신앙고백서로 교회 헌법을 부단히 점검해야 합니다. 우리 눈에 꼭 필요해 보이는 규정과 원리라도, 성경과 신앙고백서의 지지를 받을 수 없다면 과감하게 제거해야 합니다. 이것이 오히려 더 교회를 은혜롭게 다스리고 안전하게 보호하는 길이라는 신뢰가 필요합니다. 무엇보다 교회의 머리 되신 그리스도의 통치와 다스림이 드러나는 방향, 이를 통해 교회가 은혜롭고 화평을 이루는 방향으로 움직여야 합니다.

이를 위해서는 또 하나의 고려가 필요합니다. 이 부분에 필요한 인재를 양성하고, 또 점점 늘어나고 있는 교회법 전문가를 적극적으로 활용해야 합니다. 총회 산하 각종 위원회와 기관에 (예를 들어, 교회의 국제 관계를 다루는 위원회, 헌법 개정위원회 등) 역량을 펼칠 수 있는 젊은 인재들이 활동할 수 있는 분위기가 마련되길 기대합니다. 앞서 신앙고백서와 교회 헌법의 관계에서 언급했듯이 더 높은 권위와 더 낮은 권위가 조화를 이루고, 또 조화를 이룰 수 있는 은혜로운 곳이 바로 '그리스도'의 교회가 되어야 하기 때문입니다. 이를 통해 우리 교회 헌법을 점점 더 신뢰할만하고 권위 있는 문서로 만들어 교회 앞에 내어놓을 수 있고, 또 성도들에게 적극적으로 부끄럽지 않게 가르칠 수 있어야 합니다.

그리스도의 다스림에 자발적으로 순종하는 겸손을 가지자

저는 개인적으로 이 세 번째 부분이 교회 헌법을 대하는 우리에게 가장 필요하고 요구되는 신앙이라고 생각합니다. 교회 헌법은 세상 권세의 법과는 달리 강제성이 없습니다. 이것은 교회 헌법이 권위와 구속력이 없다는 뜻이 아니라, 신자들이 자발적으로 순종하지 않으면 구현할 수 없는 법이라는 뜻입니다. 교회 헌법의 어떤 조항이든, 이를 토대로 한 교회의 어떤 결정이든 (예를 들어, 권징과 관련된 결정들) 신자들이 자발적인 순종으로 따르지 않으면 그리스도의 통치와 다스림은 역설적으로 실현되지 않습니다. 그리고 실제로 이런 일이 현실 교회에서 자주 일어나는 것도 사실입니다. 그리고 이런 점들은 목사들이 교회 헌법을 교회에서 언급하지 않고, 가르치지 않는 이유가 되기도 합니다.

예를 하나 들어볼까요? 저는 지금 이 글을 필리핀에서 마무리하고 있습니다. 제가 목회하는 교회 청년들과 함께 단기 선교를 수행하는 중입니다. 잘 훈련된 선교지를 가보면 교회들이 일치된 예배 순서를 가지고 있는 것을 심심찮게 볼 수 있습니다. 제가 선교사로 수년을 봉사했기 때문에 잘 압니다. 그리고 한국의 선교팀이 이런 모습을 보면 해당 선교사가 훈련을 잘 시켰다고 칭찬합니다. 하지만, 정작 우리 교단 교회들의 예배 순서를 예배지침에 맞춰 따르도록 하자고 하면 싫어하는 경향이 있습니다. 현대 교회의 요구와는 다르다는 이유 때문이죠. 선교지에서는 이렇게 하는 것이 마땅하고, 한국에서는 아닙니까? 한국의 교회는 성숙한 교회이기 때문에 원하는 대로 해도 된다는 말입니까? 이런 가운데 예배지침을 교회에서 가르치고 적용하는 것은 불가능합니다. 문서는 문서로만 존재하고, 현실은 이와 다르기 때문입니다. 예배 가운데 나타나는 그리스도의 통치와 다스림은 문서로만 존재하고, 실제는 이와 다르기 때문입니다. 자발적인 순종이 없으면, 성경, 신앙고백서, 그리고 교회 헌법 모두가 교회에서 사실 아무 역할을 하지 못합니다.

우리는 우리의 유일한 왕이신 그리스도의 통치와 다스림을 늘 고백합니다. 그리스도께 우리의 삶을 맡기며, 우리를 인도해 주시기를 간절히 요청합니다. 그렇다면 그리스도께서 성령 안에서 지금도 우리를, 그리고 우리의 교회를 성경, 신앙고백서, 그리고 교회 헌법이라는 수단으로 다스리신다는 것을 고백해야 합니다. 이것이 우리가 영적으로 가장 안전한 보호를 받을 수 있고, 성숙한 신앙인이 될 수 있으며, 교회의 화평과 성결을 이룰 수 있는 길이라는 믿음이 있어야 합니다. 교회 헌법은 그것을 다루는 사람의 겸손한 순종을 통해 하늘의 통치를 이 땅으로 가져옵니다. 이런 고백과 동행할 때, 우리는 비로소 교회를 교회답게 세워나갈 수 있습니다.

삶에서 구현되는 교회 헌법

교회 헌법에 기초한 교회 생활은 신자인 우리가 반드시 취해야 할 가치입니다. 이것을 성경과 신앙고백서, 그리고 교회 헌법의 관계를 통해 살폈습니다. 몇 가지 조건이 뒤따라야 하지만, 우리는 충분히 교회 헌법을 신뢰하며 적극적으로 활용할 수 있습니다. 동시에 이와 관련된 여러 가지 과제도 발견합니다. 은혜와 화평을 구현하기 위해 교회와 그 구성원인 우리가 반드시 고민해야 할 것들입니다. 교회 헌법을 통하여 왕이신 그리스도의 통치가 우리 삶 곳곳에 자리 잡기를 기대합니다.

토의를 위한 질문

1. 평소 교회 헌법에 대해 여러분은 어떤 생각을 하고 있었나요? 교회 헌법이 우리 교회 생활에 깊이 자리 잡고 있다는 사실을 알고 있었나요? 여러분과 관련된 교회 헌법의 내용 중, 알고 있었던 것이 있다면 말해 봅시다.

2. 성경, 신앙고백서, 그리고 교회 헌법의 관계를 통해 배운 것이 있다면 나눠 봅시다.

3. 성경, 신앙고백서, 교회 헌법이 우리 교회 생활에 실제적인 역할을 하게 하려면 우리에게 필요한 것은 무엇일까요? 목회자(교역자)에게 요구되는 덕목과 신자에게 요구되는 덕목을 구분하여 나눠봅시다.

4. 도르트 교회 질서는 고작 86개 조로 이루어져 있습니다. 현재 장로교회 헌법보다 그 양이 현저하게 적습니다. 개혁교회에 생각보다 적은 규정이 있다는 사실에 대해 어떤 생각이 듭니까? 과연 그리스도의 교회는 적은 규례로도 통치될 수 있습니까? 우려스러운 부분이 있다면 나눠봅시다. (필자에게 피드백을 주시면 더 감사하겠습니다.)

5. 장로교회의 헌법의 양을 줄이는 데 필요한 것은 무엇일까요? 이 부분은 목회자(교역자)들이 고민하고 대답할 부분입니다.

6. 이해되지 않는 교회가 가진 조항과 규례에 관해 하나의 교회로서 우리가 취해야 할 자세는 무엇일까요?

7. 우리 교회를 더 활기차게 세우기 위해 우리는 교회 헌법을 어떻게 활용할 수 있을까요? 교회 헌법이 은혜와 화평의 법이며, 교회의 성결을 유지하는 방법이라는 점에서 답을 찾아봅시다.

목사와 교인의 관계

황원하(산성교회 담임목사)

좋은 교회를 위한 제언

그리스도인이 교회 생활에서 가장 큰 영향을 받는 사람은 목사입니다. 따라서 그리스도인이 목사와 관계가 좋으면 교회 생활이 즐겁고 신앙 성장에 유익하지만 그렇지 않을 때는 힘들고 고통스럽습니다. 목사 역시 마찬가지입니다. 목사는 사실상 교인만 바라보고 삽니다. 목사는 자신에게 맡겨진 양들로 인해 가장 큰 기쁨과 보람을 느낍니다. 하지만 교인과 사이가 좋지 않으면 괴롭기 그지없습니다. 목사와 교인이 서로를 신뢰하는 가운데 서로의 역할을 잘 감당하는 것은 좋은 교회를 만드는 데 매우 중요합니다. 목사는 자신을 존경하고 따르는 교인으로 인해 보람과 긍지를 품고 목회하며, 교인은 목사의 목양과 가르침을 통해서 견실하고 올바르게 성장합니다. 따라서 저는 목사와 교인의 관계가 어떠해야 하는지를 말하고자 합니다. 이를 통해서 사랑과 은혜가 풍성한 교회가 이루어지기를 기대합니다.

목사들에게 : 목사와 장로의 관계

먼저, 목사가 교인을 어떻게 대해야 하는지를 말하겠습니다. 목사는 교인을 지극히 사랑해야 하며, 교인들에게 양질의 말씀을 전하기 위해 최선을 다해야 하고, 교인들을 위해서 항상 기도해야 합니다. 필시 목사는 교인들에게 도움이 되어야 합니다. 베드로는 목사들에게 다음과 같이 권면합니다. "너희 중에 있는 하나님의 양 무리를 치되 억지로 하지 말고 하나님의 뜻을 따라 자원함으로 하며 더러운 이득을 위하여 하지 말고 기꺼이 하며 맡은 자들에게 주장하는 자세를 하지 말고 양 무리의 본이 되라"(벧전 5:2-3).

목사는 모든 교인과 좋은 관계를 이루어야 하지만 무엇보다도 장로와 친밀하고 신뢰할 만한 관계를 형성해야 합니다. 목사와 장로는 교회의 두 중심입니다. 두 직분자 중 한쪽에라도 문제가 생기면 온전한 교회를 이룰 수 없습니다. 필시 목사가 좋아야 교회가 좋아집니다. 목사에 따라서 교회의 방향과 색깔이 달라집니다. 그런데 목사가 좋아지려면 장로가 좋아야 합니다. 좋은 목사가 좋은 교회를 만들지만, 좋은 장로가 좋은 목사를 청빙하며, 그렇게 청빙된 목사는 좋은 장로를 통해서 더욱 성장합니다. 그리고 좋은 목사는 좋은 교회에서 좋은 장로를 양성합니다. 따라서 목사와 장로는 교회의 선순환을 만듭니다.

그러나 안타깝게도 목사와 장로의 대립과 갈등에 관한 소식을 종종 접합니다. 때로는 목사와 장로가 집단으로 나뉘어서 세력 대결을 펼치는 경우도 있습니다. 이런 일은 너무나 가슴 아프고 답답합니다. 목사와 장로가 교회를 섬기고 성도를 돌아보는 일로 바쁜 형편에, 더욱이 사탄과 치열하게 전쟁을 벌이는 일로 힘이 벅찬 마당에 지극히 친밀하게 지내야 하고 협력해야 할 목사와 장로가 갈등 속에 있는 것이 가당합니까? 옛 어른들에게서 목사와 장로는 부부와 같아야 한다는 말씀을 듣고는 했습니다. 부부가 싸움을 벌이는 가정은 전혀 행복하지 않습니다. 그러한 가정의 자녀들은 부모를 존경하지 않으며, 정서적으로 불안해하고, 나중에 자신들도 그런 전철을 밟는 경우가 흔합니다. 교회도 마찬가지입니다. 목사와 장로가 화목하게 지내야 교인들이 안정감을 느끼고 교회가 건강하고 튼튼하게 성장합니다.

목사와 장로의 화합과 협력을 절실히 기대하면서 다음과 같이 네 가지를 제안합니다.

첫째, 성경에 나오는 목사와 장로 직분에 관해서 정확히 공부해야 합니다. 신약성경에서 목사와 장로는 모두 '장로'(또한 '감독')로 표기되어 있습니다. 그런데 교회가 점점 성장함에 따라 업무가 세분되고 전문화되면서 목사와 장로로 나뉘게 되었습니다. 따라서 '대한예수교장로회'에서 '장로'란 우리가 일반적으로 생각하는 '장로'가 아니라 '목사와 장로'를 모두 일컫습니다. 곧 신약성경의 장로는 '목사와 장로' 모두를 뜻합니다. 이는 목사를 '교회의 대표'로, 그리고 장로를 '교인의 대표'로 구분하는 것을 지지하지 않습니다. 목사와 장로는 모두 같은 장로로서 같은 생각과 뜻을 가지고 교회를 관리하며 성도를 보살펴야 합니다. 목사와 장로는 구분되되 분리되지 말아야 하며, 다른 일을 하되 같은 목표를 가져야 합니다.

둘째, 목사와 장로는 각자의 역할에 관하여 정확히 이해해야 합니다. 목사는 말씀을 전하는 사람입니다. 목사는 설교와 교훈에 관한 전무책임을 지닙니다. 그리고 장로는 목사가 말씀을 잘 전하도록 지원하고 교인들이 목사가 전한 말씀을 잘 이해하고 적용하는지를 살피며 교인들을 위로하고 권면하는 일을 합니다. 따라서 장로는 목사와 교인 사이에서 그 소임을 수행합니다. 목사와 장로는 모두 말씀을 중심에 놓고 일하나 그 역할이 다릅니다. 목사와 장로가 각자의 역할을 제대로 깨달으면 자신이 무슨 일을 해야 하는지 알게 될 것입니다. 이것을 '복음적 분업'이라고 표현할 수 있겠는데, 목사와 장로는 업무 분담을 통해서 교회를 효율적으로 섬길 수 있습니다.

셋째, 목사와 장로를 위한 반복 교육이 필요합니다. 목사와 장로의 직무는 상식과 열정만으로 수행할 수 있는 성질의 것이 아닙니다. 그들은 성경과 교리를 잘 알아야 하고, 교인들의 삶의 정황을 바로 이해해야 합니다. 또한 그들은 높은 지도력과 훌륭한 인품을 소유해야 합니다. 오늘날 목사들 가운데 신학교를 졸업하면서 공부를 중단하는 이들이 있는데, 결코 바람직하지 않습니다. 목사들은 끊임없이 공부해야 하며, 교회는 목사가 계속해서 공부할 수 있도록 지원해야 합니다. 그리고 실제로 공부를 계속하는 목사들이 많습니다. 그런데 장로는 어떤가요? 일반적으로 개체 교회에서 장로로 선출되면 6개월 이상 교육을 시행합니다. 대개 담임목사가 교육을 시행하는 경우가 많으며, 노회에서 설립한 교육기관에서 교육을 담당하는 예도 있습니다. 이런 교육은 필수입니다. 하지만 임직을 받은 이후에도 교육이 필요합니다. 고신 교회 헌법(교회정치 제6장 제65조)에서 장로의 자격에 '상당한 식견과 통솔력이 있는 자'라는 항목이 있습니다. 따라서 장로는 전문적인 훈련을 받아야 합니다. 배우지 않고서는 일할 수 없습니다.

넷째, 목사와 장로는 회의하는 법을 배워야 합니다. 회의 진행법을 비롯해서 회의에 참여하는 자세 등에 관해 공부해야 합니다. 회의는 대단히 유익합니다. 회의는 개인의 부족함을 일깨워주는 동시에 구성원 전체가 하나의 일을 협력해서 추진할 수 있게 만들어줍니다. 하지만 우리나라 사람들은 대체로 회의를 잘 못합니다. 그래서 회의할 때 많이 싸웁니다. 교회에도 많은 회의가 있습니다. 따라서 교회의 지도자인 목사와 장로는 회의장에서 바람직한 태도를 보여야 합니다. 목사와 장로가 회의할 때 큰 소리가 오가는 것처럼 볼썽사나운 장면이 있을까 싶습니다. 부디 회의 시간에 시종 양보와 유쾌함을 보여주시기를 바랍니다. 모든 면에서 민주적이고 공의로운 절차를 따르십시오.

목사들에게 : 새로운 시대에 적합한 목회

목사는 교인들의 지지를 얻어야 합니다. 즉 교인들이 만족할 만한 목회를 해야 합니다. 이 말은 교인들의 기분을 맞추어 주면서 인기 위주의 목회를 하라는 뜻이 아닙니다. 교인들이 시대를 살아가는 데 도움이 되는 적실한 목회를 하라는 뜻입니다. 오늘날 세상은 급변하고 있습니다. 흔히 4차 산업 시대라고 부릅니다. 앞으로는 지금까지와 또 다른 세상이 올 것이므로 목회 형태가 그에 적합해야 할 것입니다. 목회 전반에 쇄신과 변화가 필요할 것입니다.

이에 다음과 같이 제안합니다.

첫째, 목사는 시대의 변화를 받아들여야 합니다. 지금은 '초연결 시대'입니다. 오늘날 많은 것들이 장소와 시간에 한정되거나 구애받지 않고 인터넷으로 연결되어 있습니다. 대학을 예로 들자면, 캠퍼스에 직접 가서 공부하는 것과 더불어 글로벌 캠퍼스, 버추얼 캠퍼스, 플립드 러닝 등의 형태로 공부하는 것이 가능해졌습니다. 그리고 회의는 직접 만나서 하기보다 화상회의를 통해서 시간과 공간의 제약을 극복하는 저비용 고효율 형태로 변하고 있습니다. 젊은 세대는 이런 변화에 자연스러우며, 기성세대와 다른 사고방식과 생활방식을 가지고 있습니다.

이런 때 기성 목회자는 과거의 것에 얽매이거나 기존의 것만 절대시하지 않도록 주의해야 합니다. 저는 나이가 많지 않은 목사임에도 불구하고 젊은 교역자들과 세대 차이를 자주 느낍니다. 세상이 빠르게 흘러가고 있고 생각의 속도도 가파르게 바뀌다 보니 저 같은 어정쩡한 간 세대는 많은 면에서 뒤처진다는 것을 감지합니다. 그러니 어느 정도 연세가 드신 분들은 젊은이들과 소통하기 위하여 얼마나 더 개방적이고 포용적이어야 하겠습니까? 기존의 것들과 과거의 추억을 마냥 움켜잡고 있으면 젊은 세대와의 대화가 단절될 것입니다. 그리고 교회는 젊은 사람들이 찾지 않는 곳이 되어서 점차 쇠락할 것입니다.

둘째, 새로운 형태의 목회 방법이 필요합니다. 원론적인 말이지만, 우리는 변하지 않는 진리를 고수하면서 변하는 문화에 적응해야 합니다. 즉 불변의 말씀을 끊임없이 변화하는 세상에서 어떻게 실천할 수 있을지를 고민해야 합니다. 그런데 목사들(성도들도 마찬가지)이 변하지 않는 진리의 말씀에는 익숙하지만, 변하는 세상의 정신과 문화에 대해서는 무지하다 보니 문제와 갈등이 발생합니다. 목사는 개방적인 자세와 열린 마음으로 새로운 세대가 공감할 수 있는 설교를 추구해야 합니다. 하지만 앞에서 언급했듯이, 장로가 목사의 노력을 지지해 주지 않으면 이 일이 불가능합니다. 목사에게는 장로의 지원과 협력이 절실합니다.

어떤 교회는 주일오후예배를 소그룹 모임으로 대체했는데, 이에 따라 상당한 긍정적 결실을 보았다고 합니다. 또한 어떤 교회는 새벽기도회를 오전 5시에 하는 대신에 오전 7시 출근 시간에 함으로 더 많은 이들이 참석할 수 있게 했다고 합니다. 제가 시무하는 교회는 영어주일학교에서 원어민 교사들과 함께하는 캠프를 열었는데, 불신 가정의 자녀들이 대거 참석하여 전도의 기회가 되었습니다. 최근 통계에 따르면, 교회 분쟁의 가장 큰 원인이 목사의 재정 및 인사와 행정의 전횡이라고 하던데, 이는 목사가 어떻게 처신해야 할지를 잘 보여줍니다. 새로운 세대는 목사의 개방적이고 민주적이며 합리적인 목회를 바라고 있습니다.

셋째, 교회 구조의 개혁운동이 일어나야 합니다. 중세 시대에는 교리와 윤리의 개혁운동이 일어났습니다. 물론, 지금도 교리와 윤리의 개혁운동이 필요합니다. 아직도 교리를 잘못 가르치는 목사들이 많고, 성경과 교리에 관해 장로들과 성도들이 무지하거나 무관심한 예가 많습니다. 하지만 여기서 더 나아가 이제는 교회 구조의 개혁을 추진해야 합니다. 개체 교회의 조

직과 구조는 새로운 세대가 생각하거나 꿈꾸는 것과 거리가 있습니다. 더욱이 노회나 총회의 구조와 형태에 대해서는 이해하기 어려운 것이 한둘이 아닙니다. 이러다가 우리는 큰 위기를 맞이할 수 있습니다. 이 방면에 대한 대대적인 개혁운동이 일어나야 합니다.

전통적인 교회론, 목사와 장로의 갈등과 대립, 특정인의 인사와 재정 전횡, 각종 회의의 전근대성, 교회 조직의 비효율성, 본문의 의미를 밝히지 못하는 설교, 엉터리 교리와 이상한 해석, 방송매체(인터넷)를 적절히 활용하지 못하는 무지, 쌍방 간의 의사 전달 부재, 예배당에 굳이 나오지 않아도 된다는 주장에 대한 대안 마련 등 생각하고 고민해야 할 거리가 너무나 많습니다. 이런 일들에 목사가 앞장선다면 교인들과의 소통과 대화가 잘 이루어질 것입니다.

목사들에게 : 목사의 생활비(호봉제 제안)

목사도 가정을 이루고 있기에 일정한 수입이 필요합니다. 즉 목사에게도 경제 문제는 매우 중요합니다. 일반적으로 목사의 생활비는 시무하는 개체 교회가 결정합니다. 교회는 목사가 생활에 어려움을 겪지 않도록 적정한 생활비를 지급해야 하며, 여러모로 불편하지 않게끔 배려해야 합니다. 그러나 교회가 목사의 생활비를 결정하는 과정에서 어려움을 겪는 경우가 있습니다. 목사는 생활비를 더 달라고 요구하고, 교회는 그럴 수 없다고 주장하다가 갈등이 생기는 경우입니다. 이런 식으로 교회의 화평이 깨지는 것은 창피한 일입니다. 이 문제를 어떻게 해결할 수 있을까요?

목사의 생활비는 그가 시무하는 교회의 형편에 따라 다릅니다. 어떤 목사는 생활비를 많이 받지만, 어떤 목사는 적게 받습니다. 목사의 나이와 졸업

기수가 같더라도, 교회의 규모에 따라서 받는 생활비에 차이가 납니다. 그래서 목사들 가운데는 큰 교회에 가고 싶어 하는 이들도 있는 것이 아닌가 싶습니다. 큰 교회 목사가 되면 생활비를 넉넉하게 받을 것이고, 교회 재정으로 이곳저곳에 통 큰 기부를 하면서 마치 성공한 인생인 양 대접받을 상상을 할 것입니다. 그러나 그렇지 못한 목사는 실패한 인생처럼 지내야 합니다.

연말이 되면 미자립교회 목사들이 각 교회에 후원 요청을 합니다. 일반적으로 편지를 보내지만, 때로는 전화하기도 하고, 어떤 때는 직접 찾아오기도 합니다. 그분들의 절박한 사정과 형편을 모르는 바 아니지만, 교회 재정에는 한계가 있고 담임목사라고 해서 마음대로 후원을 결정할 수 있는 것도 아니다 보니 이래저래 미안하고 곤란한 경우가 많습니다. 후원이라는 것이 한정된 돈으로 하는 것이다 보니, 교회 재정에 여유가 있으면 많이 후원할 수 있지만, 그렇지 않으면 많이 할 수 없습니다. 더욱이 새로운 곳을 후원하려면 기존에 후원하던 곳을 중단해야 하는 경우도 있습니다. 교회가 성장한다면 더 많은 곳을 도울 수 있겠으나, 요즘 그런 곳을 찾기란 어렵습니다. 그러니 후원을 요청하는 목사들도 힘들겠지만, 부탁을 다 들어줄 수 없는 교회와 담임목사도 괴롭습니다. 도대체 이런 일이 언제까지 반복되어야 할까요?

한 가지 더 짚어봅시다. 부목사들은 나이가 들면 교회의 눈치를 봐야 합니다. 나이 든 부목사들 가운데는 연말까지 다른 임지를 알아보라는 통보를 받는 이들도 있습니다. 부목사가 나이 들면 담임목사가 되는 것이 일반적인데, 목사 수에 비례해서 교회 수가 부족하다 보니 담임목사 되기가 힘듭니다. 그래서 마땅한 임지가 없어서 교회를 개척하기도 합니다. 원래 교회 개척이란 숭고한 일이며, 이를 위해 많은 준비를 해야 합니다. 결코, 갈 곳 없는 목사를 위한 대안(?)이 아닙니다. 그러나 현실은 그렇지 않습니다. 목사의 진로를 위해서 어쩔 수 없이 교회를 개척하는 수가 많습니다.

　자립교회의 담임목사 가운데서도 생활비를 넉넉히 받는 경우가 많지 않습니다. 사실 상당수 자립교회는 근근이 유지되고 있습니다. 그런 상황에서 담임목사가 경제적으로 어렵다 보니 이중 직업을 가지거나, 목사 부인이 생계를 위해 일을 하는 수가 있습니다. 어떤 사람들은 이것을 보며 목사의 자격과 소명을 운운하지만, 그분들의 형편을 알면 그런 말을 하기가 어렵습니다. 매년 총회에 목사의 이중직 허락에 대한 안건이 올라옵니다. 총회의 대체적인 여론은 목사가 이중직을 가지지 않아야 하지만, '생계를 위해서라면' 가질 수 있다는 것입니다. 생각해 봅시다. 목사가 생계를 위해서 이중직을 가지지, 돈을 더 벌고 싶어서 이중직을 가질까요?

　목사라면 누구나 교회 일만 하고 싶어 하지, 다른 직업을 가지고 싶어 하지 않습니다. 대부분 목사는 '부름받아 나선 이 몸 어디든지 가오리다'라는 정신으로 살고 있습니다. 목사는 주님이 불러주신 곳이라면 어디든지 가서 목회하고 싶어합니다. 그러나 '돈이 문제'입니다. 목사들이 경제적인 면에 신경 쓰다 보니 자신의 사명이나 소질과 관계없이 큰 교회에 가려 하고, 개척교회나 미자립교회를 섬기면서 너무나 힘들어 눈물로 후원 요청 편지를 쓰기도 하며, 혹은 이런 삶의 자리가 버거워서 임직받았을 때의 초심을 버리고 '죄인의 심정으로' 다른 직장을 알아보는 경우도 있습니다.

　그러므로 저는 목사의 생활비 체계에 전면적인 개편이 있어야 한다고 생각합니다. 저는 목사의 생활비를 '호봉제'로 시행할 것을 제안합니다. 총회에 속한 모든 목회자가 호봉제로 생활비(월급)를 받아야 한다고 주장하는 바입니다. 개체 교회가 목사의 생활비를 지급하지 말고, 총회에 상회비를 더 내서, 총회가 목사들의 생활비 체계를 정하여 일관되게 지급하면 좋겠습니다. 그렇게 하면 큰 교회 목사가 생활비를 너무 많이 받거나, 작은 교회 목사가 너무 적게 받는 일이 없을 것입니다. 모든 목사가 공정하게 생활비를 받게 될 것입니다.

　목사 생활비 호봉제 시행은 어렵지 않습니다. 이것은 공무원이나 교사 임금 체계를 본뜨면 됩니다. 목사 임직 연차에 따라서 호봉을 만들어 생활비를 지급하면 됩니다. 그렇게 하면 목사들이 경제적 어려움 없이 목회할 수 있게 될 것입니다. 물론, 교회 규모에 따라 판공비(활동비)의 차이가 있을 수 있겠으나 그것은 규정을 만들면 될 일입니다. 같은 해에 같은 신학교를 졸업하고 같이 목사가 되었는데, 누구는 큰 교회에서 풍족하게 살고, 누구는 작은 교회에서 가난하게 사는 것은 성경의 공평하게 하는 원리에 맞지 않으며 인간적 도의에도 어긋납니다.

　더욱이 목사의 생활비 체계를 총회가 설정하여 주관하는 것은 교회 정치 원리와도 부합합니다. 우리는 하나의 교회(보편 교회)를 추구합니다. 다른 분야에서는 개체 교회의 독립성을 보장하더라도, 목사가 노회(지방회)에 소속되어 있으며, 노회로부터 개체 교회에 파송되었다는 사실을 받아들인다면, 총회가 모든 목사의 생활비를 일관되게 지급하는 것이 바람직합니다. 교회 간에 차별이 없다면, 목사 간에 차별도 없어야 하는 것 아니겠습니까?

　목사 생활비 호봉제를 시행하려면 보완해야 할 부분이 있을 것입니다. 어떤 이들은 이런 식으로 목사 생활비를 지급하면 문제가 많이 생길 것이라 우려할 것입니다. 목사가 게을러지지 않을까 염려하는 이들도 있을 것입니다. 하지만 이 제도가 기존 제도보다는 낫다고 생각합니다. 총회가 이 제도를 본격적으로 연구하면 좋겠습니다. 초안을 만들고 공청회를 하며 수정하고 보완하면 충분히 시작할 수 있다고 생각합니다. 외국의 총회들이 이 제도를 시행하고 있으니 그들을 본떠도 됩니다. 필시 총회가 목사의 생활비를 호봉제로 지급하는 것은 실보다 득이 크다고 생각합니다. 이 제도를 시행하면 목사들이 큰 교회나 작은 교회나, 자립교회나 미자립교회를 가리지 않고, 자신의 재능과 소질에 따라 어느 곳에 가든 소신껏 일할 것입니다. 목사와 교인의 관계에 어려움이 생기는 이유 중 하나가 생활비 문제인 것은 주지의 사실입니다. 목사 생활비 호봉제를 시행하면 이와 관련된 문제가 상당히 해소될 것입니다.

목사들에게 : 교인들은 어떤 목사를 원하는가?

이제 교인들이 어떤 목사를 원하는지 살펴보겠습니다. 교인이 바라는 목사상像을 교인들에게 물어보았습니다. 다음과 같은 대답을 얻었습니다.

- 청년들과 자주 소통하며 편하게 대할 수 있는 목사
- 고민을 털어놓을 수 있을 만큼 편한 느낌, 같이 고민해주시고 신앙적인 조언을 해주는 목사
- 말씀에 근거한 설교를 준비하고 삶으로 살아내며 또 온유하고 겸손하여 잘 섬기며 말을 삼가 주의하는 목사
- 말씀에 본인의 주관이 들어가지 않고 성경 그대로 해석해서 성도들에게 전하는 목사
- 시대에 발맞춰서 진리를 훼손하지 않는 선에서 수용할 것은 수용하는 목사
- 고리타분한 방구석 목사가 아니라 젊은 사람들에게도 공감대를 형성할 수 있는 목사
- 성경 해석 및 설교에 은사가 있고, 개혁적이고 진취적인 사고를 가지며, 현실에 안주하지 않고, 양적 성장보다 질적 성장을 추구하는 목사
- 성도들 사이에 갈등이 있을 때 중립의 입장을 가지고 지혜롭게 해결해 나가는 목사
- 자기 잘못을 진심으로 회개할 줄 알고 교회의 영적 리더로서 기도하는 교회

가 되게 하며, 교육 부서 아이들을 잘 돌볼 줄 알고, 어려운 사람들을 구제할 줄 알며 차별하지 않는 목사

- 교회를 못 나오면 냉정하게 무조건 나와야 한다는 말보다 무슨 일이 있는지, 아픈지, 교회에 다니는 데 어려움이 없는지 한 번씩 안부 묻는 것도 해주시면 좋겠고 성도들끼리 잘 이끌어 갈 수 있도록 신경 써주면 좋겠고 겉과 속이 다르지 않는 목사

- 성경으로만 설교하고 돈에 욕심이 없고 성도들의 상담 내용을 절대 말하지 않으며 기도하는 목사

- 성도가 상담이 필요할 때 사소한 거라도 언제든지 편하게 찾아가서 상담하고 가난하거나 부하거나 성도가 교회에 정착하지 못하고 힘들어할 때 찾아가서 위로하고 따뜻하게 안아줄 수 있는 인간적이고 현실적인 목사

- 미래의 비전을 품고 젊은 세대의 목소리에 귀 기울여 주고, 다소 어려운 과정이 지속되더라도 토론이 지속되어 일관성 있는 정책을 만들어 가는 목사

- 신학을 오늘의 시대와 성도의 삶에 제대로 연결해서 해석하고 올바른 삶의 방향을 제시하고 설교하는 목사

물론, 목사가 교인이 좋아하는 대로 되어야 하는 것은 아닙니다. 또한, 위의 말을 다 수용하라는 것도 아닙니다. 그러나 목사는 교인을 위해서 존재하는 사람입니다. 교인의 말이 타당하다면, 그대로 살아가고 행동하기를 애쓰는 것은 옳은 일입니다. 목사가 교인의 신망과 존경을 얻어야 지도자로서의 권위를 갖추며 전하는 말씀의 힘을 유지합니다. 위 의견을 참고하여 하나님이 기뻐하시는 목사, 교인이 바라는 목사가 되도록 노력합시다.

교인들에게 : 목사가 되는 과정

교인들은 목사를 이해해야 하고 목사를 존경하며 신뢰해야 합니다. 이것은 인간적인 도리를 넘어서 주님이 명하신 것입니다. 그리고 자신의 믿음 생활에 큰 유익이 되는 일입니다. 교인은 언제나 목사와 함께해야 합니다. 목사가 자신을 사랑해 주며 기도해 주고 영적 양식을 공급해 주는 분임을 믿고 목사 곁에 있어야 합니다. 바울은 성도들에게 다음과 같이 권면합니다. "잘 다스리는 장로들은 배나 존경할 자로 알되 말씀과 가르침에 수고하는 이들에게는 더욱 그리할 것이니라"(딤전 5:17).

교인들이 목사를 이해하기 위해서는 목사가 되는 과정을 살펴볼 필요가 있습니다. 다른 직분자와 같이 목사는 소명^{召命}을 가져야 합니다. 소명이란 내적 소명과 외적 소명의 두 측면으로 구성되어 있습니다. 내적 소명이란 목사가 되어야겠다는 각오와 열망입니다. 그리고 외적 소명이란 목사의 직무를 감당할 수 있는 자질과 가능성입니다. 이 둘 다 중요합니다. 어느 것 하나만 있어도 안 됩니다. 목사가 되려면 목사가 되고자 하는 마음과 더불어 목사의 직무를 수행할 수 있는 능력을 갖추어야 합니다. 물론, 내적 소명과 외적 소명은 모두 점점 개발되고 자랍니다. 따라서 당장 소명이 부족하다고 해서 목사가 되지 못하는 것은 아닙니다.

목사가 되고자 하는 사람은 소속 교회 담임목사(당회장)에게서 내적 소명과 외적 소명을 확인받습니다. 이후 담임목사는 목사 후보자를 노회에 추천하고, 노회는 그를 점검하여 신학대학원(신대원)에 보냅니다. 그리고 신대원에서는 노회로부터 위탁받은 학생을 가르칩니다. 개별 총회에 따라 목사가 되는 과정이 다르지만, 대체로 4년제 정규대학을 졸업한 사람이 신대원에서 3년간 신학 과목을 공부하고 경건 훈련을 겸하여 받습니다. 신대원에서 목사 후보생은 공부하고 훈련받는 가운데 목사로서 갖추어야 할 다양한 자질과 능력을 함양 받습니다. 그러나 이 과정에서 소명이 사라지거나 자질이 부족하여 중도 탈락하는 이들도 있습니다.

신대원 과정을 마친 자는 총회에서 시행하는 강도사 고시에 합격한 후 강도사가 됩니다. 강도사講道師란 설교할 자격을 취득한 사람을 일컫습니다. 강도사는 목사가 되기 전에 거쳐야 하는 2년간의 수련 기간입니다. 강도사 수련을 받은 후에는 노회에서 치르는 목사 고시에 합격함으로 목사 임직을 받습니다. 그런데 이때 교회가 그를 청빙해야 목사가 될 수 있습니다. 목사 고시에 합격해도 교회의 청빙이 없으면 임직받지 못합니다. 따라서 목사가 되려는 사람은 내적 소명과 더불어 외적 소명을 갖추어야 하고, 일정 기간 수련을 받아야 하며, 결정적으로 교회의 청빙을 받아야 합니다. 이 중에서 하나라도 없으면 목사가 될 수 없습니다.

목사로 임직받고 나면 대체로 부목사가 됩니다. 부副목사는 담임목사를 보좌하는 목사입니다. 모두가 그렇지는 않지만, 10년 이상 여러 교회를 거치면서 부목사 시절을 보냅니다. 부목사 때 시무할 교회를 선정하는 것은 본인이 원하는 경우가 많지만, 담임목사나 교회가 청빙하는 경우도 있습니다. 부목사의 청빙은 개체교회 당회에서 당회원 3분의 2 이상의 찬성을 얻어야 합니다. 그러나 교회에서 부목사로 지내지 않고 선교단체 간사나 기관에서 일하는 이들도 있고, 선교사로 가는 이들도 있으며, 신학 공부를 더 하는 이들도 있습니다.

부목사로 지내다가 때가 되면 담임목사가 됩니다. 담임목사가 되는 과정은 다소 오래 걸리고 힘듭니다. 공동의회에서 3분의 2 이상의 찬성을 얻어야 하는데, 이 과정이 만만치 않습니다. 담임목사는 두 종류가 있는데, 위임목사와 전임목사입니다. 위임목사는 조직 교회(당회가 구성된 교회)의 청빙을 받고 노회 허락으로 위임받은 담임목사를 가리킵니다. 그리고 전임목사는 개체교회의 청빙으로 노회에서 허락받아 전임으로 시무하는 담임목사입니다. 물론, 담임목사가 되지 않고 평생 부목사로 지내는 이들도 있고, 선교사나 기관이나 신학교에서 일하는 이들도 있습니다. 하나님이 각자에게 주신 소명과 여건에 따라 다양한 영역에서 일하는 것입니다.

담임목사는 교회에 큰 영향을 미칩니다. 담임목사로 인해 교회가 부흥하기도 하고 쇠락하기도 합니다. 따라서 목사는 자신으로 인해 교회가 영향을 받는다는 사실을 알고 특별한 사명 의식을 가져야 합니다. 목사의 자질이 목사 자신에게 국한되지 않고 그가 시무하는 교회와 나아가서 기독교 전체의 이미지에 영향을 미친다는 사실을 알아야 합니다. 그러므로 신대원생 시절부터 학문을 익히고 경건을 훈련하며 믿음과 인격을 수양하는 일에 성실해야 합니다.

교인들에게 : 좋은 교인이 좋은 목사를 만든다

교회 개혁을 부르짖는 이들은 목사가 바로 서야 교회가 바로 선다고 주장합니다. 이것은 옳은 말입니다. 목사가 변해야 교회가 변합니다. 오늘날 목사들이 정신을 차리지 않고 방만하며 교회를 자기 이득의 수단으로 여김으로 교회가 쇠락의 길을 걷고 있음을 인정하지 않을 수 없습니다. 그런데 목사가 변하려면 우선 교인들이 변해야 합니다. 좋은 교인들이 있는 좋은 교회에서 좋은 목사가 배출되고, 또한 좋은 목사 때문에 좋은 교회가 만들어지며 좋은 교인들이 양성됩니다. 이러한 선순환을 다음과 같이 정리할 수 있습니다.

첫째, 좋은 교인이 신대원에 진학해야 좋은 목사가 만들어질 수 있습니다. 신대원에 입학하여 공부하고 훈련하는 3년은 좋은 목사가 되기에 충분한 기간일까요? 그렇지 않습니다. 왜냐하면 신대원에 진학하는 나이는 보통 20대 중후반이고 30대 이상도 많은데, 이때는 이미 성격이나 성향 등이 굳어졌을 때이기 때문입니다. 즉 신앙과 인품과 학습 능력이 정해진 것입니다. 따라서 신대원생들은 이미 상당히 확립된 사상 프레임 안에서 신학 지식을 습득합니다. 심지어 어떤 이들은 교육이나 훈련보다는 목사가 되기 위한 라이선스 취득에만 관심을 둡니다. 물론 신대원에서 인생의 결정적인 변화를 경험하는 이들도 있습니다. 그들은 신대원에서 신학을 공부하면서, 그리고 교수들과 동료들로부터 영향을 받아서 훌륭한 목사가 됩니다. 그러나 많은 이들은 이미 모든 것이 형성된 상태에서 신대원에 입학합니다.

그러므로 좋은 목사가 되는 데 있어서 가장 중요한 순간은 신대원 시절이 아니라 그 이전인 가정과 교회에서 지낸 때입니다. 어린 시절부터 좋은 성품과 성실한 태도를 갖춘 사람, 가정에서 부모를 공경하고 형제간에 우애 있게 지낸 사람, 그리고 교회에서 신앙훈련을 착실히 잘 받은 사람이 신대원에 진학했을 때 좋은 수학 태도를 보이며 교회 봉사도 무난하게 잘합니다. 이에 따라 담임목사는 교역자를 청빙할 때 그가 자란 환경을 중요하게 생각합니다. 그러므로 교회는 신실한 청년을 신대원에 보내야 합니다. 아무나 함부로 보내서는 안 됩니다. 좋은 목사가 될만한 인물을 발굴하여 소명을 확인하고 신대원에 보내어야 합니다.

둘째, 교회는 좋은 담임목사를 청빙해야 합니다. 좋은 담임목사를 청빙하는 것은 좋은 교회를 만드는 가장 중요한 방법입니다. 앞에서 말했듯이, 부목사 청빙은 담임목사와 당회가 결정하는데, 부목사는 소위 '임시직'이고 담임목사의 지도를 받는 위치에 있으며 문제가 발생했을 때 교회를 사임하는 절차가 단순하므로 부목사 때문에 교회가 큰 어려움을 겪지는 않습니다(물론 이런 현실이 바람직하지는 않습니다). 하지만 담임목사, 그것도 위임목사의 청빙과 사면은 대단히 신중하고 힘들며, 자칫하면 담임목사로 인하여 교회가 큰 어려움을 겪습니다. 따라서 교회는 담임목사 청빙을 잘해야 합니다.

일반적으로 교회는 담임목사를 청빙할 때 여러 후보를 놓고 다양한 검증 절차를 통해 거르고 걸러서 결정합니다. 그런데 기껏 담임목사를 결정했지만, 어려움을 겪는 교회가 적지 않습니다. 그래서 담임목사 청빙이란 어렵고 힘든 일입니다. 교회는 주님의 뜻을 구하는 가운데 자기 교회에 적합한 분을 청빙해야 합니다. 저는 담임목사를 청빙할 때 신문광고를 내고 이력서를 받아서 심사하는 것이 좋은 방법이 아니라고 생각합니다. 어떤 교회는 신망과 존경을 받는 분들에게서 후보들을 추천받아 그 가운데 적당한 분을 결정합니다. 하지만 이것도 완전한 방법이 아닙니다. 추천자들이 충분한 검토 없이 자기 제자나 가까운 후배를 추천할 가능성이 있기 때문입니다. 그러므로 총회 차원에서 목사 청빙 시스템을 만들 필요가 있습니다. 이러한 장치는 목사 청빙을 더욱더 꼼꼼하고 공정하게 할 수 있도록 도울 것입니다.

셋째, 좋은 목사가 다시 좋은 교인들을 만듭니다. 하나님께서는 교회를 다스리실 때 직분자를 통해서 다스리시는데, 직분자 중에서 목사가 가장 중요합니다. 교회의 수준과 정도는 그 교회의 목사에게 달려 있다고 해도 과언이 아닙니다. 교회는 목사의 성향과 능력대로 흘러갑니다. 즉 한 교회의 정체성은 그 교회를 목회하는 목사에 따라서 거의 결정됩니다. 그런 면에서 좋은 목사가 좋은 교인들을 만들어낸다고 할 수 있습니다. 필시 목사가 바른 신학을 가지고 신실하게 목회하면 견실하고 훌륭한 교인들이 배출되게 되어 있습니다.

반대로 말하면, 목사가 시원찮고 말씀을 제대로 전하지 못하면 좋은 교인들이 양성되지 않습니다. 그런 목사가 있는 교회의 특징은 연약함과 부실함, 그리고 다툼과 분쟁으로 얼룩져서 사탄이 넘어뜨리기에 아주 쉽습니다. 실제로, 목사의 설교가 좋지 않으면 교인들이 영적인 영양결핍 상태에 있게 되는데, 그런 교회의 교인들은 교회 안에서 왠지 모를 스트레스를 가지고 있으며, 세상에 나가서도 힘없이 살면서 죄악과 싸우는 데 버거워합니다.

그러므로 목사들은 책임 의식을 가져야 합니다. 목사의 기량이 교회의 건강함에 직결된다는 사실을 기억하고, 기도를 많이 해야 하며, 신학 공부를 열심히 해야 하고, 경건한 인격과 본을 보이는 삶을 살아야 합니다. 목사의 철두철미한 생활과 경건과 학식은 아무리 강조해도 지나치지 않습니다.

넷째, 좋은 교회와 좋은 목사의 선순환을 정리하겠습니다. 지금까지 말한 내용을 요약하자면, 교회는 좋은 교인을 신대원에 보내야 하며 그곳에서 훈련 받은 교인이 좋은 목사가 되어서 다시 좋은 교인들을 생산해 내어야 합니다. 신대원은 모두에게 동등한 곳입니다. 신대원 교수들은 학생들을 차별해서 가르치지 않으며 모두에게 같은 가르침을 펼칩니다. 따라서 우리는 부실한 목사를 보면서 신대원을 나무랄 것이 아니라 교회의 허약한 토양을 반성해야 합니다. 지금까지 말했듯이, 학생을 신대원에 보냈을 때는 이미 늦었습니다. 좋은 교회가 좋은 목사를 배출합니다. 좋지 않은 목사를 만든 책임은 좋지 않은 교회에 있습니다.

실제로 신대원에서 보면 좋은 교회 출신이 성품도 좋고 실력도 뛰어난 경우가 많습니다. 반면에 싸우고 분쟁하는 교회 출신들과 부실한 말씀을 전하는 목사에게서 양육 받은 학생 중에서 괜찮은 이들이 별로 없는 것이 사실입니다. 게다가 좋은 교회에서 자란 사람이 아닌데 신대원에서 극적으로 변화되어 좋은 목사가 되는 경우는 그리 많지 않습니다. 그러므로 교회가 좋아야 합니다. 교회는 아무나 신대원에 보내지 않도록 해야 하고, 신대원에 보낸 후에는 적극적으로 지원함과 더불어 세심하게 보살펴야 합니다.

교인들에게 : 벤치마킹할 만한 교회가 있는가?

그렇다면 좋은 교회란 어떤 교회일까요? 예전에 목사들이 몇몇 대형교회를 모델로 삼아서 따라 하려고 했던 경향이 기억납니다. 교회를 크게 성장시킨 목사들의 화려한 성공담을 책으로 읽으며, 간증으로 듣고, 소문으로 접하면서 '나도 저런 교회를 만들면 좋겠다'라는 생각을 가진 이들이 많았습니다. 그래서 그들의 성공 비법을 가르쳐 주는 세미나가 열렸고, 유명 세미나들이 대성황을 이루곤 했습니다. 이것은 한국 사회의 발전과 번영 분위기와 맥을 같이 한 것입니다. 마치 대기업처럼 대형 교회가 만들어지던 모습을 반영한 것입니다.

그러나 근래 들어서는 그런 일이 많이 사그라들었습니다. 아마도 대형 교회를 개척하여 성공시킨(?) 1세대 목사들이 물러나고, 그들의 뒤를 이어 2세대 목사들이 세워지는 과정에서 드러난 행태들이 좋지 않아 보였기 때문일 것입니다. 그렇지 않으면 성공주의 혹은 번영주의가 성경이 가르치는 교훈이 아니라고 생각하면서, 사도들이 세우고자 했던 교회가 양적으로 거대한 교회가 아니라 질적으로 참된 교회라고 믿었기 때문일 것입니다. 필시 인구 자체가 줄고 있는 이유도 분명히 있을 것입니다. 혹은 또 다른 이유 때문일 수도 있겠지요. 이제는 목사나 교인 가운데 교회 규모가 커지는 것만이 능사가 아니라고 보는 이들도 많습니다.

저는 교회의 성장이 질이냐 양이냐 이런 문제를 차치하고서 '과연 우리가 본받고 싶은 교회가 이 땅에 존재하는가?'를 묻고 싶습니다. 요즘 교회에 출석하지 않는 소위 '가나안 교인'이 많습니다. 생각해 봅시다. '만일 내가 어느 지역으로 이사해서 교회를 정해야 한다면 어느 교회를 선택할 것이며, 어떤 목표와 방향성을 지닌 교회를 정할 것인가?' 진정 당신이 등록하고 싶은 교회, 신앙생활하고 싶은 교회, 곧 벤치마킹하고 싶은 교회가 있습니까? 머릿속에 어느 교회가 선뜻 떠오르나요? 교회들이 주보나 홈페이지에 '성도가 행복한 교회', '주님이 바라시던 바로 그 교회', '찬양과 감사가 흘러넘치는 교회' 등의 이상적인(?) 구호를 붙여 놓지만, 그런 교회들 가운데 정작 구호와 반대인 경우가 많지 않습니까? 목사가 온갖 지혜를 짜내면서 밤낮으로 사역하고, 성도들이 세상에서 바르게 살며 교회에서 열심히 봉사한다고 하지만, 교회는 더욱 병들어 가고, 시들어 가며, 결국 문을 닫는 경우가 있습니다. 안타깝고 통탄할 일입니다. 어떤 사람들은 교회란 원래 죄인들이 모인 곳이니 특별한 것을 기대하지 말라고 합니다. 하지만 이런 비관적인 교회관을 수용하는 것이 바람직한가요?

각 지역에 올바르고 건강하며 탄탄한 교회가 많이 세워지면 좋겠습니다. 험하고 참담한 시대에 교회들이 굴하지 않고 쭉쭉 전진해 나가면 좋겠습니다. 저는 두 가지를 제안하고 싶습니다. 첫째, 교회의 주인이 주님임을 인식하고, 주님께 경배하는 공동체, 주님의 명령에 순종하는 공동체, 주님의 말씀에 따라서 섬기고 사랑하는 공동체를 세우려는 '굳건한 결의'를 가져야 합니다. 목사는 지혜로워야 하고, 장로는 희생적이어야 하며, 성도는 순종적이어야 합니다. 목사는 교회를 생계 수단으로 삼지 말아야 하고, 장로는 교회를 자기 것 인양 주무르지 말아야 하며, 성도는 말씀을 듣고 신실하게 살아가야 합니다. 둘째, 교회는 말씀 교육에 더욱 집중해야 합니다. 우리는 선배들이 전수해 준 신학과 신앙을 성실하게 연구하고 착실하게 수용해야 합니다. 말씀을 부단히 연구해야 하며, 생활에 적용해야 하고, 말씀의 의미를 왜곡하지 않은 채 다음 세대에 전수해 주어야 합니다.

그리하여 이 땅에 벤치마킹할 만한 교회가 많이 나와야 합니다. 이 일에 교회의 감독자인 목사와 장로가 앞장서야 합니다. 그리고 교인들이 적극적으로 참여해야 합니다. 모두가 바른 교회관을 가지고 한마음으로 나아가야 합니다. 더 이상 허탄한 이야기에 귀를 기울이거나, 자잘한 일로 나누어지거나, 소모적인 논쟁으로 힘을 낭비하지 말아야 합니다. 어느 지역을 생각하면, '아, 그 교회!'라는 생각이 들도록 교회를 관리하고 감독하며 발전시켜야 합니다.

교인들에게 : 목사를 돕는 방법

목사가 잘해야 교회가 잘됩니다. 그렇다면 교인들은 어떻게 목사가 목회를 잘하도록 도울 수 있을까요?

첫째, 목사의 설교와 교훈을 통해서 성장해야 합니다. 목사는 교회의 부흥과 교인의 성장을 가장 큰 기쁨으로 여깁니다. 목사가 말씀을 전할 때 교인이 듣고 순종하며 치리에 복종함으로 영적으로 자라는 것은 목사에게 가장 큰 보람이며 긍지입니다. 바울은 "그러므로 나의 사랑하고 사모하는 형제들, 나의 기쁨이요 면류관인 사랑하는 자들아 이와 같이 주 안에 서라"라고 권면했습니다(빌 4:1). 목사를 돕는 가장 좋은 방법은 교인들이 영적으로 성장하는 것입니다.

둘째, 목사의 생활에 필요한 것들을 제공해 주어야 합니다. 예수님은 "일꾼이 그 삯을 받는 것이 마땅하니라"라고 말씀하셨습니다(눅 10:7). 바울 역시 "성경에 일렀으되 곡식을 밟아 떠는 소의 입에 망을 씌우지 말라 하였고 또 일꾼이 그 삯을 받는 것은 마땅하다 하였느니라"라고 말했습니다(딤전 5:18). 교인들은 목사가 생활하는 데 지장이 없도록 살펴야 합니다. 재정뿐 아니라 정신적이고 감정적인 도움도 주어야 합니다. 고신 교회 헌법(헌법적 규칙 제3조)은 위임식 때 교인들에게 "여러분은 ○○○ 씨를 본 교회 목사로 재직 중에 한결같이 약속한 그 생활비를 어김없이 지급하며, 주의 도에 영광이 되고 목사에게 안위가 되도록 모든 요긴한 일에 도와주기로 서약하니까?"라는 서약을 하게 합니다. 목사에게 필요한 것이 무엇인지를 늘 살펴보십시오. 그러면 그 목사는 그에 감사하면서 더욱 열정적으로 목회할 것입니다.

셋째, 목사의 마음과 육신을 편안하게 해주어야 합니다. 교인들은 자기 교회 목사가 지나치게 스트레스를 받거나 좋지 않은 감정을 품거나 육체적으로 피곤하지 않게 해주어야 합니다. 목사가 아프거나 고통스러우면 그 피해가 고스란히 교인들에게 전해집니다. 참으로, 목사의 건강과 안녕은 교회에 큰 영향을 미칩니다. 교인들이 목사를 돕는 방법은 목사를 사랑하고 존경하는 것, 목사를 위해서 기도하는 것, 목사가 필요로 하는 것을 제공하는 것, 목사에게 과중한 짐을 지우지 않는 것, 목사가 적절한 휴식을 취할 수 있도록 배려하는 것 등입니다.

넷째, 목사가 교인의 마음에 들지 않을 때는 어떻게 해야 할까요? 그때는 기도를 많이 한 후 목사에게 찾아가서 정중하고 지혜롭게 자기 생각을 표현하시길 바랍니다. 불만이 있다고 해서 급작스럽거나 무례하게 말하면 목사가 큰 상처를 받습니다. 또한, 목사와 교인 사이에 감정이 틀어지고 관계가 나빠집니다. 조언이 아무리 옳다고 해도 받지 않으려 합니다. 제가 아는 많은 목사는 열린 마음을 가지고 있습니다. 교인의 충심을 이해하려고 노력합니다. 교인으로서 목사를 존경하고 목사에게 도리를 다하는 가운데 목사의 목회 정책에 대해서 충심 어린 생각을 말한다면 좋은 결과가 나올 것입니다.

다섯째, 교인들은 목사의 성장 자극제가 되어야 합니다. 신대원을 졸업한 후 목사로 임직받은 부목사들은 담임목사에게서 훈련을 잘 받아야 합니다. 부목사 시절에 좋은 담임목사를 만나는 것만큼 큰 복이 없습니다. 좋은 담임목사가 목회하는 교회는 좋은 교회일 가능성이 큽니다. 따라서 좋은 교인들이 좋은 목사 후보생을 만든다고 할 수 있습니다. 분명히 좋은 교회에서 좋은 청년을 신대원에 보내어 공부시켜서 지성과 경건을 가다듬게 하고 다시 좋은 교인들 가운데서 목사가 목회하는 것이 이상적입니다. 그러면 담임목사는 어떤가요? 담임목사는 자신을 지도하거나 감독하는 사람이 없기에 성장이 멈추거나 퇴보할 수 있습니다. 따라서 냉정한 말이지만, 목사가 교인들을 만만히 보지 못하게 해야 합니다. 목사가 설교를 대충할 수 없도록 교인들은 자기 기량을 함양해야 합니다. 그러면 목사가 설교 준비에 신경 쓰게 됩니다. 생각해 봅시다. 목사가 설교를 성실하게 준비하지 않아도 눈치채지 못하는 교인들, 또 목사가 행정과 목양을 부실하게 해도 아무런 문제를 제기하지 않는 교인들을 어떻게 보아야 할까요? 그들을 마냥 좋은 교인들이라고 할 수 있을까요? 목사 역시 연약한 인간이기에 목사의 연약함을 채찍질해 줄 자극제가 있어야 합니다. 그것이 바로 교인입니다. 물론 이 말은 목사를 괴롭히거나 설교를 비판하라는 의미가 아닙니다. 오히려 목사가 교인들의 상태를 높이 평가하고 더욱 공부할 수 있게끔 하라는 뜻입니다.

교인들에게 : 목사가 좋아하는 교인

마지막으로, 목사들이 어떤 교인을 좋아하는지를 살펴보겠습니다. 다음은 목사들에게 무작위로 물어본 것입니다. 중복되는 것은 간추려서 썼습니다. 목사와 좋은 관계 속에서 지내기를 원하는 교인들이 참고할 수 있을 것입니다.

- 나 하나만이라도 하는 마음으로 늘 앞장서주고, 하나님의 말씀을 갈망하며, 우리 목사님이 최고라고 여기고, 말씀과 교회 방침에 순종하는 교인
- 교역자에게 주신 하나님의 마음과 뜻이 있음을 알고 교역자를 존중할 줄 아는 교인
- 교역자의 필요를 살필 줄 아는 교인
- 의견이 달라도 서로 존중하고 예의 있게 대하는 교인
- 하나님 말씀이 가는 곳까지 가며, 하나님 말씀이 멈추는 곳에서 멈추고, 이성이 성경(헌법)보다 앞서 가지 않는 교인
- 교회 사역에만 열심이 아닌, 세상에서도 열심이 있는 교인
- 자기가 교회의 주인이고 목사가 직원이라고 생각하지 않는 교인

- 겸손하여 어떤 사람이든 평화롭게 협력하는 교인
- 입이 가볍지 않은 교인
- 일상에서도 믿음을 가지고 신앙적인 고민을 하는 교인
- 자녀를 신앙으로 교육할 수 있는 교인
- 교역자도 한 사람의 교인으로 생각하고 힘든 것을 돌아봐 주는 교인
- 견고하고 지속적인 경건 생활을 하여 성숙해가는 교인
- 하나님을 경외하고, 하나님 말씀에 순종하려고 노력하며, 서로 사랑으로 섬기는 교인
- 겸손하며, 상식적이고, 인색하지 않으며, 지극히 인간적이고, 타인에 대한 감수성이 있는 교인
- 말씀에 갈급하며, 설교를 통해 은혜받기 원하는 교인
- 교회를 자신들의 욕망을 채우는 수단으로 보지 않는 교인
- 목사도 사람이기에 부족함이 있는데, 목사의 연약함을 받아주고 기도해주며 긍휼히 여길 수 있는 교인
- 유순한 마음이어서 대화가 가능한 교인
- 한결같이 목회자를 지지하며 신뢰하며 기도하는 교인

좋은 교회

지금까지 목사와 교인의 관계에 관해 써 보았습니다. 이것보다 더 많은 내용이 있을 것이며, 상황에 따라서 이것이 다양한 형태로 존재할 수 있을 것입니다. 분명히, 목사에게는 교인이 존재 이유입니다. 목사가 좋은 교인을 만나는 것은 큰 복이요 기쁨입니다. 또한, 교인에게도 목사는 중요합니다. 교인이 좋은 목사를 만나서 그에게 교훈을 받고 지도받으며 격려와 위

로를 얻는 것은 큰 복입니다. 그러므로 좋은 교회란 결국 좋은 목사와 좋은 교인이 함께하는 교회입니다. 목사는 교인을 아끼고 사랑하며 교인에게 성심성의껏 말씀을 전하기를 바라고, 교인은 목사를 존경하고 신뢰하며 목사가 전하는 말씀을 듣고 목사의 치리에 순종하기를 기대합니다. 그러면 틀림없이 좋은 교회를 이룰 것입니다. 목사와 교인이 서로에게 무엇을 바라기보다 자기가 서로를 어떻게 대할 것인지 고민하고 실천한다면 교회의 이상이 실현될 것입니다.

토의를 위한 질문

1. 목사와 장로의 관계는 어떠해야 할까요? 목사와 장로의 관계가 교회에 미치는 영향은 무엇일까요? 목사와 장로 사이에 문제가 생기는 원인은 무엇이며 어떻게 해결할 수 있을까요?

2. 이 시대를 어떻게 이해할 수 있을까요? 목사가 새로운 시대에 적합한 목회를 하기 위해서 어떤 노력을 기울여야 할까요?

3. 목사에게 필요한 것이 무엇이며, 교회가 이를 어떻게 지원할 수 있을까요? 미자립교회 목사는 어떤 방식으로 생활비를 조달하는 것이 바람직할까요?

4. 목사에게 문제나 불만이 있을 때 어떤 식으로 의견을 표현하는 것이 좋을까요?

5. 좋은 목사를 배출하기 위해서 교회가 해야 할 일은 무엇일까요?

하나님 나라를 위한
공공선교적 청년신학[1]

송영목(고신대학교 교수)

우리 시대 청년

많은 사람은 코로나19 시대에 탐욕을 회개하기보다 맘몬에 더 집착합니다(참고. 넷플릭스 '오징어 게임'[2021]). 청년도 결혼하고 '벼락 거지' 신세를 면하기 위해, 가상화폐나 주식 혹은 아파트에 투기성으로 투자합니다. 그 결과 천정부지로 오른 주택 가격은 청년이 신혼 보금자리를 구하는데 거대한 장벽입니다. 예수님의 몸의 한 지체인 청년도 이 문제로 아파하기에, 재정 여력이 있는 교회는 교육관을 신축하는 대신 신혼부부를 위해 빌라를 건축하면 어떨까요? 그런데 교회는 주일 예배와 교회학교 등을 위해 '1회용 청년'disposable youth을 양산한다는 비판을 받기도 합니다. 스스로 불행하다고 여기는 다수의 청년은 교회를 이탈 중입니다. 이것은 개체 교회, 시찰, 노회, 그리고 총회의 가장 중요하고 시급한 현안인데도, 뾰쪽한 대책 없이 기

---

1   이 글의 요약본은 『생명나무』 8월호 (2021), 29-33에 실렸다.

도하거나 염려하면서 발만 동동거리지 않습니까?[2]

이렇게 밝지 않은 현실 중에서라도 무엇보다 기독 청년이 신앙을 가진 영적 존재임을 잊어서는 안 됩니다. 이 사실은 취업과 결혼보다 먼저 근원적으로 고려해야 할 사항입니다. 부모는 자녀에게 복음적 신앙을 전수하겠다고 자녀의 유아세례식에서 서약했습니다. 부모가 자녀에게 믿음을 강요하기보다, 그것이 무엇인지 삶으로 설명하는 것은 각고의 노력을 요합니다. 기독 청년이 하나님과 교회와 성경 중심의 생활을 확립하도록, 기성세대는 먼저 그러한 삶을 통해 롤 모델이 되도록 애써야 합니다. 이 글은 '청년신학'youth theology의 필요성과 청년이 주도하는 공공선교적 실천을 살핍니다.[3]

성경의 청년들

그레코-로마세계에서 남자(시민권자)의 성인식은 약 15세에 거행했으며, 혼인은 약 13세에 법적으로 가능했지만 대개 10대 후반경에 이루어졌습니다.[4] 유대인의 경우 10대 중후반에 혼인을 통해 아동기를 마감했습니다. 오늘날 청년은 20세부터 30대 초반을 가리키므로, 고대 로마제국의 결혼한 성인의 연령 기준은 매우 이르다고 느낄 수 있습니다. 하지만 초대교회 당시에 성인은 대체로 24-40세를 가리켰습니다.[5]

---

2 청년 이탈은 개신교와 천주교 모두에 해당한다. 대건, 세라피나, 요셉, 루치아, 이미영 & 송하경, "청년이 마주한 한국사회의 현실," 『가톨릭 평론』 20 (2019), 16; 김은혜, "한국교회 청년문제를 통해 본 한국교회의 위기와 기독교윤리적 대안," 『기독교사회 윤리』 30 (2014), 9. 참고로 예장 고신에서 '청년신학'에 대한 논문은 아직 발간된 바 없다.

3 '청년신학'과 같은 새로운 신학 용어가 필요한 이유는 성경적 신학 체계를 세워 일관성 있는 실천을 돕기 위함이다.

4 C. A. Evans and S. E. Porter (ed), *Dictionary of New Testament Background* (Leicester: IVP, 2000), 198–99.

5 J. H. Walton et als (ed), 『IVP 성경배경주석』, *The IVP Bible Background Commentary*, 정옥배 역 (서울: IVP, 2010), 1316.

성경에 청년들이 종종 등장합니다. 레위인들이 회막과 성전에서 봉사의 직무를 수행할 수 있던 나이는 점차 낮아져 20살로 확정되었습니다(민 4:3; 8:24; 대상 23:27; 스 3:8). 르호보암과 그의 조언자였던 청년들의 완악함과 어리석음은 나라의 분열을 초래한 중요 요인이었습니다(왕상 12:8). 청년이 미숙함을 넘어 신앙의 성숙을 이루어 간다면, 하나님의 권능을 덧입어 제사장 나라로 헌신할 수 있습니다(시 110:2-4). 이런 목표를 달성하기 위해, 청년은 일상을 감사함으로 즐기되 자기를 창조하시고 행위를 따라 심판하실 하나님을 경외하는 마음가짐이 중요합니다(시 34:11; 전 11:9-12:1).[6] 이런 코람데오의 실천은 강렬한 청년의νεωτερικός 정욕으로부터 자신을 깨끗이 지킬 것입니다(딤전 4:22; 딤후 2:22). 공관복음 기자들은 '청년'νεότης이 자신의 재산을 사랑하다가 이웃 사랑의 실천이라는 제자도를 수행하지 못한 경우를 빼놓지 않고 기록합니다(마 19:20; 막 10:20; 눅 18:21).[7] 그리고 아무리 건장한 청년이라도 피곤하여 넘어지기에, 매일 하나님을 앙망함으로 새 힘을 공급받을 수밖에 없습니다(사 40:30-31). 디모데의 멘토 바울처럼, 오늘날도 본받을 만한 모델이 있다면 선교적 청년missional youth으로 성숙하는 데 유리합니다(행 16:3; 딤전 3:10-11).[8] 신앙의 위기 상황에서 베 홑이불조차 벗어 던지고 나체로 달아나 버린 익명의 청년처럼 오늘날 기독 청년이 부끄럽고 후회스런 길을 가지 않으려면 어떻게 해야 합니까?(막 14:51-52). 사도 요한은 청년이 복음으로 강하게 된다면 뒤로 물러서지 않고 오히려 악한 사탄을 이길 수 있다고 힘주어 격려합니다(요일 2:13-14). 청년에게도 영생과 칭의의 복음이야말로 성령님의 칼이기 때문입니다. 청년 유두고처럼 사경회

---

6 "하나님의 선교(missio Dei)에서 주님을 경외하는 것은 교회의 말과 행동이라는 삶의 방식에 인(印)을 치는 것이다. 주님을 경외함이 교회의 말씀 교육의 한 부분으로 자리 잡으면(시 34:11), 현명하고 목적 있는 삶을 위한 규범을 형성할 것이다(잠 10:27; 14:26-27; 19:23; 22:4)." P. J. Buys & A. Jansen, "Met Hart en Mond en Hande: Die Integrale Bediening van Woord en Daad volgens 'n Missio Dei Perspektief," In die Skriflig 49/1 (2015), 9.

7 유대교는 최대 기부금을 재산의 20%로 제한했다. Walton et als (ed), 『IVP 성경배경주석』, 1316.

8 참고로 바울은 '청년'(νεότης) 때부터 유대교의 바리새인으로 삶의 체계를 형성했다(행 26:4).

를 통해 하나님의 위로를 얻는 노력이 필요합니다(신 6:4-6; 행 20:9, 12).[9] 성령이 내주하시는 청년들ⁿᵉᵃᵛⁱˢᵏᵒⁱ은 환상을 보는데, 그것은 말씀을 제대로 분변한다는 뜻입니다(행 2:17). 남 유다의 요담은 25세 곧 청년 때에 왕좌에 올라 하나님께서 보시기에 정직하게 통치할 수 있었던 것은 계명에 순종했기 때문입니다(왕하 15:33-34). 그러나 그의 아들, 20세의 청년이자 왕이었던 아하스는 승전을 주신 하나님을 무시하고 우상숭배로 주님을 모욕했습니다(왕하 16:1). 청년 왕의 타락은 일반 청년의 영적 퇴보의 본보기가 되었습니다. 아나돗 사람들은 선지자 예레미야의 예언 활동을 방해하다가 하나님께서 보내신 칼의 심판에 의해 '그들의 아들들과 딸들'이 죽고 말았습니다(렘 11:23). 기성세대 부모의 잘못 때문에 그들의 자녀가 심판받았다기보다, 청년들도 부모의 범죄에 동의하고 거기에 가담한 것으로 보아야 합니다(참고. 왕하 2:23). 이 사실은 청년이 하나님의 말씀을 귀하게 여기고 순종하는 데 힘을 써야 함을 교훈합니다. 성경은 청년을 평가할 때 그들의 재능이 아니라 야웨와 그분의 말씀을 경외하여 지키는 여부를 기준으로 삼습니다.

교회사도 이 사실을 증명합니다. 27세 청년 칼빈은 기독교강요 초판을 출판했고, 28세 청년 자카리아스 우르시누스는 하이델베르크대학교 신학교수로서 하이델베르크 교리문답서(1563)를 작성하는데 결정적으로 기여했습니다. 그들은 하나님 말씀의 은혜를 누렸고, 신학과 법학과 고전어로써 논리를 정연하게 다듬었습니다. 요약하면, 성경의 모범적인 청년들은 코람데오로써 카르페 디엠ᶜᵃʳᵖᵉ ᵈⁱᵉᵐ하면서 복음과 멘토링으로 하나님 나라를 선교적 자세로 누렸는데, 오늘날 청년들에게 어떻게 적용할 수 있을까요?

---

9 누가─행전에 청년은 죽음과 부활 맥락에 등장한다. 청년 유두고처럼 나인성의 과부 아들인 청년(νεανίσκος)도 부활했다(눅 7:14). 예루살렘교회의 젊은이들은 아나니아와 삽비라를 무덤에 장사했다(행 5:6, 10).

하나님 나라를 위한 공공선교적 청년신학

20세기 중반에 실존과 경험, 창조와 구원, 사유와 윤리, 그리고 회복을 아우르는 청년을 위한 신학이 논의되었습니다.[10] 그럼에도 청년신학youth theology은 여전히 생경합니다. 청년신학은 "청년이 교회당 안팎에서 직면하는 질문과 문제에 대해 성경 및 신학적으로 응전하려는 시도"인데, 이때 특히 시민사회의 공론장에도 잘 통할 수 있는 공공선교적 방법론도 개발하면 금상첨화입니다.[11] 그리고 청년이 제기하는 인생의 의미와 목적과 소명과 같은 근본적인 의문에 성경적 해답을 제시할 수 있다면, 현실에 당면한 난국을 타개하도록 돕는 다소 임기응변식 탐구에 머물지 않을 것입니다.[12] 청년신학은 교회가 청년을 위해 무엇을 할 것인가도 고민해야겠지만, 신앙공동체가 그 안의 청년과 더불어 세상 안으로 들어갈 하나님의 선교를 수행할 방안도 탐구해야 합니다.[13] 그리고 청년신학은 청년이 하나님의 선교에 동참하는 주체가 되도록 준비시키는 탐구이기도 합니다. 청년신학의 방법론에 관하여 성석환은 아래와 같이 주장합니다.

청년이 놓인 정치, 사회, 문화적 고통의 현실과 원인을 제대로 분석하고, 이에 대해 신학적 분석의 새로운 틀을 제공해야 한다는 점에서 다른 학문 및 공공영역의 담론들과 적극적으로 대화해야 한다. … 특히 청년 스스로 자신들

---

10 시카고신학교 종교교육과 교수 R. Snyder, "A Theology for Youth," *Religious Education* 53/5 (1958), 443–46 을 보라.

11 성석환, "공공신학적 청년신학의 필요성과 방법론," 『선교와 신학』 46 (2018), 29; P. G. Kelly, "A Theology of Youth," *Journal for Baptist Theology & Ministry* 13/1 (2016), 3–19.

12 참고. 기성세대는 신앙과 인생에 대한 신학적이며 성경적 용어들을 쉽게 삶으로 풀어 청년에게 설명하는 능력을 배양할 필요가 있다. E. D. Seely, "Where Reformed Theology meets and shapes Youth Ministry: Facilitating Answers to Adolescents' Great Questions of Life," *Calvin Theological Journal* 41/2 (2006), 332.

13 J. Knoetze, "Perspectives on Family and Youth Ministry embedded in the Missio Dei: An African Perspective," *In die Skriflig* 49/1 (2015), 4.

이 처한 모순된 상황을 극복하는 주체로서 책임적 자세를 갖도록 하는 일에 결부된다. 기독청년들이 참여함으로써 교회 안팎의 동시대 청년들과 공론장을 형성하여 자신들이 겪는 고통을 극복하려는 연대에 나서도록 하는 것이야말로 청년신학의 궁극적인 목적이 될 것이다.[14]

위의 주장처럼 청년신학을 구성하기 위해 간학문적 방법론을 활용할 필요가 있습니다. 또한 위에서 성경에 나타난 청년들의 실례를 살핀 대로, 그들이 하나님 나라의 구성원으로서 하나님 앞에서 그리고 하나님의 말씀에 순종하도록 돕는 신앙적이며 영적인 방법도 빠트리지 않아야 합니다. 왜냐하면 청년도 하나님을 즐거워하며 그분의 영광을 누리고 그분께 영광을 드리기 위해, 생사 간에 예수 그리스도의 소유됨을 유일한 위로로 믿어야 하기 때문입니다(하이델베르크 교리문답 제1문; 웨스트민스터 대교리문답 제1문).[15]

교회는 청년신학 담론을 어떻게 시작하고, 형성하며, 활용하고 보급할 수 있습니까? 먼저 교회는 청년의 현실 문제들을 경청하여 이해하고, 성경에 기반을 둔 통합적이고 다차원적인 통찰을 통해 그 문제들을 분석하여 데이터베이스화한다면 그들과 소통하는 첫 단추를 잘 꿰게 되며, 기성세대가 청년에 대해 가지고 있던 인식과 태도를 개선하고 공감하면서 문제를 해결해 갈 수 있을 것입니다.[16] 그러나 청년신학 담론을 구성할 때, 성경이 아니라 상황이 기초와 출발점이 된다면 상대주의에 빠질 가능성이 있습니다.

---

14 성석환, "공공신학적 청년신학의 필요성과 방법론," 31, 33.

15 물질주의와 쾌락주의에 빠져 신앙의 열정을 잃고 제자도를 구현하지 못하는 기성세대의 모습은 청년사역의 걸림돌이다. R. Hostetler, "Thirsty for the Reign: A Kingdom Theology for Youth Ministry Part Two," *Direction* 31/2 (2002), 179–81. 참고로 한국인의 독특한 정감인 한(恨) 대신에 흥(興)을 통해 청년의 기쁨을 회복시키려는 방안은 E. Kim, "From Solemnity to Joy through Heung: Towards a Balanced Theology of Youth Ministry in the South Korean Context," *Journal of Youth Ministry* 17/1 (2019), 59–65를 보라. 그러나 Kim은 흥의 성경적 근거를 제대로 제시하지 못한다.

16 김은혜, "한국교회 청년문제를 통해 본 한국교회의 위기와 기독교윤리적 대안," 17.

공공선교적 실천에 있어 장애물과 해소 방안

교회에서 청년의 신앙 성숙도는 어떻게 판가름 됩니까? 대체로 찬양팀이나 대학청년부의 임원과 같이 외형적 봉사가 기준입니다. 그러나 정작 많은 청년에게 구원의 확신은 약하고, 기도와 말씀 묵상이라는 경건의 습관이 제대로 형성되어 있지 않으며, 성도와의 신앙적이며 영적 유대감도 그리 강하지 못한 게 현실입니다. 따라서 청년들은 루터의 95조 반박문 중 제62조 곧 하나님의 영광과 복음을 따라 사는 내적 신앙의 중요성을 자신의 보물처럼 여기는 것이 시급한 과제입니다. 청년은 구원의 확신과 천국 복음이 주는 기쁨을 누리는 가운데 개인 경건훈련을 쌓아가야 하며, 동시에 자신의 전문 영역 안에서 하나님 나라를 건설하는 선교사로 활동하는 역량을 계발해야 합니다.

교회와 청년 사역자들은 청년이 교회 공동체에 정착하는 데 장애가 되는 요인들을 제거하도록 도와야 합니다. 청년 자신의 신앙 부족, 기성세대 교인들의 신행 불일치에 대한 실망, 그리고 대학청년부의 끼리끼리 기득권 관습은 허물어야 할 진입장벽들입니다. 또한 자유로운 신앙생활을 선호하는 청년일수록 탈종교, 탈교회, 그리고 탈신앙에 빠져듭니다. 청년의 신앙형성에 걸림돌은 'PANTS'증후군으로 요약됩니다. 다시 말해, 개인주의적 personal, 향락적amusement, 구속받지 않고 자유함natural, 모호한 성性 구분trans-border, 그리고 자기중심적self-loving 성향입니다.[17] 청년 자신이 이런 증후군을 극복하면서 신앙을 체득하려면, 신앙공동체는 성경적 가치를 추구하며 살도록 서로 격려하며, 따뜻한 유대감을 형성하는 것이 매우 중요합니다. 세대 차이라는 어설픈 이유로 대학청년부 예배를 별도로 시행하는 것은 그리스도의 몸을 분리하여 유대감을 약화시키고, 시장의 소비자 중심주의를 따

---

17 김광률, "청년영성교육을 위한 교회의 과제," 『기독교교육 논총』 30 (2012), 203.

르는 것이 아닌지 고민해 보아야 합니다.[18] 교회는 세대와 시대와 장소를 초월하여 복음이 가진 연합의 능력을 상실한 죄를 회개해야 합니다.

1970-80년대 청년과 신학생들은 민주화와 인권과 같은 사회 이슈를 두고 고민과 실천에 큰 관심을 보였지만, 요즘 청년에게 그럴 여력은 별로 없습니다.[19] 대학이 신자유주의 시대에 생존할 수 있는 직업 양성소가 되면서, 청년들의 시민의식은 사그라들고, 전인적 성숙을 위한 기본적 조건조차 확보하지 못한 채 취업에 몰입하고 있기 때문입니다.[20] 그렇다면 교회는 기독청년의 전인 성숙을 어떻게 도모할 수 있을까요?

청년이 주도하는 공공선교적 실천

청년의 현실 문제를 파악하고 분석하여 소통을 활성화는 일은 대학-청년부에 재정을 투자하는 것만으로는 달성할 수 없습니다. 대다수 청년은 미래에 대한 불안과 영적 갈증을 동시에 느끼고 있는데, 어떻게 하면 그들이 주체적으로 성경적 해결과 실마리를 찾을 수 있을까요? 복음의 진수와 하나님 백성의 존귀함, 그리고 불신자와 차별화된 삶의 기쁨이 무엇인지 교육이 필요합니다. 청년은 하나님 나라의 그랜드 내러티브를 자신의 인생 내러티브로 승화시키는 훈련을 해야 합니다.[21] 이를 위해 청년을 비롯하여 모든 그

---

18 김광률, "청년영성교육을 위한 교회의 과제," 214.

19 정경은, "1970-1980년대 신학생들의 자아정체성 고찰: 신학교 교지에 실린 글을 중심으로," 『장신논단』 52/3 (2020), 279-308.

20 성석환, "한국사회의 청년문제와 한국교회의 과제: 후기세속사회의 공공신학적 관점에서," 『장신논단』 48/2 (2016), 104.

21 Knoetze, "Perspectives on Family and Youth Ministry embedded in the Missio Dei," 4; J. Dekker, "Resilience, Theology, and the Edification of Youth: Are We missing a Perspective," *Journal of Youth Ministry* 9/2 (2011), 84.

리스도인은 성경과 신학적 문해력을 갖추어야 합니다.[22] 청년은 자신이 제기하고 직면하는 인생의 의미와 가정 그리고 죽음과 같은 문제들은 사실 성경적 관점으로 해결해야 한다는 사실을 기억해야 합니다.[23]

> 직관적이고 내재적인 신학을 의도적 신학Deliberate Theology으로 수정해주는 것이 청소년 사역에서 중요하다. … 의도적 신학은 청소년들이 스스로 믿음의 이해를 구하는 신학으로서 성경에서 의도된 대로 청소년들이 현재 자신들이 가지고 있는 신학의 근거나 가정 그리고 실천이 하나님 앞에 올바른가에 대해 신중하게 살펴보는 접근이다. … 더 나아가 이러한 신학적 접근으로부터 나오는 변화를 통하여 "그들은 세상에 하나님의 복음을 선포할 것이며 그들의 삶의 자리에서 하나님의 복음을 변증"하는 선교적인 삶을 살아가게 될 것이다.[24]

기성세대는 신행일치와 자신의 전문 영역에서 선교사 마인드를 실천하는 롤 모델로서 모범을 청년에게 보인다면, 청년이 문제를 분석하고 해답을 찾아갈 때 실질적인 도움이 될 것입니다.[25] 하나님의 말씀에서 나온 성경적 세계관이 멘토링을 통해 청년 세대에게 전수된다면, 그들은 세속적 가치에 저항하면서 인생의 '왜'라는 질문에 올바른 답을 찾을 수 있습니다.[26]

성석환에 따르면, "청년신학은 기독 청년이 자신의 정치적, 사회적, 문화적, 경제적 삶의 현실을 신학적으로 성찰하고 스스로 이를 논의하는 공론장

---

22 Seely, "Where Reformed Theology meets and shapes Youth Ministry," 331.

23 이승병, "청소년 사역에 대한 선교학적 접근 연구," 『복음과 선교』 48 (2019), 289.

24 이승병, "청소년 사역에 대한 선교학적 접근 연구," 294.

25 김은혜, "한국교회 청년문제를 통해 본 한국교회의 위기와 기독교윤리적 대안," 20-21.

26 B. van der Walt, "Sharing an Integral Christian Worldview with a Younger Generation: Why and How should It be done and received?" In die Skriflig 51/1 (2017), 3-5.

을 형성하도록 하는 것이 일차적 목적이다."[27] 그렇다면 교회는 하나님의 복음에 비추어 청년의 현실과 현안을 진단하고 처방할 수 있도록 교육과 실천의 장을 마련하는데 지속적으로 관심과 지원을 기울여야 합니다.

청년은 교회의 미래나 미래의 교회라는 차원에 머물 존재가 아닙니다. 청년은 지금 여기서 삼위 하나님을 닮아imitatio Trinitatis 그분을 증언해야 할 주체입니다.[28] 청년은 성경으로부터 사랑과 용서와 위로의 삼위 하나님을 발견하고, 자신이 속한 공동체와 더불어 그 하나님을 닮고 삶으로 증거할 수 있어야 합니다. 청년은 목회의 대상이자, 하나님의 선교에 속한 청년 사역을 수행하는 주체입니다.[29] 청년은 성경 및 신학적으로 질문을 성찰하기 위해, 많은 기성세대가 빠져버린 과잉 및 편향된 정치이념의 함정에 동참하지 않도록 주의해야 합니다. 그리고 청년은 열린 자세로 기성세대의 장점과 노하우를 수용하는 동시에, 전통을 창조적으로 비평해야 합니다.

청년이 청년사역과 복음 증거의 주체로 성장하려면, 'SHAPE'에 집중할 필요가 있습니다. 그것은 영적은사spiritual gifts, 마음heart, 능력abilities, 인격personality 그리고 경험experience의 함양을 통해 영적 성장을 이루는 것입니다. 5가지 영역에서 잘 훈련되는 방법을 성경으로부터 배우고, 하나님과 동료의 사랑 관계 속에서 실천할 수 있는 교회의 토양이 중요합니다.[30] 기독 청년이 큰 숙제인 취업을 준비할 때, 자신의 은사와 능력과 경험을 따라 하나님의 소명을 파악한다면, 연봉이나 직장의 안정보다는 하나님과 이웃을 섬길 수 있을지 묻게 됩니다.[31] 이렇게 직업에 대한 소명 의식과 올바른 가치가 확립된다면, 직장 만족도도 거기에 비례할 것입니다. 요약하면, 청년은

---

27 성석환, "공공신학적 청년신학의 필요성과 방법론," 34.

28 Knoetze, "Perspectives on Family and Youth Ministry embedded in the Missio Dei," 5.

29 Knoetze, "Perspectives on Family and Youth Ministry embedded in the Missio Dei," 5.

30 김광률, "청년영성교육을 위한 교회의 과제," 220.

31 이은미, "기독청년의 직업소명에 관한 고찰: 교회의 역할과 과제," 「신앙과 학문」 24/2 (2019), 136.

하나님 나라의 원칙으로부터 경제-정치-사회적 함의를 배우고 지혜와 용기를 다하여 실천해야 합니다.[32]

그러면 청년은 무엇을 단계별로 훈련해야 할까요? (1) 하나님의 말씀을 읽고 들어야 하고(느 8:1-6), (2) 해석된 말씀을 배워야 하며(느 8:1-6), (3) 회개와 슬픔 그리고 회복과 기쁨으로 반응해야 하고(느 8:9-12), (4) 말씀을 실천해야 합니다(느 8:14-18; 스 7:10; 시 119:9). 이를 위해 "청년부 설교자는 피상적인 방식이 아니라 실제 청년의 생활과 밀접한 접근과 해결 방안을 성경 안에서 다루어야 하며, 설교자 자신도 말씀을 통해 삶이 변화하는 모습을 보여주는 상담 설교를 할 것을 제안합니다. 설교자가 자신들과 동일한 삶의 상황들을 신앙적으로 대처해 나가는가를 보여줄 수 있도록 노력해야 합니다."[33]

위에서 언급한 네 단계를 확대하여, 개체 교회가 청년신학을 설계하고 시행할 수 있는 단계들을 제시하면 다음과 같습니다. (1) 청년신학의 필요성을 공동체가 공유하고 지속적으로 지원하려는 의지를 분명히 함, (2) 사역자와 청년이 더불어 성경적 자아정체성, 기도, 성경해석과 묵상, 세계관, 그리고 현실 이슈들을 다루는 커리큘럼을 확정함,[34] (3) 담임목회자와 청년사역자(그리고 기성세대 적임자)는 사랑과 존중 그리고 멘토링을 통해 커리큘럼을 가르침, (4) 청년은 실천한 사항과 느낀 바를 나눔, (5) 청년이 해결하지 못한 문제에 대해 다시 멘토링하고 각 분야 전문가들의 도움을 제공함, (6) 청

---

32 W. J. Loewen, "Thirsty for the Reign: A Kingdom Theology for Youth Ministry Part One," *Direction* 31/1 (2002), 41–43.

33 엄옥순, "기독 청년의 자아정체성에 관한 연구," 『복음과 실천신학』 43 (2017), 35.

34 "청년부 성경공부에 관한 문제이다. 청년들의 관심과 실정에 맞는 주제, 예를 들어 성장과 치유를 위한 내용, 세상의 문화를 기독교세계관으로 바라보기, 청년 공동체 세우기, 건전한 데이트, 결혼문제, 캠퍼스 생활, 직장 생활에서의 인간관계 문제들을 다루어 주어야 한다. … 교회는 청년들에게 실제적으로 필요하고 도움이 되는 직업적성 검사나 은사 발견 프로그램, 결혼예비학교, 커뮤니케이션 훈련 등을 통하여 자신의 신분과 특성과 은사 등을 발견하고 확인하는 일을 도와야 할 것이다. 직업 선택이나 적성에 관해 문의할 경우 전문가를 소개해 줄 수 있도록 여러 자원들을 준비하고 있으면, 위기 상황에 신속하게 대처할 수 있을 것이다." 엄옥순, "기독 청년의 자아정체성에 관한 연구," 35–36.

년의 나눔과 피드백을 통해 커리큘럼과 멘토링 방향과 방법을 조정함, (7) 청년은 문제해결을 위한 믿음과 통찰을 가다듬어, 다시 실천하고 스스로 노하우를 축적해감. (8) 새로운 교육과 실천을 위한 의제를 토론으로 제안하고 함께 확정함. (9) 앞의 (3)-(8)의 단계를 다시 반복함.[35]

복음으로 빚어 내는 청년신학

기성세대는 복음의 능력과 천국 가치를 삶으로 풀어내면서, 청년에게 인생의 참 의미를 깨우치고, 진심이 담긴 사랑과 배려와 공감을 지속적으로 보여야 합니다. 청년은 자발적으로 성령과 복음의 능력을 맛보는 가운데, 주도적으로 당면한 문제의 본질을 분석하여 성경 및 신학적 처방을 내리고, 실천의 장을 만들어 갈 수 있어야 합니다. 청년은 그리스도의 몸의 중요한 지체로서 존귀합니다. 청년은 어제나 오늘이나 영원토록 동일하신 주 예수님을 의지하는 법을 공동체 안에서 배우고, 그 복을 누리며 삶의 영역에서 전해야 합니다.

청년은 하나님과 교회를 사랑하며 세상을 섬기는 일꾼이라는 명예로운 정체성을 확립하고, 동료와 더불어 하나님 나라의 에토스를 경험적으로 쌓아가는 보람을 찾아가기 바랍니다. 그리고 개체 교회는 사랑과 복음으로 충만하기를 힘쓰며, 청년과 캠퍼스의 복음화를 위해 뛰고 있는 학원 선교단체 간사를 비롯한 청년부 사역자들의 수고를 마땅히 기억하고 감사하기 바랍

---

35 설교자는 고뇌하는 청년들이 자신의 경험을 부활하신 예수님의 승리의 빛으로 유의미하게 해석하여 지금 여기서 주님의 통치를 경험할 수 있도록 설교하고, 청년들이 공감과 비전과 열정을 공유하도록 그들 간의 유대 관계를 강화하는 방안도 제시해야 한다. 참고. F. P. Kruger, "Practical Theological Perspectives on Preaching to Listeners experiencing Angst or Nothingness within the Present Reality of a Post-Pandemic World," *In die Skriflig* 55/1 (2021), 7-8.

니다.[36]

개혁주의에 입각한 캠퍼스 사역과 강연과 교회음악은 비개혁주의 진영의 청년들에게 설득력과 호소력을 나름 발휘하고 있습니다.[37] 앞으로 개혁주의 진영의 성경신학, 실천신학, 기독교교육학, 청소년학, 공공신학, 그리고 선교신학이 개체 교회와 협력함으로써 청년신학 논의가 활발해지고 실제로 결실하기를 소망합니다.[38]

---

36 기독교대학에서 차별화된 축제는 가능한가? 기독교대학이나 미션대학은 매년 축제의 프로그램을 어떻게 구성할지 고민한다. 많지 않은 예산을 받아 들고, 학생처와 총학이 머리를 맞대고 지혜를 모은다. 1994년 가을, 고신대 축제 후에 신학과의 한 학생은 캠퍼스에 뒹굴던 막걸리병을 복도에 모아놓고 벧전 5:3을 인용하여 항의성 대자보를 붙여두었다. 그러나 몇 년 후 축제 때, 강의실을 나이트클럽으로 꾸며놓고 자극적인 조명이 설치되기도 했다. 기독교대학에서 학생들은 노는 법을 배운 바 없기에 자연스런 현상 아닌가? 1920~30년대 평양의 숭실대학은 지성과 인성 그리고 문화를 주도하는 지도자를 양성하는 기독교대학이었다. 불신자들이 인정한 바였다. 그 후 1970년대 대학은 저항 문화의 산실이었다. 지금은 취업 준비, 향락적 소비문화, 그리고 경쟁과 개인주의가 캠퍼스에 기승을 부린다. 그리스도인은 대학 축제를 비롯한 문화에 대해 아래와 같이 세 가지 중 한 가지 입장을 취한다. (1) 기독교인의 문화 적대적인 입장은 문화를 반기독교적으로 간주하는 문화 비판주의이다. (2) 기독교세계관에 의해 문화의 독소를 걸러내지 않고 무비판적으로 수용하는 입장은 문화 낙관주의이다. 이 경우 기독인으로서 정체성을 상실하고 세속주의에 동화되기 십상이다. (3) 문화 변혁의 입장은 기독교 세계관으로 문화를 비판하며 대안을 제시한다면 문화 현실주의에 해당한다. 개혁주의는 위의 세 번째 문화 변혁을 지지한다. 기독교 희락주의자는 세속적 축제가 아니라 즐거움의 이유와 목적과 방법을 성경적으로 찾아 새로운 대안을 제시할 수 있어야 한다. 신앙과 학문의 통합을 추구하는 기독교대학의 문화사명을 이루는 축제를 어떻게 실행할 수 있는가? (1) 구약의 절기는 약자와 빈자를 돌보는 기회이듯이(신 16:11, 14), 학교 구성원(외국인 유학생)과 지역의 주민 특히 약자를 고품격 문화로 섬기는 즐거움을 반영하면 된다. 이웃에게 공동선과 선교를 지향하는 기회로 삼아야 한다. (2) 코로나19 시대가 저물어가는 무렵에 공동체성이 약화되어 지친 구성원들을 상호 격려하는 기회로 만들어야 한다. (3) 학생은 물론 교수와 직원이 더불어서 은사와 달란트를 활용하여 하나님의 아름다움을 새롭게 표현하는 기회로 삼으면 좋다. 각 전공에 나타난 하나님의 아름다움과 기쁨을 모아 세련되게 표현하는 방법을 연구해야 한다. 학과들이 운영하는 부스에서 메뉴만 다른 음식을 판매하는 차원을 넘어서야 한다. (4) 학사력과 교회력을 통합한다면, 추수감사절 주간에 축제를 개최하여 하나님께 감사를 표현하는 기독교문화를 형성한다면 유의미하다. (5) 기독교 축제문화를 선도하는 방안을 논문발표회나 토론을 통해 여론 수렴하고 실천해야 한다. 그리고 총학생회는 축제를 마친 후에 피드백을 받아 평가하여, 노하우를 다음 총학에게 인수인계해야 한다. 하나님 아버지의 영광이 자신의 독생자와 독생자의 아내라면, '성부의 며느리'(가족 은유의 표현)는 성령의 역사를 통해 믿음으로써 신비로운 결혼의 연합 안에서 그리스도와 함께 다스린다. 인간의 모든 역사는 바로 이 목적을 지향한다(계 19~21). 하나님의 사랑이 먼저 우리에게 부어져 있으므로, 우리는 주님을 사랑하고 기뻐한다(막 12:30~31; 롬 5:5; 요일 4:10~11). 그리스도인은 참된 기쁨과 사랑의 원천이신 하나님 안에서 기뻐하며 사랑하며 주님께 영광을 돌리는 참된 자아를 발견한다. 이 사실을 하나님 나라의 문화세력인 신학대학이나 선교동아리들이 잘 알고 있지 않은가? 참고. P. L. Metzger, "The Halfway House of Hedonism: Potential and Prohlems in John Piper's *Desiring God*," Crux 41/4 (2005), 23~25; 조용훈, "대학문화에 대한 기독교 윤리적 이해," 『기독교사회윤리』 7 (2004), 1~14.

37 C. D. Weaver & N. A. Finn, "Youth for Calvin: Reformed Theology and Baptist Collegians," *Baptist History and Heritage* 39/2 (2004), 51.

토의를 위한 질문

1. 개혁주의 청년신학이란 무엇입니까?

2. 청년이 선교적 교회로서 세상에 공적으로 현존하는 방법은 무엇입니까?

3. 지역 교회의 목회자의 지도를 받되 청년이 공공선교적 훈련과 실천을 주체적으로 실행하는 길은 무엇입니까?

4. 기성 세대와 청년은 상호 소통하는 법을 어떻게 배울 수 있습니까?

---

38 C. Clark, "Youth Ministry as Practical Theology," Journal of Youth Ministry 7/1 (2008), 9-38. 참고로 이 글은
   아래 설문조사(대상 고신대 신학과 3-4학년 10명; 기간: 2021년 7월 1일, 방법: 카톡)를 참고했다.
   (1) 청년이 교회를 떠나는 가장 중요한 한 가지 이유는 무엇인가?
   (2) 앞으로 목회하는 데 두려움이 있다면, 가장 중요한 한 가지 이유는 무엇인가?
   (3) 청년의 탈 교회 현상을 막을 수 있는 한 가지 방법은 무엇인가?
   (4) 교회 안의 기성세대와 청년 세대의 소통을 회복하는 한 가지 방법은 무엇인가?
   (5) 청년의 신앙을 성숙시키는 한 가지 방법은 무엇인가?
   (6) 신앙의 문제나 약화를 경험하는 청년 자신의 가장 중요한 한 가지 문제는 무엇인가?
   (7) 청년이 교회 리더(예. 목사와 장로)에게 바라는 가장 중요한 한 가지 사항은 무엇인가?
   (8) 신학생이 볼 때, 기성세대 목회자에게 본받을 점과 문제점이 있다면 각각 무엇인가?

그리스도인, 교육을 말하다!

임경근(다우리교회 담임목사)

그리스도인과 교육의 문제

기독교인의 교육열은 대단합니다. 개화기 초기 외국 선교사는 학교를 세 웠고, 근대교육이 시작되었습니다. 기독교인이 교육에서 앞서간 것이 사실 입니다. 그 덕에 해방 후 정부 조직에 기독교인이 대거 등용됩니다. 오랫동 안 이런 미션스쿨은 복음 전도와 근대교육에 많은 공헌을 했습니다. 하지 만, 지금은 상황이 반전되었습니다. 공교육의 발전과 약진으로 미션스쿨의 선도적 지위는 사라졌습니다. 그래도 기독교인의 교육적 열정만큼은 아직 도 여전합니다.

교육은 열정만으로 부족합니다. 바른 교육을 향한 관심이 필요한 때입니 다. 그리스도인은 교육에 대해 어떤 관점을 가져야 하며, 어떤 교육을 향 해 나아가야 할 것인지, 고민할 필요가 있습니다. '어떤 유치원에 보내야 하 나?' '영어 유치원이 좋다던데?' '몰입교육의 문제는 무엇이지?' '혁신학교에 보내면 학업에 문제가 생기는 것은 아닐까?' '내신 성적을 올릴 방법이 무엇일까?' '사교육은 무조건 나쁜 것인가?' '학원이 아니면 어떻게 공부하라는 말인가?' '역시 학군은 중요하단 말인가?'

그리스도인으로서 이런 문제와 맞닥뜨릴 때 우리는 어떤 판단을 해야 할까요? 고민입니다. '미션 스쿨이 기독교인이 선택할 유일한 선택일까?' '요즈음 입에 오르내리는 '기독교 학교'라는 것은 도대체 무엇인가?' 또 '홈스쿨링은 또 무엇이란 말인가?' '훌륭한 기독교 교육이란 그런 것일까?'

이런 실제적 고민을 해결하기 위해 교육의 원리와 기초를 정확하게 알고 파악할 필요가 있습니다. 그래야 구체적 상황에서 정확하고 올바른 판단과 결정을 할 수 있을 것입니다. 교육이 일어나는 현장인 학교, 교회, 사회, 그리고 가정의 영역을 살펴보고 그 역할과 기능에 대해 정리해 봅시다.

공교육의 문제

2023년 현 한국 공교육은 심각한 위기에 시달리고 있습니다. 9월 4일 '공교육 멈춤의 날'로 정하고 광화문 광장에서 교사 10만 명이 모여 집단행동을 했습니다. 교권 회복을 위해섭니다. 교사는 부모의 갑질에 심각한 스트레스에 시달리고 있습니다. 최근 몇 명의 교사가 연쇄적으로 극단적 선택을 했습니다. 이 사건으로 판도라의 상자가 열린 것처럼 교권 문제가 터져 나오고 있습니다. 교사가 심각한 피해를 보고 있으니, 제도적으로 법을 개정해 달라는 목소리를 내고 있습니다.

수십 년 전만 해도 학생에 대한 교사의 폭력이 문제였습니다. 학생은 교사의 일방적 폭거에 무방비로 노출되었지만, 대변하고 보호해 주는 사람은 그리 많지 않았습니다. 시대가 변하면서 학생의 인권이 점점 좋아지기 시작했습니다. 하지만, 아직도 가야 할 길은 멉니다.

교사 시위를 취재한 외신 BBC 기자는 단순히 교사의 권위 혹은 학생의 인권, 부모의 갑질에서 그 문제의 근원을 찾지 않았습니다. 좀 거시적 한국의 심각한 경쟁 사회의 문제를 직시했습니다. 경쟁 사회는 직장의 경쟁, 직장의 경쟁은 대학의 경쟁을 부추기고, 그 밑으로 같은 사슬이 고등학교, 중학교, 초등학교, 유치원까지 이어집니다. 이런 경쟁 사회에서 공교육이 제대로 기능하기 어렵다는 것을 지적한 것입니다. 그래서 BBC 기자는 한국의 경쟁 사슬 중 한 가지 사슬을 설명한 것입니다. '부모와 교사의 사슬'에서 부모가 심각한 경쟁 사회 속에서 자녀에게 좋은 성적을 강요하고 그 강요는 교사에게까지 이른다는 것입니다. 새겨들을 평가입니다.

사교육의 문제

'공교육'의 부족을 해소하려는 거대한 물결이 있습니다. 그 흐름을 우리는 '사교육'이라 합니다. 누가 주도한 것도 아니고 시킨 것도 아닙니다. 그냥 삼삼오오 따르기 시작하더니, 지금은 누구도 막을 없는 거대한 강줄기 같은 존재로 흘러가고 있습니다.

한국 공교육의 문제는 어제오늘의 일이 아닙니다. 입시 위주의 교육, 지나친 경쟁주의, 획일적 교육, 인성교육의 부재, 과도한 사교육비 지출은 누구에게나 익숙한 표현입니다. 교육 문제는 단순히 교육의 테두리 안에만 머물지 않습니다. 과도한 사교육비 지출은 이미 가정 경제를 파탄내고 있는 지경입니다. 강남 8학군의 문제는 집값 상승을 부채질함으로써 한국의 경제와 사회에도 영향을 주고 있습니다. 사교육을 통한 계층과 빈부의 대물림 문제가 제기되고 있습니다.

역대 정부마다 국민의 뜨거운 교육열을 등에 업고 정치권력의 정당성을 확보하는 수단으로 교육개혁의 기치를 내걸었다는 점에서 교육은 정치와도 연결되어 있습니다. 과도한 입시 경쟁 때문에 학생의 문화생활은 없어지고, 이에 따라 정서적으로 불안해진 학생의 일탈 현상은 심각한 수준에 이르렀습니다. 학원에서 선행학습을 한 학생은 학교 수업 시간에는 잡니다. 학교는 단지 '여관'같은 기능으로 전락하고 있습니다. 공교육의 정체성은 그야말로 위기를 맞고 있습니다. 이른 아침부터 저녁 늦게까지 학교와 학원을 전전하는 한국의 미래인 젊은 학생은 교육과 관련된 이런 문제의 최대 희생자입니다.

지금껏 이러한 문제들을 해결하기 위하여 수많은 대책이 만들어졌지만, 문제들은 쉽게 해결되지 않고 오히려 더 심각해지는 것 같습니다. 여기서 이러한 공교육의 파행을 다루는 것은 너무 넓은 주제이기에 범위를 좁혀 사교육의 문제만 다루도록 하겠습니다. 사실 사교육의 영역은 부모의 영역인데, 이 영역마저도 희망이 없어 보입니다.

2007년 노무현 정부에서 시행한 사교육 실태 조사를 보면, 사교육비 규모가 20조 4백억 원이었습니다. 당시 공교육비는 16조 원이었으니, 그 행태가 기형적입니다. 2019년에는 21조 원으로 상황은 더 심각해졌습니다. 김덕영은 자신의 『입시 공화국의 종말』(인물과 사상사 2007)에서 대한민국을 망하게 하는 요인을 입시위주의 경쟁교육이라고 주장했습니다.

사교육 대책이 없었던 것은 아닙니다. 1969년 중학교 입학 무시험제(박정희), 1974년 고교평준화 정책(박정희), 1980년 본고사 폐지(전두환)로 이어져왔고, 그 이후 이런저런 정책을 시행했지만, 교육 문제는 백약이 무효인 불패의 제도로 굳어지는 형국입니다. 지금처럼 명문대 인기 학과의 진학이야말로 기대수익이 가장 높은 합리적 투자라고 믿는 상황에서는 그 어떤 제도로도 사교육이라는 망국병을 치료할 수 없을 것입니다.

사교육은 문제는 상당히 심각한 문제들을 안고 있습니다. 첫째, 사교육은 교육학적 영향에 부정적입니다. 자기 주도적 학습 능력을 약화시킵니다. 둘째, 사교육은 공동체적 영향에 부정적입니다. 학교는 경쟁과 전쟁을 하는 곳으로 변하여 더불어 사는 사회를 교육하기에 매우 부적절한 상황으로 치닫고 있습니다. 학교 동료를 소중하고 존중할 동료와 친구가 아니라, 경쟁자로 몰아갑니다. 사교육은 그런 상황을 더 악화시킬 뿐입니다. 사교육은 공교육 교사와 학생의 신뢰 관계를 깨뜨립니다. 셋째, 사교육은 사회 경제적 영향에도 부정적입니다. 사교육 비용의 증가로 '부모의 고학력 => 부모의 고소득 => 높은 교육비 지출 => 자녀의 고학력 => 자녀의 고소득'으로 이어지는 연결고리가 고착되는 측면이 있습니다. 심각한 사회적 병리 현상입니다. 넷째, 사교육은 신체적 정서적 영향에도 부정적입니다. 방과 후 취미와 운동 등 여가 활동을 해야 하는 시기에 주당 50시간이나 사교육에 내몰리고 있으니, 정서적 신체적 발전에 심각한 결핍이 나타납니다. 다섯째, 사교육은 신앙적 영향에도 부정적입니다. 사교육을 위해 주일 예배에 참석하지 않는 것도 문제이지만, 근본적으로 사교육을 하는 이유가 세속적 염려와 인간적 욕심에 근거한다는 점이 신앙에 큰 마이너스 요인으로 작용합니다. 그리고 주변 사람이 하니까, 불안해서 그 압력을 이겨내지 못하는 것입니다.

문제는 그리스도인도 이런 부정적 결과에 대한 걱정을 알면서도 이 세계에서 빠져나오지 못한다는 것입니다.

교육 주체의 변화

한국 사회가 심각한 경쟁 사회가 된 것은 누구 탓일까? 부모일까? 교사일까? 학생일까? 아니면 국가일까? 답을 찾기 쉽지 않을 것 같습니다. 부모는 교사 탓, 교사는 부모 탓을 하려 합니다. 부모와 교사는 시민으로 국가 정부

정책 탓을 하려 합니다. 국가는 정치적 입장에 따라 서로 책임을 상대 정치 집단 탓을 하려 합니다. 과연 교육의 책임은 누가 져야 하며, 이 문제를 어디에서부터 풀어갈 수 있을까요?

성경은 이 점에서 어떤 지침을 우리에게 제공할 수 있을까요? 이 글은 기독교가 교육에 대한 기본적 입장이 무엇인지 정리하고 그 대안을 제시하고자 합니다.

인류 최초의 교육은 가정에서 시작되었습니다. 가정의 기능은 좀 더 넓은 사회단체로 분화되었습니다. 씨족, 부족, 국가 사회로 발달해 가면서 교육의 세분화와 전문화가 진행되었습니다. 교육의 전문가가 생겨나고 사회나 국가 형태가 교육을 떠맡는 방향으로 발전했습니다.

고대 이스라엘도 가정 중심으로 자녀를 교육했습니다. 바빌론 포로 이후에는 회당 중심의 교육이 추가 되었지만, 가정의 기능이 사라진 것은 아닙니다. 신약시대 배경이 되는 그리스-로마 세계에는 삶의 형태가 좀 더 복잡하게 전개되면서 전문 가정교사('후견인', '몽학선생' 또는 '초등교사')가 있었습니다(갈 4:2). 물론 소규모의 공동체 같은 곳에서도 교육이 이루어졌지만, 전문적 형태의 대중 교육기관은 없었습니다. 중세 교육은 주로 교회와 수도원을 통해 이루어졌습니다. 물론 일부에게 국한된 형태였습니다. 르네상스와 종교개혁 이후는 전문 교육기관인 대학이 생겨나기 시작했습니다. 교육의 기회가 확장되고 전문성도 강화되었습니다. 근대에는 계몽주의의 등장으로 교육의 기회균등이 더욱 요구되었습니다. 마침내 1850년대부터 미국을 중심으로 공교육Public Education 운동이 시작되고, 대부분의 서구 국가에 이 제도를 도입했습니다. 이 공교육 물결은 이제 세계적 현상이 되었고, 지금은 보편적으로 받아들이고 있습니다. 이렇게 교육은 '가정'과 '부모'에서 '학교'와 '교사'에게로 이동했습니다. 이런 변화는 170여 년 전에 시작되어 오늘에 이르고 있으니, 그리 오래되지 않았습니다.

지금 교육 패러다임은 교육의 역할을 가정과 부모에게서 전문가(교회, 학교, 기관)에게로 넘겨버린 모양입니다. 교육에서 가정의 역할은 거의 사라졌다고 해도 과언이 아닙니다. 이제 가정과 부모는 단순 의식주衣食住 문제를 책임지는 존재로 전락한 것입니다. 이런 현실에서 가정과 부모의 역할은 무엇일까요? 기독교인은 이 변화를 그대로 받아들여도 되는 것일까? 그렇지 않다면, 어떤 대안을 제시할 수 있을까요?

종교개혁이 준 교육개혁

가정의 문제는 종교개혁 시대에도 오늘과 별반 다르지 않았습니다. 중세에 가정은 그리 중요하지 않았습니다. 구약의 이스라엘 교회와 신약의 초대교회에서 '가정 중심'Household centered의 교육은 중세에 '교회 중심'Church centered으로 바뀌었습니다. 교회에서 온 가족이 함께 앉아 예배하지 않고, 세대별로 떨어져 앉아 예배했습니다. 부모는 자녀에게 영적 제사장과 왕, 선지자로서의 역할을 하지 않아도 되었습니다. 교육은 부모가 아니라, 사제의 전유물이었습니다. 교육은 교회나 수도원에서 이루어졌습니다.

더구나 중세 로마교회는 성직 독신주의를 채택했습니다. 가정을 이루는 삶은 독신보다 못한 삶이라 가르쳤습니다. 중세에 똑똑한 남자는 수도원에 들어가 수도승이 되거나 사제의 길을 택했습니다. 여자가 출세하고 성공할 수 있는 길은 수녀가 되는 것이었습니다. 그들은 평생 결혼하지 않고 독신으로 살아야 했습니다.

종교개혁은 잘못된 전통으로부터 교리와 정치를 개혁했을 뿐만 아니라, 그것에 기반한 삶까지도 개혁했습니다. 그 결과 중세 시대 천대받던 가정을 삶의 중요한 영역으로 회복시켰습니다. 종교 개혁가들은 대부분 혼인하여 가정을 이루고 자녀를 낳았습니다. 오늘날 개신교 목사가 혼인해 가정을 이룰 수 있는 것은 종교개혁의 소중한 유산입니다. 당시 성직자가 혼인해 가정을 이루는 것은 불교의 파계승과 같은 것으로, 중세 말기 교회와 사회에 던진 충격은 아주 컸습니다. 종교 개혁가들이 혼인하여 가정의 소중함과 중요성을 일깨웠습니다.

종교 개혁가들의 신앙을 이어받은 교회는 가정에서 이뤄지는 교육을 되찾아 실행하기 시작했습니다. 그 대표적인 것이 '가정예배'였습니다. 종교개혁신앙을 따르는 그리스도인 가정은 매일 아버지의 인도로 가정예배를 했습니다. 복음을 가정예배에서 가르치고 신앙을 훈련한 것입니다. 장로교회는 이를 웨스트민스터 표준문서(신앙고백서 21장 6절)에 분명하게 명시했습니다. 스코틀랜드 장로교 총회는 1647년 웨스트민스터 표준문서를 공식적으로 채택하면서 '가정예배 지침서'(A Directory of the Family Worship)도 받아들였습니다. 당시 가정에서의 교육이 얼마나 중요한지 보여준 것입니다. 스코틀랜드 장로교회가 교회적으로 가정예배를 공적으로 권장하고 강조한 것은 유래가 없습니다. 당시 장로와 목사가 심방을 통해 가정예배를 권면했습니다. 만일 가정예배를 하지 않으면 엄중한 경고와 권징을 시행했을 정도였습니다. 이런 귀한 전통은 미국 장로교회로 이어졌습니다. 초기 미국으로 이동한 청교도는 가정예배의 소중함을 알고 실천에 옮겼습니다. 가정예배는 일상에서 사는 동안 신앙을 보존하고 지켜주며, 자녀를 신앙으로 교육하고 훈육하는 귀한 시간이었습니다. 하지만, 18-19세기 대각성운동과 주일학교의 부흥으로 가정예배는 점점 쇠퇴하였습니다. 한국에 복음을 전해 준 선교사들은 이런 아름다운 가정예배의 전통을 잘 전하지 못했습니다.

대륙의 개신교회인 네덜란드 개혁교회에도 이런 전통을 가지고 있었습니다. 하루에 세 번 성경을 읽고, 찬송하고 기도합니다. 특징은 식후에 한다는 것입니다. 스코틀랜드 장로교회는 하루 두 번 가정예배를 하는데, 식전에 한다는 특징이 있습니다.

· 가정예배 ·

유럽의 기독교는 이미 노령화되었고 아름다운 고딕양식의 교회는 관광지로 전락한 지 오랩니다. 이런 대체적인 쇠락 분위기 속에서 독보적으로 성장하는 교회가 있습니다. 매주 새 생명이 태어나고 이 언약의 자녀를 위한 유아세례가 매주 있으며, 할아버지부터 손자까지 3대가 나란히 앉아 예배드리는 광경을 흔히 볼 수 있는 교회, 바로 네덜란드 개혁교회입니다. 필자는 1994년부터 2001년까지 네덜란드 중세 도시 캄펀(Kampen)이라는 작은 도시에서 유학했습니다. 출석했던 개혁교회는 늘어나는 교인으로 인해 새 교회 건물을 지어 두 개의 교회로 분립했습니다. 교회는 이미 죽었다고 말하는 유럽 한복판에서 일어난 일입니다. 그 교회에는 주일학교도 없고, 새벽기도, 수요기도, 금요기도회도 없습니다. 그런데도 수백 년 교회역사를 거치면서 교회에 젊은 세대가 여전히 가득한 원동력은 무엇일까요? 세계에서 가장 자유롭고 관용적인 나라. 동성애도 마약도 안락사도 인간의 권리라는 이름으로 다 허용하는 나라에서 수백 년 동안 믿음의 순수성을 유지하며 성장할 수 있는 저력은 어디에서 오는 것일까요? 정말 궁금했습니다.

그 궁금증의 답을 필자는 '가정예배'에서 찾았습니다. 개혁교회 성도들은 매일 하루 세 번 가정예배를 드립니다. 이 가정예배를 통해 온 가족이 하나님을 경배하며 자녀에게 신앙교육을 합니다. 가정에서 신앙의 기초를 배운 자녀들은 세대를 이어 교회를 지켜가고 있습니다. '가정예배' 전통은 초대교회부터 있었습니다. 교회 역사를 보면 '가정예배' 전통이 약해졌을 때 교회의 기초가 흔들렸고 다음 세대에는 필연적으로 교회가 쇠퇴했습니다.

현재 한국 교회에는 매일 가정예배를 드리는 가정이 적습니다. 이대로 간다면 다음 세대에 우리 교회도 유럽의 죽은 교회처럼 되지 않으리라는 보장이 없습니다. 이 시점에서 각 기독 가정을 살리고 다음 세대를 구원하여 한국 교회를 회복시킬 방법은 무엇일까요? 나는 가정예배가 한국 교회를 살릴 답이라고 확신합니다. 자녀들은 공부에 찌들어 있고 아버지는 회사 일로 시달리며 고통 속에 허덕이고 있습니다. 가정이 함께 모여 식사하거나, 얘기할 시간도 없습니다. 영적으로 피폐한 삶을 살아가고 있습니다. 가정예배를 통해 가정에 생명을 불어넣고 싶습니다.

가정예배는 어쩌면 잃어버린 보물과 같습니다. 교회 역사에서 가정예배는 중요한 역할을 해 왔지만, 현대에 들어와서는 점차 사라지고 있습니다. 한국 교회도 가정예배를 강조하지 않고 있으며, 실제로 가정예배를 드리는 가정은 극소수에 불과합니다.

가정예배가 중요한 이유가 무엇일까요?

첫째, 가정예배는 가족이 함께 하나님께 예배를 드리는 것입니다.

둘째, 가정예배는 자녀의 신앙교육에 가장 효과적인 방법입니다.

셋째, 가정예배는 가족의 유대감을 강화하고, 가정 전체가 복을 받는 길입니다.

그러면 가정예배를 통해 얻는 유익이 무엇일까요?

첫째, 자녀가 하나님의 말씀을 배우고, 하나님을 경외하는 마음을 키울 수 있습니다.

둘째, 가족이 서로의 신앙을 나누고, 기도와 찬양을 통해 하나가 될 수 있습니다.

셋째, 부모는 자녀의 신앙을 양육하는 책임을 다할 수 있습니다.

가정예배와 관련한 한국 교회의 과제는 무엇일까요?

한국 교회는 가정예배의 중요성을 인식하고, 가정예배의 회복을 위해 노력해야 합니다. 교회는 가정예배를 위한 교육과 훈련을 제공해야 합니다. 교회 지도자들은 가정예배를 적극적으로 권장하고 격려해야 합니다.

가정예배는 잃어버린 보물입니다. 한국 교회가 가정예배를 회복하고, 자녀들의 신앙교육에 힘쓰면, 한국 교회는 질적으로 성장할 수 있을 것입니다.

*좀 더 많은 정보를 원한다면 필자의 『콕 집어 알려주는 가정예배 가이드』(생명의말씀사, 2020)를 참고하십시오. 가정예배를 위한 실제적 도구로는 필자의 아내가 번역한 『두란노 이야기 성경』(두란노키즈, 2009), 필자가 쓴 『교리와 함께하는 3654가정예배』(세움북스, 2014)와 『소요리문답과 함께하는 365교리묵상』(이레서원, 2021)을 사용하면 좋습니다.

교육

오늘날 우리나라 기독교 가정의 상황은 중세의 가정의 상황과 비슷한 면이 있습니다. 요즘 신앙은 교회에서, 지식은 학교에서, 사회성은 친구에게서 배웁니다. 가정의 교육적 역할은 사라지고 있습니다.

첫째, 자녀는 교회학교에서 신앙을 배웁니다. 그러나 일주일에 한 시간 진행되는 교회학교 교육으로는 그들의 신앙을 바르게 세우기에 충분하지 않습니다. 아니 턱없이 모자란다. 만일 국어, 영어, 수학을 일주일에 한 시간씩만 공부한다고 생각해 보십시오. 분명 충분하지 않다고 항의할 것입니다. 교회학교로 충분하지 않습니다. 가정의 신앙교육적 기능을 회복해야 합니다.

둘째, 자녀는 학교에서 교과(언어, 역사, 사회, 과학, 생활, 예체능) 지식을 배웁니다. 일반은총에 근거한 하나님의 지식을 그리스도인도 배울 수 있습니다. 불신자가 발견한 자연의 이치와 과학적 발견을 얼마든지 감사하며 학습해도 됩니다. 인간이 발견한 지식과 과학 조차도 하나님의 것이기 때문입니다. 아무런 문제가 없습니다.

단지 그 지식이 하나님을 대적하는 데 사용하는 것이 문제이지요. 대체로 학교에서 배우는 내용은 진화론적 세계관에 근거합니다. 학교 교육을 충실하게 받으면, 진화론으로 무장하게 되고 결국 무신론자가 될 것입니다. 아이러니입니다. 그렇다고 그리스도인은 일반학교를 뛰쳐나와야 하는 것일까요? 그렇지는 않습니다. 부모가 그런 점을 성경과 신앙으로 잘 지도하면 됩니다. 언약의 자녀는 성경적 세계관으로 교과를 바라보도록 배워야 합니다. 하나님의 창조 세계에 숨어 있는 하나님의 영광을 찬양하도록 하는 부모의 굳건한 지도가 필요합니다.

셋째, 자녀는 친구 또는 또래 집단을 통해 사회성을 배웁니다. 그러나 이렇게 배우는 사회성에는 부정적 요소도 있습니다. 또래 집단에 유행하는 문화와 가치를 비판 없이 수용할 수 있습니다. 특히 오늘날 또래 집단은 스마트폰이나 게임 등을 통해 형성되는 경향이 많아서 더욱 주의를 요합니다.

이런 상황에서 교육에 관해 가정이 지닌 본연의 모습을 되찾을 필요가 절실합니다. 가정은 가장 기본적이고도 확실한 교육의 장이기 때문입니다. 하나님께서 주신 최초의 공동체이고, 최고의 공동체가 가정입니다. 가정이 제대로 서야 교회가 설 수 있고, 교회가 바르게 서야 사회와 국가에 희망이 있습니다. 사회가 복잡해지고 요구하는 것이 많아지면서 가정의 기능과 역할을 축소해 왔지만, 기독교인은 이런 흐름을 역류하는 배짱 있는 믿음이 필요합니다.

교육의 삼각관계 : 가정과 학교

복잡해진 현대 사회의 가정과 부모는 그 고유 역할을 상당 부분 학교와 교회, 그리고 사회에 넘겼습니다. 그렇다고 부모가 자녀의 교육에 대한 책임을 면제받을 수는 없습니다. 하나님은 부모에게 자녀의 교육을 맡기셨습니다. 그런데 부모는 자기 책임과 권리를 다른 기관에 양도하고 말았습니다. 그래서 학교는 부모 탓, 부모는 학교 탓만 합니다. 학교·교회·가정은 각각 자신의 역할과 경계가 있습니다. 다른 경계를 넘나들게 될 때 교육은 긴장이 생기고 왜곡이 생길 수밖에 없습니다. 교육 관련해 '가정·학교·교회'가 서로를 탓하며 긴장 관계 속에 있는 것을 '교육의 삼각관계'라고 합시다. 우리는 '교육의 삼각관계'를 어떻게 해결해야 할까요? 그 본질을 정리해 봅니다.

자녀를 학교에 보낸다 해도 자녀교육에 대한 부모의 책임이 중단되지 않습니다. 학교와 가정의 역할을 잘 이해해야 합니다. 학교에는 학교만의 고유한 역할이 있습니다. 학교는 가정의 연장선상이 아닙니다. 소위 '가정 같은 학교', '학교 같은 가정'이라는 구호는 어불성설입니다. 가정은 가정의 역할을, 학교는 학교의 역할을 잘 감당해야 합니다. 각자의 영역과 역할을 침범해서는 안 됩니다. 따라서 학교와 가정은 다른 영역과 역할을 침범하지 않은 채 조화를 이루어야 합니다. 우선순위로 보자면, 교과교육은 학교의 책임이고, 성품이나 인성 교육과 훈련은 가정의 책임입니다. 당연히 부모는 학교의 교육과정과 행사에도 관심을 기울입니다. 교육과정이 성경적 세계관에 입각해 있는지 살펴야 합니다. 그렇다고 부모가 학교와 교사의 영역을 침범해도 된다는 말은 아닙니다. 다만 부모는 학교에 자녀교육의 모든 것을 맡기고 '나 몰라'라 해서는 안 된다는 말입니다. 필요할 경우 학교의 교과과정과 수업을 모니터해서 학교 교육의 발전에 필요한 요구와 조언을 할 수 있습니다. 기독교인 부모는 자기 자녀만 챙기는 것이 아니라 모든 자녀에게서 하나님의 뜻이 이루어지도록 소망하며 자신의 역할을 다해야 합니다.

제대로 된 학교는 학생을 모집할 때 자녀교육에 대해 부모가 어떤 자세를 지녔는지 집중적으로 살핍니다. 즉, 부모가 자식을 학교에 맡겨버리고는 뒷짐을 지려고 하는지, 아니면 적극적으로 자녀교육에 관심을 가지려고 하는지를 살펴야 합니다. 학교를 통한 자녀교육의 성공 여부는 사실 부모의 교육을 향한 관심에 달렸습니다. 서구의 기독교 학교는 신앙에서만이 아니라 학문의 성취도에서도 좋은 결과를 낳고 있는데, 그들은 이러한 요인을 가정과 부모에게서 돌립니다. 즉, 자녀교육에 부모가 전인적 관심을 가지고, 가정이 정서적으로나 경제적으로 안정적일 때 자녀의 학업성취도가 높게 나옵니다.

학교는 교육의 궁극적 책임이 부모에게 있음을 인정해야 합니다. 학교가 가정의 역할까지 대체하려고 해서는 안 됩니다. 학교는 전문적 교과 교육을 위임받습니다. 학교는 가정에서 자녀교육을 책임져야 하는 부모의 역할을 돕는 곳입니다. 동시에 부모는 학교를 선택할 권리가 있습니다. 교육 철학과 가치가 성경적인지를 따져 보아야 합니다.

교육의 삼각관계 : 학교와 교회

학교는 가정이 아닐 뿐 아니라 교회도 아닙니다. 따라서 교회가 감당해야 할 것까지 학교가 감당하려고 해서는 안 됩니다. 예를 들어, 기독교 학교에서 채플chapel이나 경건회는 교회의 예배처럼 할 필요가 없습니다. 대한민국 교회에는 모든 교회 모임을 예배라고 하기에 혼란스러운 면이 있지만, 한국에서 행하는 종교 모임은 교회 예배와는 분명하게 구별되어야 합니다. 학교는 교육과정에서 우주에 대한 하나님의 창조와 계획, 섭리, 생명의 신비, 죄로 말미암은 인간의 비참, 그리고 그런 비참에서 구원하시는 예수님의 사랑과 성령님의 능력, 구원받은 사람들의 화해와 회복의 사역 등을 드러낼 수 있어야 합니다.

교회는 학교를 지배하려 해서는 안 됩니다. 교회가 학교 위에 군림할 수 없습니다. 그렇기에 비록 교회가 학교를 세우고 지원한다 하더라도, 가능한 그 경영은 부모나 전문 경영인에게 위임해야 합니다. 그렇지 않고 교회가 학교를 경영하고 조종하면 많은 문제가 발생하기 쉽습니다. 교회는 학교교육에 전문가가 아니기 때문입니다. 교회는 다만 성도에게 '자녀는 부모의 소유물이 아니라 하나님의 자녀다'는 것을 가르치고, 자녀의 교육에 적극적이고 지속적인 책임을 지도록 권면하거나, 나아가 좋은 교육을 위해 기독교 학교를 세우고 그런 학교에 자녀를 보내도록 권면할 수 있을 뿐입니다. 교회의 본질적 사명은 은혜의 방편인 말씀을 가지고 하나님 나라를 전파하는 것이기 때문입니다.

반면 학교의 역할은 교회에서 선포된 말씀이 구체적인 삶의 현장에서 하나님 나라로 적용되도록 가르치는 것입니다.

· 기독교 학교 ·

한국은 기독교 학교에 관한 이해가 부족합니다. 교회의 관심은 온통 선교에 가 있습니다. 어떤 교회는 사회복지 영역으로 관심을 넓힙니다. 교회가 가정과 기독교 학교에 관심을 두는 경우는 드뭅니다. 이는 선교적 목적으로 세워진 미션 스쿨의 역사가 탄탄했기 때문으로 보입니다. 혹은 '교회와 세상', '복음과 세속'이라는 이원론 사상과 삶 때문인지도 모르겠습니다.

이제 한국 교회도 기독교 학교를 통한 자녀교육에 관심을 쏟아야 할 때입니다. 필자가 말하는 '기독교 학교'는 미션스쿨 개념과 다릅니다. 미션스쿨이 전도를 위한 것이라면, 기독교 학교는 언약의 자손을 교육하는 것입니다.

많은 그리스도인 부모는 언약의 자녀를 일반학교에 보냅니다. 일반학교는 무신론적 세계관으로 교육합니다. 그렇기에 교회는 그런 위험을 일깨우고 기독교 학교의 필요성을 성도들에게 가르쳐야 합니다. 기독교 교육에 관심 있는 전문가를 모아 학교를 준비하도록 권면하고 도울 수 있습니다. 교육철학을 정리하고 구체적 계획안을 만들도록 지원할 수 있습니다. 나아가 교회는 학교 건물을 세울 수 있도록 재정적으로 도와야 합니다. 교회는 교육관을 가지고 있습니다. 교육관은 주중에 사용되지 않기 때문에 학교의 교실로 사용될 수 있는 좋은 조건을 갖추고 있습니다. 교육관을 이용해 기독교 학교를 시작할 수 있습니다. 물론 좀 더 경제적 여유가 있는 교회는 학교의 교정을 새로 조성할 수도 있습니다.

설령 교회가 기독교 학교를 세운다 해도, 교회와 학교와의 관계는 분명해야 합니다. 즉, 교회는 학교가 아니고 학교 역시 교회가 아닙니다. 이를 무시한 채 교회가 학교를 세웠다고 해서 학교의 경영까지 좌지우지한다면, 학교는 물론이거니와 교회조차 그 본래의 기능을 벗어나게 됩니다. 다른 영역도 마찬가지입니다. 예를 들어 병원, 복지, 교육, 사회사업 등의 영역들이 잘되지 않는다고 해서 무턱대고 교회가 그것을 떠맡아 경영해서는 안 됩니다. 교회는 복음을 보존하고 전파하는 곳입니다. 그런 일은 목사가 아니라, 성도가 기독교 세계관을 가지고 해야 할 일입니다. 기독교 학교 역시 비록 교회가 뜻이 있어 학교를 세웠다 하더라도, 그 경영만큼은 평신도인 교육 전문가들에게 맡겨야 합니다.

*좀 더 깊이 있는 연구를 위해서는 필자의 책, 『기독교 학교 이야기』(개정판 SFC, 2020)를 참고하십시오.

교육의 삼각관계 : 교회와 가정

교회는 언약의 자녀에게 기독교 교리를 가르치는 일을 게을리해서는 안 됩니다. 현재 우리나라 교회는 교회학교를 운영하며 자녀에게 신앙을 교육합니다. 그러나 일주일에 한 시간 교육하는 것으로는 너무나 부족합니다.

보다 적극적 교육이 필요합니다. 이를 위해 교회는 주중이나 주말(특히 토요일)에 정기적 성경공부나 훈련 프로그램을 개설하면 좋습니다. 그래야만 자녀를 신앙으로 제대로 양육할 수 있습니다. 물론 이미 뜻있는 몇몇 교회는 이런 과정을 개설하여 다음 세대에게 교육을 합니다. 그러나 아쉽게도 오늘날 교회는 과거에 비해 교육에 무관심합니다. 그보다 교회는 사회 변화에 쉽게 동화되어 세상에 많은 것을 양보합니다. 편의와 효율을 강조하면서 좋은 전통들을 폐기해 버립니다. 이는 결국 부메랑이 되어 교회의 약화를 초래하고, 그 결과가 다음 세대에 나타납니다.

한편, 교회는 부모에게 가정에서 자녀를 신앙으로 교육하고 양육할 것을 부지런히 권면해야 합니다. 부모가 자녀교육에 무관심하면, 교회에서 아무리 가르쳐도 소용이 없기 때문입니다. 가정과 교회가 일체가 되어 자녀들의 교육에 매진하지 않으면, 교회와 하나님 나라의 미래는 어두울 수밖에 없습니다.

· 기독교 홈스쿨링 ·

홈스쿨링은 부모가 자녀를 집에서 직접 교육하는 방식인데, 아주 오래된 교육방식입니다. 기독교 홈스쿨링은 기독교적 세계관과 가치관으로 자녀교육을 책임집니다.

1850년 미국에서 공교육이 도입되면서 집에서 교육하던 개념이 사라지기 시작했습니다. 공교육 개념은 온 세계로 퍼져나가 지금은 보편적 교육 형태가 되었습니다. 그에 비해 홈스쿨링은 아주 극 소수만 참여하고 있을 뿐입니다. 기독교 교육도 과거 홈스쿨링이 일반적이고 기본적인 교육 방식이었지만, 19세기 중엽 이후부터 기독교 교육의 위기가 닥쳐왔습니다. 학교에서의 기독교적 교육과 가치는 점차 사라졌습니다. 결국 기독교 학교가 등장하기 시작했고, 대안교육으로서 홈스쿨링이 생겨났습니다.

한국에는 2000년 어간부터 홈스쿨링이 생겨나기 시작했습니다. 이는 부모의 공교육에 대한 불신이 커진 데 따른 것입니다. 미션스쿨과 구별되는 기독교 학교의 등장도 이 시기였습니다.

기독교 홈스쿨링의 정체성은 몇 가지로 정리하면 다음과 같습니다. 첫째, 신앙교육을 위한 결단에서 출발합니다. 기독교 홈스쿨러는 자녀가 하나님을 경외하고 그분의 뜻을 따라 살아갈 수 있도록 하기 위해 가정에서 부모가 교육합니다. 둘째, 자녀의 전인적 성장을 도모합니다. 기독교 홈스쿨링은 자녀의 지적 성장뿐만 아니라, 인성, 감성, 신체, 영성 등 전인적 성장을 위한 교육을 지향합니다. 셋째, 홈스쿨링은 부모와 자녀의 관계 형성을 중요하게 여깁니다. 그렇습니다. 기독교 홈스쿨링은 부모와 자녀가 함께 생활하면서 서로를 이해하고 사랑하는 관계를 형성하는 훈련을 합니다.

홈스쿨링의 장점은 다음과 같습니다. 첫째, 자녀와 부모의 유대감 강화입니다. 둘째, 개별 맞춤형 교육을 할 수 있습니다. 셋째, 기독교적 가치 함양을 증진할 수 있습니다.

홈스쿨링의 딜레마와 과제는 무엇일까요? 첫째, 부모의 책임이 크다는 점입니다. 다른 말로는 부모의 헌신이 요구된다는 것입니다. 둘째, 사회적 관계 형성에 어려움이 있습니다. 학교라는 사회에서 일찍 경험할 수 있는 인간관계와 사회적 삶을 놓칠 수 있겠습니다. 하지만, 아직 성인이 되지 않은 아이에게 거친 환경에 노출하는 것이 긍정적일까요? 못자리 효과처럼 아이를 성인이 될 때까지 보호하고 지켜주는 것이 필요하다는 관점에서 사회성의 문제를 홈스쿨링의 단점으로 보기는 어렵습니다. 사회성에는 긍정적인 것도 있지만, 부정적인 것도 있기 때문입니다.

홈스쿨링은 부모가 자녀에게 더 많은 시간을 투자하고, 기독교적 가치를 함양하고 싶을 때 좋은 선택이 될 수 있습니다.

홈스쿨링은 부모의 헌신과 노력이 필요한 일입니다. 부모는 자녀의 교육을 위해 충분한 시간을 투자하고, 기독교적 가치를 바탕으로 자녀를 양육합니다. 또한, 사회적 관계 형성을 위해 다양한 활동을 통해 자녀에게 기회를 제공합니다.

기독교 홈스쿨링의 미래는 밝습니다. 한국 사회가 점점 더 복잡해지고 다양해지면서 기독교적 가치관을 바탕으로 한 교육에 대한 요구가 높아지고 있기 때문입니다. 또한, 기독교 홈스쿨에 대한 정보와 지원이 확대되면서 기독교 홈스쿨을 하는 가정들이 더욱 늘어날 것으로 예상됩니다.

교회와 성도는 '가정 · 학교 · 교회'가 삼위일체로써 교육을 통해 하나님 나라가 속히 임하기를 소망해야 합니다. 만일 어느 한 기관이라도 소홀히 하게 된다면, 자녀에게서 교육의 효과는 반감될 것입니다. 하나님께서 명령하신 교육의 사명은 아무리 강조해도 지나치지 않습니다.

가정, 교육의 시작

자녀는 신앙과 성품, 예절, 상식, 그리고 살아가는 데 필요한 지식과 습관 등을 가장 먼저 가정에서 부모로부터 배웁니다. 이런 것은 학교가 줄 수 없고 책임질 수도 없습니다. 부모는 학교가 이런 성품과 예절 교육까지 해 주기를 기대하거나 요구해서는 안 됩니다.

종종 자녀가 학교에 적응하지 못하면, 다른 학교를 찾습니다. 심지어 대안학교라도 보내어 자녀를 고쳐보려 합니다. 부모가 해야 할 일은 다른 전문기관에 맡기려는 경향이 있습니다. 돈으로 자녀의 인성과 품성을 훈련하려 합니다.

하지만, 인성과 품성, 특히 신앙 훈련은 가정이 가장 잘할 수 있습니다.

부모가 솔선수범하는 모델이 될 때 지속적이고 일관성 있는 훈육이 가능합니다. 자녀는 부모의 인성 훈련의 영향에 절대 의존적입니다. 교육은 지적 습득 이전에 삶을 통한 배움입니다. 자녀는 가정에서 자연스레 많은 것을 보고 배웁니다. 특히 수치로 계산하기 어려운 신앙과 인성은 더욱더 그렇습니다. 부모가 가정에서 자녀교육에 적극적일 때에 더 나은 열매를 기대할 수 있습니다.

지식 교육은 학교, 신앙 교육은 교회, 인성 교육은 기숙사, 사회성 교육은 또래 집단에 맡겨진 시대입니다. 교육의 본질을 붙잡지 않으면 그 책임과 한계와 능력이 헷갈릴 수 있습니다. 교육은 가장 먼저 가정에서 시작됩니다. 크면서 어느 정도의 지식 교육을 학교가 위임받을 수 있습니다. 그렇다고 부모의 교육적 책임이 없어지지 않습니다. 부모는 일반 학교에 보낼 것인지, 아니면 대안 기독교 학교에 보낼 것인지 고민할 수 있습니다. 그것이 부모의 책임이기 때문입니다. 신앙 교육도 마찬가지입니다. 이때 부모는 기독교 홈스쿨링을 선택할 수도 있습니다. 교회가 자녀의 신앙 교육을 다 책임질 수 없습니다. 가정이 일차적 책임을 져야 합니다. 여기에 가정예배의 중요성이 떠오릅니다.

1. 한국에 살면서 교육과 관련해 문제라고 생각하는 것이 무엇인지 말해 봅시다.

2. 공교육과 사교육의 문제는 무엇인가요? 그 해결책은 무엇일까요? 한 가지 제안해 봅시다.

3. 교육의 영역 학교, 교회, 사회(국가), 가정 가운데 어느 기관이 가장 중요하다고 하십니까? 그 이유는 무엇인가요?

4. 당신은 가정예배의 경험이 있습니까? 가정예배의 유익은 무엇이며, 어려운 점은 무엇인가요?

5. 미션스쿨과 다른 기독교 학교의 가능성에 대해 자신의 의견을 말해 보십시오.

6. 기독교 홈스쿨링의 의미는 무엇일까요? 가정을 교육의 가장 중요한 기관으로 본다면, 홈스쿨링을 어떻게 볼 수 있을까요?

3부

사회와
문화

바디 프로필^{Body Profile}: 몸의 아름다움

이충만(고려신학대학원 교수)

바디 프로필Body Profile

모바일 기기 사용이 보편화된 오늘 2030세대의 젊은이들뿐만 아니라 거의 모든 세대의 사람들이 다양한 소셜 네트워크 서비스SNS를 이용하여 소통합니다. 자신이 지금 어디에서 무엇을 하는지를 사진을 찍거나 짧은 동영상을 촬영하고 SNS에 올려 지인들에게 알립니다. 또한 지인들의 계정을 자유롭게 방문하여, 거기에 올려진 사진이나 동영상을 통해 지인들의 즐거운 추억도 실시간 공유합니다. 이런 SNS 세상에서 자기 자신이 누구인지를 잘 보여주도록 '프사'(프로필 사진의 줄임말)를 '힙' 하게 찍어 올리는 것은 당연히 중요한 일입니다. '프사'만 봐도 그 사람의 SNS 지수를 알 수 있습니다.

'프사'와 함께 최근에는 또 다른 프로필 사진이 유행입니다. '바프', 즉 '바디 프로필'body profile입니다. 말 그대로 자기 몸을 프로필로서 촬영하는 것입니다. 이것은 원래 전문 보디빌더나 웨이트 트레이닝 전문가들이 자기 몸을 증명하고 선전하기 위해 사용되었던 것이라고 합니다. 혹은 연예인과 스포

츠 스타들의 전유물이기도 하였습니다. 하지만 2~3년 전부터 일반인 사이에 바디 프로필의 인기가 대단합니다. 특히 '아름다운' 몸을 가꾸고 사진으로 남기고 싶거나 다양한 매체를 통해 보여주고 싶은 욕구가 강한 2030세대의 젊은이들에게 유행입니다. 인스타그램Instagram에서 '#바디프로필'을 검색하면 적어도 480만 개 이상의 게시물을 볼 수 있습니다.

　'바프'를 위해서는 큰 비용이 듭니다. 무엇보다 금전적으로 그렇습니다. 인터넷의 검색엔진에서 '바디 프로필'을 검색하면 비용을 쉽게 알 수 있습니다. 최근에는 모바일 기기와 사진 애플리케이션의 발전으로 개인이 증명사진을 손쉽게 촬영하고 편집 혹은 보정할 수 있지만, 여전히 사람들은 중요한 증명사진을 찍어야 할 때 사진 전문가의 도움을 받습니다. 마찬가지로 잘 가꾼 몸의 아름다움을 제대로 사진에 담아내기 위해서는 사진 전문가의 손길이 필요합니다. 이 비용은 기본적으로 40만 원 이상입니다. 하지만 이 비용이 전부일 것으로 생각하면 큰 착각입니다. 이 가격은 바디 프로필을 남기고 싶은 사람이 최상의 몸을 만든 후에 스튜디오를 찾아왔다는 것을 전제합니다. 만약 자기 몸이 아직은 적합한 '핏'이 아니라고 판단한다면, 가격은 올라갑니다. 개인 헬스 트레이너의 'PT'personal training(개인 훈련)를 받아야 합니다. 단단한 근육뿐만 아니라 몸 전체의 아름다운 균형을 원한다면 필라테스도 수강해야 할 것입니다. 맨살을 보여줘야 하기에 피부 관리도 기본입니다. 체모가 많다면 깔끔한 사진을 위해 제모의 한 방식인 '왁싱'도 받아야 합니다. 몸의 아름다움을 고스란히 담기 위해서는 어느 정도의 전신 메이크업도 필요합니다. 피부색도 보다 매력적인 '톤'으로 바꾸고 싶다면 태닝도 해야 합니다. 태닝은 근육의 선명도를 위해서는 필수적이라고 합니다. 사진을 찍기 위해 다양한 의상도 고민하지 않을 수 없습니다. 아무리 몸이 아름답다고 하더라도 그 몸 자체만을 여러 장 찍는 것은 지루하고 재미없습니다. 몸의 아름다움을 부각해 주면서도 사진에 재미를 더하는 의상 콘셉트가 필요합니다. 이 모든 것들을 포함한다면 자기 몸을 사진으로 남기기 위해서는 수백만 원을 지출해야 합니다.

금전적 비용뿐만 아니라 시간과 에너지 비용도 만만치 않습니다. 몸의 모양새를 아름답게 만드는 것은 시간과 노력이 필요합니다. 비만 혹은 과체중인 사람은 먼저 체중을 줄이기 위해 다이어트를 해야 합니다. 다이어트를 한 번이라는 시도해 본 사람은 체중 감량을 위해 얼마나 많은 노력과 시간이 필요한지를 알 것입니다. 단지 체중을 줄일 뿐만 아니라 아름다운 근육을 만들기 위해 노력해야 합니다. 꾸준한 운동이 필요한 것은 당연하고, 식단을 조절하는 노력도 필요합니다. 웬만한 인내가 아니고서는 사진으로 남겨 많은 사람에게 보이며 자랑할 만한 근육을 만들 수 없습니다. 웬만한 정신력이 아니고서는 먹고 싶고 마시고 싶은 것을 짧게는 몇 달, 길게는 몇 년간 억제하면서 식단을 조절하기 힘듭니다. 이렇게 하는 동안 '유혹'이 얼마나 많겠습니까? 바디 프로필로 '인생샷'을 만들고자 한다면, 이 모든 것을 감내해야 합니다.

그렇다면 질문이 생깁니다. 이러한 큰 비용을 지출해야 하는 바디 프로필을 2030세대는 왜 남기고 싶어 하는 것일까요? 흥미로운 것은 바디 프로필의 인기가 COVID-19 팬데믹pandemic 시기에 급상승했다는 점입니다. 경험해 본 적 없는 바이러스의 공포로 인해 경제가 어렵고 사회 전반이 불안하던 시기에 바디 프로필이 2030세대에 큰 인기를 얻었습니다. 왜 팬데믹에도 불구하고 바디 프로필이 젊은이들에게 유행했을까요? 신문 지상에는 여러 가지 분석이 있는 것으로 보입니다. 바디 프로필 촬영은 젊은이들이 팬데믹으로 인한 불안과 불투명한 미래에 대한 막연한 염려를 아름다운 몸을 만들었다는 성취감으로 돌파하려는 현실적이고 구체적인 대안이었다는 분석이 있습니다. 혹은 팬데믹으로 해외여행 등 다른 여가 활동이 녹록지 않은 상황에서 건강에 대한 염려는 커졌기에 몸을 건강하게 가꾸는 것에 집중하게 되었다는 분석도 있습니다.

　이런 분석이 한편으로 타당해 보이지만 젊은이들이 자기 몸을 사랑하고 그것의 아름다움을 드러내기 위해 다양한 비용을 아끼지 않는 것을 충분히 설명하지 못합니다. 왜냐하면 미래에 대한 불안감을 현재의 성취로 달래는 방법은 굳이 '몸'을 가꾸는 것이 아닌 다른 방식이 존재할 수 있기 때문입니다. 또한, 바이러스에 의한 팬데믹 상황에서 몸을 건강하게 만들기 위해 적당한 운동을 꾸준히 하는 것과 몸을 아름답게 가꾸어 그것을 사진으로 남기고 더 나아가 사람들에게 몸의 아름다움을 표현하고 표출하는 것은 별개이기 때문입니다. 몸을 아름답게 만드는 것은 몸을 건강하게 만드는 것과는 다른 목표이며, 더욱이 몸의 아름다움을 SNS로 표현하는 것은 몸을 건강하게 만드는 것과도 다릅니다. 바디 프로필은 소소한 자기 성취 욕구 혹은 몸의 건강에 대한 관심의 증가라는 분석으로 이해하기 어렵습니다.

몸에 대한 사랑과 표현의 욕구

　바디 프로필의 인기를 이해하기 위해서는 두 가지 요소를 고려해야 할 것으로 보입니다. 첫째, 몸 자체에 대한 사랑입니다. 바디 프로필을 찍는 것은 단순히 건강에 대한 관심이 아닌 것으로 보입니다. 대체로 사람들은 건강이라는 목적을 위해 몸을 건강한 상태로 만들고자 노력합니다. 사람들은 신진대사를 더욱 원활하게 하고, 몸의 모든 기능이 잘 작동하게 하여 건강을 유지하기 위해 좋은 식단을 유지하고 적당한 운동을 합니다. 그러나 바디 프로필은 건강 회복 혹은 유지라는 외부의 목적이나 목표와 무관하게 몸 자체의 아름다움을 목적으로 삼습니다.

　둘째, 바디 프로필은 몸의 아름다움을 '표현'하고 '표출'하고자 하는 욕구와 관련됩니다. 아름다운 몸을 만드는 이유는 단순히 건강 증진과 목표 달성이 주는 성취감 때문이 아닙니다. 만약 이러하다면 바디 프로필이 SNS에서 이리 큰 인기를 얻지 못할 것입니다. 아름다운 몸을 표현하고 표출하여 타인에게 '보여주기' 위해 바디 프로필을 찍습니다. 몸 자체에 대한 사랑과 몸의 아름다움을 표현하고자 하는 욕구를 모두 고려할 때 바디 프로필의 인기는 이해될 수 있습니다.

이렇게 현재의 현상을 이해하게 되면, 바디 프로필의 인기가 현대 문화의 두 가지 측면과 밀접하게 맞물려 있음을 발견하게 됩니다. 그것은 몸의 가치에 대한 중요성과 개인의 진정성authenticity에 대한 표현의 욕구입니다.

먼저 몸의 가치와 중요성에 대한 강조입니다. 몸의 가치의 발견은 오늘날의 문화를 이해하는 데 핵심적입니다. 몸의 가치에 대한 강조는 개인 차원의 기호 이상의 것이며, 몸의 가치를 공적으로 진지하게 논의한 것은 근래의 발전이라 하겠습니다. 이에 대한 간략한 설명은 철학자인 르네 데카르트1596~1650, René Descartes로부터 시작해야 합니다.

르네 데카르트는 소위 '근대'라고 규정할 수 있는 사상과 문화의 발전에 선봉에 선 철학자였습니다. 그는 몸과 영혼을 독립적인 원리가 지배하는 각기 다른 실체로 여겼습니다. 철학적으로 정의하자면 영혼은 사유하는 실체res cogitans이고 몸은 연장적인 실체res extensa입니다. 보다 쉽게 설명하자면, 영혼은 의지, 오성, 상상력과 판단력 등을 모두 포함하는 사유 작용이고, 몸은 일정한 공간을 차지하는 물질입니다. 또 다른 표현으로 공간을 차지하는 물질인 몸은 분할될 수 있고, 영혼 혹은 정신은 분할되지 않습니다. 영혼과 몸은 확연히 구별되는 두 실체입니다.

하지만 이러한 데카르트식 이해는 많은 질문을 야기시킵니다. 인간은 구분되는 두 실체로 조립된 존재인가? 그렇다면 구별되는 영혼과 몸 중에 어느 것이 참된 인간인가? 몸 없이 영혼만 있어도 인간인가? 영혼 없이 몸만 있어도 인간인가? 내 영혼이 나 자신인가, 나의 몸이 나 자신인가? 영혼은 몸 어디에 있는가? 이러한 질문들과 함께 실질적으로 문제가 되는 것은 데카르트식 이해가 현실의 경험에 부합하지 않는다는 점입니다. 우리는 우리 자신이 누구인지를 인식할 때, 구별되는 두 실체인 영혼과 몸의 조립으로 이해하지 않습니다. 우리는 우리 자신을 지각할 때, 무엇이 영혼이며 무엇이 몸인지를 고심하지 않고 그저 전체로써 나 자신을 경험합니다. 나는 영혼만도 아니고 몸만도 아닙니다. 나는 날카로운 이분법으로 설명될 수 없고, 하나의 인격 전체로 경험됩니다.

데카르트도 현실적 경험을 무시하지 않았습니다. 그는 우리가 영혼과 몸을 날카롭게 구분하지 못하고 하나의 전체로 우리 자신을 경험한다는 것에 관심을 기울였습니다. 그는 영혼과 몸이 서로 다른 실체이지만, 하나의 전체로 경험될 수 있을 만큼 영혼이 몸과 연합할 수 있는 어떤 소질을 지녔다고 생각하였습니다. 비록 몸과 같은 육체성, 물질성을 영혼이 가지고 있는 것은 아니지만, 몸과 연합될 수 있을 정도로 영혼이 물질적이라고 봐야 한다는 모호한 견해가 데카르트의 주장이었습니다. 영혼은 몸과 다른 존재이지만, 인간의 진정한 통일성을 고려할 때, 영혼이 몸과 일종의 유사성을 지녀야 하며, 몸을 향한 경향이 있어야 하기에, 데카르트는 영혼을 '육체적'이라고도 불렀습니다. 그럼에도 불구하고, 데카르트는 영혼과 몸이 구분되는 두 실체이기에 각각 독립적으로 탐구 대상이 될 수 있음을 강조하였습니다. 영혼은 몸 없이 존재할 수 있고, 몸도 영혼 없이 존재할 수 있습니다. 둘 사이의 결합은 하나님께서 원하신 것이지만 우발적입니다. 몸과 영혼의 상호 관계는 부수적이고 임의적이지 영혼과 몸 그 자체에 필연적인 것은 아닙니다.

더욱이 데카르트는 영혼을 몸보다 우위에 두었습니다. "나는 생각한다, 고로 존재한다"cogito, ergo sum라는 유명한 데카르트의 주장이 이를 보여줍니다. 내가 존재하는 것은 생각, 곧 내가 사유하기 때문입니다. 사유는 영혼의 본질입니다. 인간의 인간 됨에 관해 몸은 영혼에 비해 부차적이며, 몸은 영혼 혹은 지성이 외부 사물 세계와 접촉하고 그것의 표상을 얻을 수 있도록 돕는 도구적 사물에 불과합니다. '나'는 몸이 아니라 영혼 혹은 지성이고, 몸은 '나', 곧 영혼 혹은 정신을 위한 도구입니다.

영혼과 몸에 대한 데카르트식 이원론적 이해는 후대의 사상가들에게 정당하게 비판받았습니다. 사상가들은 차츰 '나'라는 존재가 외부 세계로부터 단절되어 홀로 사유하며 존재하는 '순수'한 존재가 아님을 알아차리게 되었습니다. 나는 항상 내가 처한 환경 가운데 있습니다. 나는 내가 아닌 다른 것들을 향해 있으며, 내가 처한 환경으로부터 영향을 받고, 무엇인가를 생각하고, 무엇인가를 느끼며, 무엇인가를 바랍니다. 이 모든 '무엇인가'를 지향하고 또 영향을 받으며 존재하는 것이 나입니다. 이때 특히 몸이 중요합니다. 내가 생각하고 느끼며 바라는 무엇을 향해 존재하는 나는 무엇보다 몸으로 그 무엇인가를 보고, 느끼고, 만지고, 듣는 등 체험합니다. 조금 어려운 표현으로 '나'라는 존재는 '세계 안에 그리고 세계를 향한 존재'being in-and-to the World임을 깊이 고민하면서 현대의 사상가들은 세계 안에 그리고 세계를 향해 존재하는 구체적인 방식인 몸의 가치를 심사숙고하기 시작하였습니다. 몸이 없이는 '나'라는 존재는 내가 처한 세계 안에 살아갈 수 없습니다. 몸이 없이 나는 나의 세계를 경험할 수 없고, 이로써 세계를 지각하고 알 수 없습니다. 나의 모든 지각과 인식은 몸을 통한 것입니다. 몸을 통해 체현된 의식embodied consciousness이 나를 구성하기에 이제 나는 영혼 혹은 정신으로 환원될 수 없고, 오히려 몸이 나를 대표합니다. 몸은 보이는 '나'입니다.

이러한 몸의 가치와 중요성에 대한 발견에 개인의 진정성을 표현하고자 하는 욕구가 덧붙여집니다. 오늘을 소위 '진정성의 시대'Age of Authenticity라고 말합니다. 이 표현이 함의하는 바는 오늘의 문화에서는 나 자신의 진정한 정체성을 발견하고 그것을 표현하는 것이 중요하다는 깃입니다. 인간이 무엇이며, 어떻게 살아야 하는가에 대한 도덕적 윤리적 담론에 한 개인을 끼워 맞추는 시대는 지나갔습니다. 현대인들은 '나'라는 한 개인이 무엇을 원하고, 어떻게 살기를 원하는지를 진지하게 고민하고, 진정한 나를 다양한 방식으로 표현하고 표출하고자 합니다. 한 의류업체의 선전 문구인 'Just do it!'은 이런 문화를 대변한다고 하겠습니다. 이런 진정성의 시대에 몸은 가장 단순하면서도 직접적으로 진정한 자신을 표현하고 표출하는 방편이 됩니다. 몸을 가꾸는 것은 다만 건강이라는 전통적인 가치를 위한 것이 아닙니다. 몸은 이제 세계 안에서 그리고 세계를 향해 한 개인의 진정한 정체성을 표현하고 표출하는 가장 중요한 방편입니다. 몸이야말로 나의 진정성을 여과 없이 보여줄 수 있습니다. 몸의 아름다움은 진정한 나의 아름다움입니다.

그러므로 바디 프로필은 몸의 가치에 대한 발견과 몸의 아름다움을 통해 개인의 진정성을 표현하고자 하는 욕구가 합쳐진 다분히 현대적인 문화 현상이라 할 수 있겠습니다.

성경과 몸

그렇다면 바디 프로필을 그리스도인들은 어떻게 이해해야 할까요? 무엇보다 먼저, 몸에 대한 경시와 영혼에 대한 절대적 가치 부여는 성경적이지 않습니다. 이것은 인간 창조, 성자 하나님의 성육신, 그리고 인간의 구원에 대한 성경의 가르침을 통해 분명히 알 수 있습니다. 창조주 하나님은 '사람'을 창조하셨습니다(창 1:27). 성경의 창조 기사는 하나님께서 보시기에 심히 좋은(창 1:31) 온전한 '사람'을 창조하셨음을 말씀하시지, 마치 각각 독립적으로 존재할 수 있는 듯한 '영혼'과 '몸'을 따로 만드신 것으로 묘사하지 않습니다. 아담은 흙으로 만들어졌을 뿐만 아니라 동시에 생영입니다(창 2:7).

아담은 손과 발을 가진 몸이었고 동시에 살아있는 영혼이었습니다. 하나님께서 하나님의 형상대로 창조하시고 교제하시는 대상인 인간은 온전한 한 인격체라는 것이 성경의 가르침입니다.

그러기에 구원하시는 하나님께는 영혼만 혹은 몸만 중요하지 않고, 온전한 한 인간을 구원하십니다. 이를 위해 말씀인 성자 하나님은 인간의 영혼만을 취하신 것도, 혹은 몸만을 취하신 것도 아닙니다. 성경은 성자 하나님께서 구원자가 되시기 위해 '사람'이 되셨다고 가르칩니다(빌 2:7~8). 하나님은 친히 창조하신 것의 가치를 부정하지 않으십니다. 영혼도 몸도 하나님의 창조물이며, 인간 전체가 하나님의 창조물입니다. 하나님은 온전한 한 인간을 구원하시기 위해 '인간'이 되셨습니다.

몸에 대한 성경의 관심은 인간의 구원에 대한 가르침에서도 분명합니다. 성경의 가르침은 인간의 영혼만 구원받는 것이 아닙니다. 오히려 성경이 가르치는 구원의 핵심 가운데 몸의 부활이 있습니다. 그것도 우리의 몸이 그리스도의 영광스러운 몸과 같이 될 것임을 하나님의 말씀은 가르칩니다(빌 3:20~21). 흙에서 온 우리의 몸이 흙으로 돌아가는 것은 잠시입니다. 우리를 부활시키시는 하나님은 모태에서 우리를 조성하신 그 능력으로 이전의 몸을 그리스도의 영광스러운 몸으로 흙으로부터 부활시키실 것입니다. '몸이 다시 사는 것'을 고백하는 기독교 신앙에서 몸은 그리스도의 영광스러운 몸의 형체와 같아지는 영광을 영원히 누립니다. 몸은 영혼만큼 귀하고, 선하며, 아름답습니다.

몸의 아름다움에 대한 기독교 신앙: 하나님의 형상인 인간의 몸

하나님의 창조, 성육신, 구원 및 부활과 관련하여 성경은 몸의 가치와 아름다움을 가르칩니다. 이런 성경의 가르침에 기초하여 기독교 신앙은 '하나님의 형상'으로 창조된 인간 몸의 가치와 아름다움을 가르쳐 왔습니다.

성경으로부터 기독교 신앙의 기본적인 원리를 정립한 교부들은 창세기 1장 26~27절을 따라 인간을 하나님의 형상^{imago dei}이라고 정의하였습니다. 사람은 원형인 하나님을 닮아가는 모형^{imago}으로서 하나님을 닮아가는 존재로 창조된 것입니다. 그렇다면 하나님을 닮아간다는 것은 무엇을 의미할까요? 이 질문에 대해 교부들은 다양한 답을 제시하였는데, 그중에 하나님을 닮아가는 것은 하나님의 덕^{virtue}을 모방하는 것이라는 이해가 중요합니다(벧후 1:4). 모든 선한 것은 하나님께로부터 옵니다(약 1:17). 모든 덕은 선한 것으로써 선하신 하나님의 선물입니다. 덕을 행하는 것은 하나님께로부터 존재하는 덕에 참여함으로써 하나님을 닮아가는 방편입니다.

특히 그리스도께서 보이신 덕을 행하는 것이 중요합니다. 성육신하신 그리스도는 보이지 않는 하나님께서 인간이 되신 신비입니다(빌 2:7~8; 요 1:18). 인간이 되신 하나님께서 가르치시고 행하신 덕은 하나님께서 몸을 가진 인간이 모방할 수 있도록 가르치고 행하신 모범으로써 덕입니다. 그리스도께서 가르치신 팔복(마 5:1-12)이 대표적이며, 신약 성경에 나오는 성령의 열매(갈 5:22-26)도 그러합니다. 하나님을 마음과 목숨과 뜻을 다해 사랑하고, 이웃을 내 몸과 같이 사랑하는 것(마 22:37~39)으로 요약될 수 있는 십계명도 하나님께서 선물로 주셨고 그리스도께서 행하신 덕입니다. 성육신하신 하나님께서 인간으로서 행하고 가르치신 덕을 모방함으로써 인간은 그리스도를 닮아갑니다. 이것은 하나님을 닮아가는 것으로써 하나님 형상의 회복을 의미한다.

하나님의 형상으로 그리스도의 덕을 닮아가는 것은 덕을 단순히 이성적으로 이해하는 것이 아니라 덕을 '행하는' 것입니다. 이것은 자전거를 탄다는 것이 설명서를 읽고 타는 행위가 무엇을 의미하는지를 이해하는 것이 아니라 직접 자전거 안장 위에 앉아 페달을 구르면서 앞으로 나아가는 것임과 마찬가지입니다. 여기에는 무엇보다 몸이 중요합니다. 덕은 몸으로 행하는 것입니다. 사랑은 오직 행함과 진실함에 있습니다(요일 3:18). 성육신하신 하나님께서 가르쳐 주신 덕을 행함으로 하나님의 형상으로 회복되어 가는 그리스도인에게 몸은 덕을 행하는 주체입니다.

여기에 기독교 신앙이 가르치는 몸의 아름다움이 있습니다. 몸의 아름다움은 하나님께서 말씀하신 덕을 행함으로써 하나님을 닮아가는 아름다움입니다. 또한 몸의 아름다움은 성육신하신 하나님께서 계시하신 덕을 행함으로 그리스도를 닮아가는 아름다움입니다. 이를 거울과 거울이 비추는 상으로 비유할 수 있겠습니다. 우리의 몸은 거울입니다. 거울에 비춰야 하는 상은 성육신하신 하나님의 아름다움입니다. 그리스도께서 보이시고 가르치신 덕을 우리의 몸이 반영함으로써 거울인 우리의 몸에서 그리스도의 덕이 비치고 이로써 그리스도가 보일 때 그 몸은 아름답습니다.

부활한 몸이 누릴 영광은 이 아름다움의 극치입니다. 덕을 행함으로써 그리스도를 보여주는 몸은 날로 아름다워지다가 부활 시 구원자 그리스도께서 '우리의 낮은 몸을 자기 영광의 몸의 형체와 같이 변하게 하실' 때(빌 3:21; 요일 3:2) 우리 몸의 아름다움은 최고로 찬란하게 빛날 것입니다. 또한 그 아름다움의 찬란함은 영원할 것입니다. 왜냐하면 우리는 그 아름다운 몸을 가지고 그리스도의 신부로 영원히 살 것이기 때문입니다.

간략하게 살펴본 성경과 기독교 신앙이 말하는 몸의 아름다움은 '하나님 형상의 프로필'이라고 말할 수 있겠습니다. 하나님의 형상으로 창조된 인간이 몸을 입고 오신 하나님께서 보이신 덕을 행함으로써 하나님을 닮아갈 때 그의 몸은 하나님 형상의 프로필입니다. 이 프로필은 부활에 완성될 것입니다.

바디 프로필 vs 하나님 형상의 프로필

이제, 우리의 몸에 대한 두 가지 프로필이 있습니다. '바디 프로필'과 '하나님 형상의 프로필'입니다. 두 프로필 중에 우리 몸의 아름다움을 진정으로 찬란하게 표현해 주는 프로필은 무엇일까요? 바디 프로필은 한창 유행하고 있고, 이에 비해 하나님 형상의 프로필은 그 유행이 지났습니다. 그러나 우리의 몸이 매우 소중하며 몸의 아름다움을 통해 진정한 나를 보여주는 것이 대단히 가치 있는 것이기에 우리는 유행의 정도에 따라 두 프로필 중 어느 하나를 선택해서는 안 됩니다. 오히려 두 프로필을 꼼꼼히 비교하여 어느 프로필이 더욱 진정한 아름다움을 드러내는지 살펴야 합니다.

먼저, 실질적인 측면을 고민해 봅시다. 부작용은 없을까요? 바디 프로필을 촬영하고자 하는 젊은이들은 필히 고려해야 할 부작용이 있습니다. 아름다운 몸은 그저 만들어지지 않습니다. 효과 있는 운동을 꾸준히 해야 함과 동시에 철저한 식단 관리가 필요합니다. 그런데 이 두 가지 필수적인 요건에서 부작용이 발생합니다. 대체로 고강도의 다이어트가 필요한데, 이러한 식단 조절은 거식증 혹은 폭식증과 같은 섭식장애를 일으킵니다. 식욕을 의도적으로 억제하거나, 음식을 섭취하더라도 구토와 같은 방식으로 체중 증가를 막으려다 보면 몸의 건강과 아름다움을 도리어 해칩니다. 또한, 체중 감량과 조절이라는 목표에 치중된 식단 관리는 균형 잡힌 영양 섭취를 방해할 수 있어 면역력 감소 등 건강을 위협합니다. 요요 현상도 부작용 중 하나입니다. 프로필 촬영일이 다가올수록 수분 섭취까지 제한하는 초절식에 가까운 식단을 유지하게 되는데, 촬영일이 지난 후 이에 대한 보상심리로 과식하거나 폭식하게 되어 요요 현상을 겪게 됩니다. 이로써 체중이 늘어나고 몸매가 다시 망가지면 프로필 촬영한 후에 몸에 대한 혐오를 느끼게 될 수 있습니다. 그렇다면 하나님 형상의 프로필은 어떠할까요? 진정으로 행하는 덕은 부작용이 없습니다! 덕은 아무리 지나쳐도 과함이 없습니다. 오히려 그리스도를 본받는 것과 하나님을 비춰내는 것은 덕이 없어 생겨난 모든 부작용을 치유합니다. 미움은 다툼을 일으켜 분란을 조장하지만, 모든 덕 중 최고인 사랑은 모든 허물을 덮습니다(잠 10:12).

둘째, 유용성의 측면도 중요한 잣대입니다. 몸을 사랑하고 몸 자체의 아름다움을 표현하는 것이 목적인 바디 프로필은 한편으로 유용성을 따지는 것과는 거리가 있습니다. 그렇지만 앞서 살펴보았듯이 몸은 '세계 안에 그리고 세계를 향해' 존재하는 나입니다. 몸으로서의 나는 이기적이거나 유아적일 수 없습니다. 하지만 바디 프로필은 몸에 대한 가치 발견과 몸의 아름다움에 대한 추구이지만 자기 만족적self-sufficient입니다. 몸의 아름다움을 표현하여 진정한 나를 드러내려 하지만, 이 아름다움은 자신을 만족시키는 데 그칩니다. 이 아름다움은 몸으로서 내가 처해 있는 세계를 향한 실질적인 기여를 하지 못합니다. 더욱이 앞서 언급한 부작용을 고려한다면, 바디 프로필의 아름다움은 자기 자신을 위해서도 제한적으로 유용합니다. 찰나의 아름다움을 위해 지급해야 할 대가가 만만치 않습니다. 그러나 하나님 형상의 프로필은 대단히 유용합니다. 하나님께서 주신 덕을 행함으로 그리스도를 본받고 하나님을 드러내는 몸은 덕을 행하는 자신뿐만 아니라 그 덕행의 대상이 되는 타인에게까지 참된 기쁨과 만족을 줍니다. 덕을 행하는 몸은 부작용 없이 더욱 그리스도를 닮아갑니다. 덕행을 받는 이웃은 하나님의 손길을 경험하고, 자신도 하나님의 형상이 되고자 소망하게 됩니다(고전 11:1). '나와 너'의 참된 행복은 사랑이라는 덕에 있습니다(고전 13).

셋째, 두 프로필 중 어느 것이 더 보편적인지를 고민해 봐야 합니다. 누구나 자기 몸을 아름답게 만들 수 있어야 합니다. 왜냐하면 아름다움은 소수 특정인의 소유가 되어서는 안 되기 때문입니다. 아름다움을 추구하는 것은 인간의 본성이기에 누구나 가능한 한 아름다움을 누려야 합니다. 그렇다면 두 프로필 중 어느 쪽이 더 보편적입니까? 바디 프로필을 통해 몸의 아름다움을 자랑할 수 있는 사람들은 특정한 그룹입니다. 바디 프로필은 이 글을 시작하면서 언급한 만큼의 시간과 노력을 투자할 수 있고 경제적 여력이 있는 사람들의 특권입니다. 더욱이 타고난 신체의 건강함도 고려해야 합니다. 안타깝게도 몸에 장애를 지닌 장애인은 바디 프로필로부터 배제될 수밖에 없습니다. 반면, 하나님 형상의 프로필은 보편적입니다. 누구든지 언제나 어디에서나 이 아름다움을 드러낼 수 있습니다. 인간의 삶은 언제나 덕을 행하는 것과 관련돼 있기 때문입니다. 장애인들도 소외되지 않습니다. 비록 몸이 불편하여 바디 프로필을 찍을 만큼 근육을 아름답게 가꾸지는 못한다고 하더라도, 선한 눈빛과 평온한 미소와 따뜻한 손길만으로 이들도 충분히 덕을 행할 수 있으며, 고로 그들의 몸은 충분히 아름다울 수 있습니다.

넷째, 지속성의 측면도 고민해 볼 수 있겠습니다. 아름다움이 일시적이라면 서글픈 일입니다. 아름다움이 가능한 한 오래 지속되기를 누구나 바랍니다. 두 프로필 중 어느 것이 더 지속적인 아름다움일까요? 바디 프로필은 몸을 아름답게 가꿀 수 있는 충분한 여건이 되는 사람이라 하더라도 특정한 시기와 상황에 국한된 아름다움을 촬영합니다. 그 시기가 지나고 상황이 바뀌면 자신이 원하는 아름다움을 유지하기 어렵습니다. 그러니 사람들이 바디 프로필을 '촬영'하는 것이 아니겠습니까? 순간의 아름다움입니다. 그러나 하나님 형상의 프로필은 지속적입니다. 덕을 행하는 몸의 아름다움은 그 사람의 인생 중 어느 때나 유지됩니다. 더욱이 부활하여 입게 될 아름다운 몸은 영원히 찬란합니다!

마지막으로, 아름다움 자체에 대한 고민입니다. 무엇이 참으로 아름다운 것일까요? 이 질문에 대해 미학적이고 철학적인 대답을 하지 못한다고 하더라도, 아름다움은 갖고자 욕망할 만한 것이고 추함은 버리고픈 것임을 누구나 압니다. 그러기에 누구나 갖고자 많이 욕망하는 것이 그만큼 아름다운 것이고, 누구나 원치 않는 것은 그만큼 추한 것입니다. 앞서 언급한 네 가지 측면을 고려할 때 바디 프로필이 추구하는 몸의 아름다움은 누구나 가장 갖고 싶어 할 아름다움일까요? 만약 누구나 최고로 갖고 싶어 하는 것이 아니라면, 그것은 최고로 아름다운 것은 아닐 것입니다. 그러나, 하나님은 최고로 선하고 아름다운 분이십니다. 하나님의 이름은 온 땅에 아름답고, 하나님의 찬란함은 하늘을 덮습니다!(시 8:1) 하나님께서 세상 모든 선함과 아름다움의 원천이니, 그분은 얼마나 아름답겠습니까! 하나님 형상의 프로필은 이 최고의 미를 반영하는 아름다움입니다. 비록 덕을 행하는 인간은 추한 죄인이지만, 성령 하나님께서는 죄인이 그리스도를 본받아 하나님께서 알려주신 덕을 행함으로써 죄의 추함을 벗고 하나님의 아름다움을 덧입도록 도우십니다. 가장 아름다우신 하나님을 드러내는 몸의 아름다움은 누구나 갖고 싶어 할 만한 참된 아름다움입니다.

몸의 진정한 아름다움

다섯 가지 관점에서 두 프로필을 비교한 우리는 '그리스도인은 두 프로필 중 무엇을 선택해야 할까?'라는 질문에 어떻게 답할 수 있겠습니까? 시간과 여건이 허락되고 적절한 비용과 노력을 지불하기를 원하고 또 그렇게 할 수 있다면 자기 몸을 아름답게 가꾸어 바디 프로필을 촬영하는 것은 충분히 의미 있고 즐거운 추억입니다. 이 추억을 SNS로 공유하면서 자기 자신을 표현할 수도 있습니다. 그러나 우리는 여기에 그칠 수 없습니다. 왜냐하면 우리는 성경과 기독교 신앙이 가르치는 몸의 아름다움을 살펴보았기 때문입니다. 성육신하신 하나님께서 가르쳐 주신 덕을 행함으로써 그리스도를 본받고 하나님의 형상으로 회복되고 부활 후 영원히 찬란하게 빛날 몸의 아름다움을 우리는 간과할 수 없습니다. 모든 아름다움의 아름다움인 하나님을 비추는 거울로써 몸은 더없이 아름답습니다! 여기에 내 몸의 진정한 아름다움이 있지 않겠습니까?

1. '몸이 아름답다'는 것은 무엇을 의미합니까?

2. '바디 프로필'body profile에 대해 당신은 어떻게 생각합니까?

3. 성경은 몸의 가치와 중요성을 어떻게 가르치고 있습니까?

4. 하나님께서 사람을 '하나님의 형상'으로 창조하셨다는 성경의 가르침은 무엇을 의미하며, 나의 몸은 어떻게 '하나님의 형상'이 될 수 있습니까?

5. 그리스도인인 나에게 '바디 프로필'과 '하나님 형상의 프로필'은 어떻게 조화를 이룹니까?

동성애, 동성결혼에 대한
성경적 지침과 성품윤리적 대응

강성호(안양일심교회 부목사)

동성애 주제에 대한 기독교 윤리적 지침의 필요성

　최근 교회 성도들이 목회자와 신학자에게 차별금지법과 동성애에 대해서 문의할 때가 많습니다. 전 세계적으로 오늘날 많은 성도들이 동성애에 대한 기독교 윤리적 지침을 요청하고 있다는 것은 이 시대 기독교인들에게 교회가 동성애에 대해 성경적 답변을 제공해야 할 의무가 있다는 뜻과 다르지 않을 것입니다. 따라서 이 글은 먼저 성경이 동성애에 대해서 무엇을 말하고 있으며, 성경적 지침에 따라서 동성애 이슈에 관해 어떻게 대응해야 하는지를 규명하려고 합니다. 둘째, 동성애에 대한 성경적 지침을 교회 공동체와 성도 개개인이 어떻게 적용할 것인가에 대해서 다루겠습니다.

동성애의 성경적 지침과 관련된 질문

성경이 기록하고 있는 동성애 표현은 오랜 시간 동안 논쟁의 대상이었습니다. 동성애에 대한 성경적 관점을 거부하며 성경이 동성애를 거의 언급하지 않는다고 주장하는 이들도 있을 뿐만 아니라 동성애에 대한 교회의 전통적인 생각을 거부하고 부정하는 이들도 적지 않습니다.

질문. 동성애에 대해 성경이 매우 적은 빈도로 언급하므로 동성애는 성경에서 중요하지 않은 죄인가요?

그렇지 않습니다. 신구약의 성경 전체에서 동성애와 직접 관련되어 있는 구절은 대략 열두 군데 정도에 지나지 않지만, 이것이 성경이 동성애 문제를 중요하게 생각하지 않는다는 뜻은 아닙니다. 또한 동성애에 대한 전통적인 교리들이 단순히 성경 몇 구절에 의해서 도출된 것도 아닙니다. 따라서 단순히 빈도수가 적다고 동성애를 하나님께서 사소한 죄로 취급했다고 말할 수 없습니다.

신구약 성경시대에 고대 유대인과 기독교인들이 동성애를 다른 죄들과 비교할 때 상대적으로 논란이 없을만큼 분명하게 죄라고 인식했기 때문에 동성애에 대한 언급이 극히 적을 수 있습니다. 같은 맥락에서 우상 숭배와 이교 숭배와 같은 문제들은 신구약 성경시대에 만연했기 때문에 성경의 저자들은 이에 대해 자세히 다루었다고 추론할 수 있습니다. 따라서 특정한 죄에 대한 구절의 수가 그 죄의 심각성과 반드시 일치하지는 않는다는 사실을 확인할 수 있습니다.

동성애에 대한 성경의 입장을 가장 강하게 비판적으로 받아들이는 관점은 성경의 본문이 동성애에 대해서 부정확하게 말하고 있다고 주장합니다.

많은 동성애 운동가들은 성경 저자들이 동성애 행위를 금지하고 정죄한다는 것을 인정하고 있습니다. 하지만 동시에 그들은 성경의 금지 구절과 금지 규정을 심각하게 받아들일 필요가 없다고 주장합니다. 성경에서 동성애는 중요한 주제나 내용이 아니었기 때문에 동성애 행위에 대한 성경의 금지 조항들을 중요하게 받아들일 필요가 없다고 주장합니다. 성경이 스스로 중요하게 생각하지 않은 것은 왜 오늘날 기독교인들이 심각하게 받아들일 필요가 있느냐는 주장입니다. 그러나 성경이 근친상간과 아동 학대와 같은 주제를 중요하게 다루지 않는다고 해서 기독교인들이 이같은 이슈들을 주목하지 않아야 하는 것은 아닙니다.

질문. 성경에서 매우 적은 빈도로 언급된 동성애에 대해서 명확하게 죄로 규정하고 있나요?

비록 적은 빈도로 다루고 있다 할지라도, 성경은 일관성있게 동성애 행위를 명백하게 정죄합니다. 레위기, 로마서, 고린도전서, 디모데전서뿐 아니라 소돔과 고모라 사건을 언급한 창세기, 에스겔, 유다서 본문에서 성경은 일관되게 동성애에 대한 부정적인 시각을 드러냅니다.

동성애에 대해서 직접적으로 지침을 주는 본문이 성경 전체에 많은 것은 아닙니다. 구약에는 창세기 19:4-11에 나타난 롯과 소돔 이야기, 사사기 19장에 나타난 기브아 사건, 레위기 18:22, 20:13에 나타난 남자의 동성애 행위 금지 본문이 있고, 신약에는 바울 서신 중 로마서 1:26-27, 고전 6:9, 디모데전서 1:10이 있습니다.

동성애를 직접적으로 다루는 본문이 많지 않기에 전체 성경 본문들을 모두 살펴 보겠습니다.

창세기 19장

4 그들이 눕기 전에 그 성 사람 곧 소돔 백성들이 노소를 막론하고 원근에서
다 모여 그 집을 에워싸고 5 롯을 부르고 그에게 이르되 오늘 밤에 네게 온 사
람들이 어디 있느냐 이끌어 내라 우리가 그들을 상관하리라

사사기 19장

20 그 노인이 이르되 그대는 안심하라 그대의 쓸 것은 모두 내가 담당할 것
이니 거리에서는 유숙하지 말라 하고 21 그를 데리고 자기 집에 들어가서 나
귀에게 먹이니 그들이 발을 씻고 먹고 마시니라 22 그들이 마음을 즐겁게 할
때에 그 성읍의 불량배들이 그 집을 에워싸고 문을 두들기며 집 주인 노인에
게 말하여 이르되 네 집에 들어온 사람을 끌어내라 우리가 그와 관계하리라
하니 23 집 주인 그 사람이 그들에게로 나와서 이르되 아니라 내 형제들아 청
하노니 이같은 악행을 저지르지 말라 이 사람이 내 집에 들어왔으니 이런 망
령된 일을 행하지 말라

레위기 18장, 20장

18 : 22 너는 여자와 동침함 같이 남자와 동침하지 말라 이는 가증한 일이니라
20 : 13 누구든지 여인과 동침하듯 남자와 동침하면 둘 다 가증한 일을 행함
인즉 반드시 죽일지니 자기의 피가 자기에게로 돌아가리라

로마서 1장

26 이 때문에 하나님께서 그들을 부끄러운 욕심에 내버려 두셨으니 곧 그들
의 여자들도 순리대로 쓸 것을 바꾸어 역리로 쓰며 27 그와 같이 남자들도 순
리대로 여자 쓰기를 버리고 서로 향하여 음욕이 불 일듯 하매 남자가 남자와
더불어 부끄러운 일을 행하여 그들의 그릇됨에 상당한 보응을 그들 자신이

받았느니라

고린도전서 6장

9 불의한 자가 하나님의 나라를 유업으로 받지 못할 줄을 알지 못하느냐 미혹을 받지 말라 음행하는 자나 우상 숭배하는 자나 간음하는 자나 탐색하는 자나 남색하는 자나

디모데전서 1장

10 음행하는 자와 남색하는 αρσενοκοίτης arsenokoitēs sodomite; practice homosexuality, who practice homosexuality 자와 인신 매매를 하는 자와 거짓말하는 자와 거짓맹세하는 자와 기타 바른 교훈을 거스르는 자를 위함이니

구약 본문 중 창세기 19장의 소돔 사건과 사사기 19장의 기브아 사건은 모두 낯선 이들의 방문에 대한 원거주민들의 폭력적인 반응의 형태로 나타나고 있습니다. 그래서 이 본문이 동성애 행위에 대한 도덕적 판단을 제공하는 것이 아니라, 낯선 이들을 환대하지 않고 불친절하게 대하며 폭력적으로 성적 관계를 맺으려는 죄악을 증거하는 본문이라고 주장하기도 합니다. 분명히 창세기 19장과 사사기 19장에서 거주민들은 환대에 대한 규칙을 철저히 무시했고, 폭력을 동반한 강제적인 성적 관계를 맺으려고 했습니다. 그러나 두 본문에 나타난 죄악이 동성애 행위와 무관하다고 말하기도 어렵습니다. 에스겔 16:50에 소돔에서 일어난 일을 "가증한 일"이라고 묘사하고 있는데, 이 "가증한"이라는 표현은 레위기 18:22에 동성간의 성행위를 묘사할 때 사용하는 단어였습니다. 신약 유다서 7절에서 소돔의 범죄를 "영원한 불의 형벌을 받은" 이들의 범죄로 묘사하고 있습니다. 에스겔서 16장에는 분명히 소돔의 죄가 교만과 음식의 풍족과 태평함이었고, 또한 가난하고 궁

핍한 자들을 도와 주지 않은 것이라고 지적하면서, 동시에 "거만하고 가증한 일을" 하나님 앞에서 행했다는 점 역시 분명히 적고 있습니다.

에스겔서 16장

48 주 여호와의 말씀이니라 내가 나의 삶을 두고 맹세하노니 네 아우 소돔 곧 그와 그의 딸들은 너와 네 딸들의 행위 같이 행하지 아니하였느니라 49 네 아우 소돔의 죄악은 이러하니 그와 그의 딸들에게 교만함과 음식물의 풍족함과 태평함이 있음이며 또 그가 가난하고 궁핍한 자를 도와 주지 아니하며 50 거만하여 가증한 일을 내 앞에서 행하였음이라 그러므로 내가 보고 곧 그들을 없이 하였느니라 51 사마리아는 네 죄의 절반도 범하지 아니하였느니라 네가 그들보다 가증한 일을 심히 행하였으므로 네 모든 가증한 행위로 네 형과 아우를 의롭게 하였느니라 52 네가 네 형과 아우를 유리하게 판단하였은즉 너도 네 수치를 담당할지니라 네가 그들보다 더욱 가증한 죄를 범하므로 그들이 너보다 의롭게 되었나니 네가 네 형과 아우를 의롭게 하였은즉 너는 놀라며 네 수치를 담당할지니라

유다서 7절, 8절도 소돔과 고모라의 죄가 "음란"과 "육체를 더럽힌 일"이고, "다른 육체를 따라가다가" 지은 죄임을 분명하게 밝히고 있습니다.

유다서 7-8절

7 소돔과 고모라와 그 이웃 도시들도 그들과 같은 행동으로 음란하며 다른 육체를 따라 가다가 영원한 불의 형벌을 받음으로 거울이 되었느니라 8 그러한데 꿈꾸는 이 사람들도 그와 같이 육체를 더럽히며 권위를 업신여기며 영광을 비방하는도다

질문. 구약의 금지 규정이 신약시대 우리에게도 유효한가요? 예수님은 동성애에 대해서 침묵하고 계신 것이 아닌가요?

성적 부도덕과 음란에 대한 성경은 단호하게 정죄합니다. 음란과 성적 부도덕에 대한 판단은 성경의 가르침에서 중요한 위치를 차지합니다. 신약성경에 나타난 도덕과 윤리에 관한 여러 지침들은 다양한 형태의 성적 부도덕성을 명시적으로 언급하고 비난하며, 그와 같은 죄들이 천국에 들어가지 못할만큼 심각한 죄라고 판단합니다.

어떤 이들은 예수님이 동성애에 대해 직접 언급하지 않았다고 주장합니다. 그러나 예수님은 마태복음과 마가복음에서 전통적인 결혼을 재확인하고, 모든 성적 죄를 포괄하는 용어인 음행porneia를 사용하여 비판하셨습니다. 하나님은 하나님의 형상으로서 모든 사람들에게 은혜를 베풀어 주시지만, 타락의 결과는 모든 사람에게 영향을 미치고 전적인 부패를 이끌어 내었습니다. 또한 성적 끌림과 지향을 선택할 수 없다는 것을 인정한다고 하여도 여전히 성적인 행동은 한 개인의 책임 아래에 놓여 있습니다. 동성애적 성향을 가지는 사람들도 여전히 하나님의 형상대로 창조되었으며 온 인류의 구성원으로서 존중과 이해와 사랑으로 대우 받아야 합니다. 그러나 하나님 앞에서 성적인 정결과 거룩함은 모든 기독교인들에게 요구되는 삶의 태도입니다. 또한 하나님께서 창세기 1장에 계시한 것처럼 남자와 여자의 결합으로서의 결혼을 기뻐하셨고, 남자와 여자의 결합으로서의 결혼이 하나님의 창조 목적에 부합한다고 생각합니다. 성에 대한 타인의 취향을 존중하기 위한 목적으로 성에 대한 하나님의 판단과 본래의 의도를 바꿀 수는 없습니다. 모든 기독교인들은 자신이 어떠한 성적 이끌림을 가지고 있거나 자극을 받든 유혹에서 벗어나 사랑, 친절, 온유, 자비를 구현하면서 성령의 열매를 본받는 삶을 살 수 있어야 합니다. 또한 우리 모두는 성과 관련된 죄를 지을 때, 죄에 대한 회개를 통해서 구주 예수 그리스도를 통해 풍성한 용서와 은혜를 받을 수 있습니다.

예수님이 동성애를 직접 언급하지 않았다고 해서 그리스도인이 동성애를 수용하거나 인정해야 한다고 주장하는 것은 옳지 않습니다. 동일한 논리라면 예수님이 직접적으로 언급하지 않은 강간, 근친상간, 일부다처제도 기독교인들은 수용해야만 할 것입니다. 따라서 예수님이 동성애에 대해서 침묵했다는 이유로 동성애를 용인할 수는 없습니다.

예수님의 이혼과 간음에 대한 율법의 가르침을 엄격히 준수하는 태도를 보여 주었기에 동성애에 대해서도 구약 율법을 준수하는 관점을 따랐을 것입니다. 뿐만 아니라 예수님은 구약성경에 명시적으로 나타난 동성애에 대한 율법을 부인하거나 부정하지 않았습니다. 예수님은 유대인들이 이혼에 관한 규정을 당대 유대 지도자들이 왜곡할 때 그들을 비판하였습니다. 하지만 동성애에 관한 유대 지도자들의 가르침에 대해서는 부인하거나 수정하려했던 흔적이 없습니다.

예수님이 동성애를 죄로 규정하였을 것이라고 성경의 본문에서 추론할 때, 우리는 예수님에 대한 다른 추론도 반드시 언급해야 합니다. 동성애를 죄로 판단하고 정죄하는 예수님이 동성애자로서 예수님께 나아 온 사람들을 외면하지 않았을 것이라는 점입니다. 예수님은 죄인들을 거부하지 않았습니다. 동시에 그들의 죄를 방치하거나 허용하는 것이 아니라 그들이 회개할 수 있도록 진리의 말씀을 전했습니다. 사랑으로 죄인에게 다가가는 예수님은 죄에 대한 하나님의 진리의 말씀과 죄인을 향한 하나님의 은혜 중 그 어느 것도 포기하지 않기 때문입니다.

예수님은 창세기 1장을 인용하여 서로 다른 두 존재인 남자와 여자의 하나 됨으로써 결혼의 의미를 설명합니다.

창세기 1장

27 하나님이 자기 형상 곧 하나님의 형상대로 사람을 창조하시되 남자와 여자를 창조하시고

남자와 여자 모두가 하나님의 형상이며 서로 다른 두 존재가 하나 됨으로써 하나님의 형상 됨을 이 땅에서 드러냅니다. 남자와 여자는 전혀 다른 성적인 특성을 가지고 있으나 둘이 한 몸을 이루어 가정을 이루며 하나님께서 남자와 여자의 결합을 통해서 하나님의 형상 됨을 이 땅에서 드러내게 하셨습니다. 서로 전혀 다른 존재인 남자와 여자가 만나서 교제하며 존재하며 서로 사랑하며 살아가는 것이 하나님께서 이 땅에 사람을 지으신 목적과 관련되어 있습니다. 이것은 하나님께 속한 신비입니다. 남자와 여자의 결혼의 의미에 대해서 창세기 2장은 다음과 같이 말합니다.

창세기 2장

22 여호와 하나님이 아담에게서 취하신 그 갈빗대로 여자를 만드시고 그를 아담에게로 이끌어 오시니 23 아담이 이르되 이는 내 뼈 중의 뼈요 살 중의 살이라 이것을 남자에게서 취하였은즉 여자라 부르리라 하니라 24 이러므로 남자가 부모를 떠나 그의 아내와 합하여 둘이 한 몸을 이룰지로다

예수님께서 인용하고 있는 창세기 1장의 결혼의 의미가 하나님께서 본래 의도하신 혼인인 것은 분명해 보입니다.

동성애 행위에 대해서 구약 성경이 분명하게 금지하고 있고, 가증한 일로 여기고 있다는 것을 받아들인다고 해서, 동성애 행위에 대한 성경의 모든 판단이 확정되었다고 말하기는 어렵습니다. 구약의 규례들 중에서 신약 시대에 폐기된 것들도 있고, 새롭게 변경하여 사용하는 명령들도 있기 때문

입니다. 따라서 일부 성경 구절들을 근거로 구약의 동성애 행위 금지 규정도 오늘날의 교회와 성도들에게 더 이상 유효하지 않다라고 주장하는 이들도 있습니다. 구약의 규례를 그대로 지킨다면 지금도 혼합된 직물로 된 옷은 입으면 안 될 것이고, 돼지고기도 먹으면 안 되기 때문에 동성애 행위 금지 규정도 동일한 관점으로 해석하고 적용해야 한다는 주장입니다.

이같은 주장이 부분적으로 옳을 수 있습니다. 구약의 규례를 그대로 적용해서 오늘날 동성애 행위를 하는 이들을 사형이라는 형벌을 부과하는 것은 옳지 않기 때문입니다. 그러나 오늘날 대부분의 국가들이 구약의 이스라엘과 같은 신정국가가 아니기 때문에 구약 본문을 국가의 형벌로 채택할 수 없다는 점이 동성애 행위 금지에 대한 구약의 모든 규례와 정신을 무효화시키는 근거가 될 수는 없습니다. 신정국가인 이스라엘에서 성경에 따라 형법으로 규정되는 조항이 현대 사회에서 형법적 기능을 상실했다고 하여서 동성애에 대한 하나님의 도덕적 판단 자체를 무효화시킬 수는 없기 때문입니다. 신약시대에도 하나님은 구약시대와 동일하게 하나님의 백성들에게 성적 정결함과 거룩을 명령하시기 때문에 동성애에 대한 하나님의 도덕적 판단이 사라졌다고 판단할 근거는 없습니다. 성적 행위에 있어서 거룩한 삶을 요구하시는 하나님의 명령을 무시하고 위반하는 행위가 하나님 앞에서 결코 가벼운 행동이 될 수 없기 때문입니다.

또한 구약 성경 본문에 나타난 도덕적 명령 중 신약 저자들에 의해서 여전히 승인되고 강조되는 도덕적 명령들이 존재하기 때문에 오늘날 교회와 기독교인들에게 구약의 규례가 모두 무효라고 주장하는 것은 옳지 않습니다.

뿐만 아니라 신약 성경에 나타난 명령과 지침들 중에서도 당시 문화에서만 의미가 있고 지금은 의미가 없는 것으로 받아들이는 본문도 존재합니다. 신약성경에 기록된 여성의 머리에 대한 규정 등을 오늘날 교회가 그대로 지키지 않는다는 점에서 동성애 행위 금지 본문이 단순히 신약 성경에 나타난다는 이유로 오늘날에도 여전히 유효하다고 주장할 수는 없습니다. 그러나 바울은 로마서 1장에서 여자와 남자의 관계에 대한 하나님의 의도를 규명하여 동성애에 대한 판단 기준으로 사용합니다. 레위기에 나타난 성결법의 정신을 따라서 바울은 남성과 여성의 이성애적 결합이 사람을 만드는 창조주 하나님의 본래의 의도에 부합하는 것이라고 주장합니다. 이 의도에서 벗어나는, 남성간의 결합이나 여성간의 결합 등 모든 동성애적 행위가 하나님 앞에서 하나님의 뜻을 거스르는 행동이라고 바울은 설명합니다.

여기에서 더 나아가 고린도전서 6장 9절과 디모데전서 1장 10절에서 바울은 특정한 동성애 행위가 아니라 모든 형태의 동성애 행위를 우상 숭배와 비슷한 수준으로 간주하고 비판했습니다. 따라서 바울은 오직 이성 간 결합만이 하나님 앞에서 합당한 성적 결합이라고 확신한 것으로 이해할 수 있습니다.

질문. 현대의 동성결혼와 동성애에 대해서 성경이 도덕적 판단을 내리고 있나요?

현대 사회에서 동의를 기반으로 한 동성애와 성경이 금지하는 동성애가 동일하지 않기 때문에 성경의 판단이 오늘날 동성애와 동성혼인에 대한 지침이 될 수 없다는 주장이 현대 사회에서 호응을 얻고 있습니다. 오늘날 상호 동의에 기반한 동성애 관계가 성경 시대의 동성애와 전혀 다르다고 보기 때문입니다. 그러나 이 주장에는 많은 문제점을 가지고 있습니다.

첫째, 이러한 주장은 본질적으로 성경을 매우 제한적으로 해석하고 적용하는 방식입니다. 성경은 동성애에 대해서 판단할 때 강요 또는 폭력의 관계에 한정해서 이야기하지 않습니다. 예를 들면, 레위기는 남자가 여자와 함께할 때와 같은 방식으로 다른 남자와 함께하는 것을 특정해서 반대합니다(레위기 18:22; 20:13). 즉, 이 본문에 근거해서 성경이 강요에 의한 동성애 또는 위계 관계에 의한 폭력을 동방한 동성애만 금지하고 있다고 주장하는 것은 근거없는 주장입니다. 마찬가지로, 로마서 1장에서 바울은 단순히 억제되지 않은 욕망을 동성애로 판단한 것이 아니라, 순리에 어긋나는 것이라고 주장합니다(로마서 1:26-27). 만약 동성애의 특정 형태만을 하나님께서 금하셨다면 성경은 동성애에 대해서 포괄적으로 금지하며 정죄하는 지침을 주지 않았을 것입니다.

위와 같이 해석하고 추론하는 것이 합리적이고 타당해 보임에도, 성경의 동성애 금지 규정이 노인과 소년과의 성관계 또는 주인과 노예 간의 동성애 행위를 정죄한 것이라고 주장하는 이들이 있습니다. 그들의 주장의 문제는 그들의 해석을 직접적으로 지지하는 본문이 전무하다는 것입니다. 그들의 해석은 성경 본문에 직접 드러나지 않은 특정한 상황들을 가정했을 때에만 가능한 해석입니다. 성경이 명확하게 비판하고 정죄한 내용을 부정확하고 근거가 약한 추론과 가정들에 근거하여 부정하는 것은 정당한 해석이 될 수 없습니다.

요약하면, 비록 성경 본문에 대한 고대의 문화적 맥락을 고려하는 것이 중요하다는 사실을 받아들인다 하더라도 과도한 단순화와 가정들을 근거 없이 용납할 수 없습니다. 성경의 동성애에 대한 교리는 부정확한 가정들과 전제에 의해 무시되거나 부정될 수 없습니다. 뿐만 아니라 성경의 동성애 금지 규정을 특수한 상황에 한정된 규정이라 해석할 여지도 없습니다.

따라서 성경이 동성애에 대해서 완벽하게 침묵하고 있다는 주장은 명백하게 잘못된 주장입니다. 동시에 성경 구절을 그대로 동성애에 대한 지침으로 적용하는 것 역시 신중해야 합니다. 성경의 도덕적 판단을 받아들이더라도 동성애 행위를 실천하거나 동성애적 성적 지향을 가진 이들을 어떻게 대할지에 대해서는 더 숙고가 필요하기 때문입니다. 성경이 말하는 바를 진지하게 고려하고 성경의 권위를 인정하는 사람일수록 성경이 오늘날 윤리적 문제에 대해서 어느 지점까지 말해주고 있는지 숙고할 필요가 있습니다.

질문. 타고 난 성적 지향에 대한 도덕적 정죄는 정당한가요? 사랑의 하나님이 동성애자들을 있는 모습 그대로 받아주시면 되지 않나요?

동성애적 성적 지향을 가진 사람들의 성적 지향이 언제 어떻게 형성되었는지 정확하게 말하는 것은 매우 어렵습니다. 후천적인지, 선천적인지, 개인의 선택인지, 문화의 영향인지, 생물학적 유전자에 따른 결과인지 사람들마다 의견이 나뉘어져 있어서 하나의 답을 선택하기가 매우 어렵습니다. 설령 동성애적 성적 지향이 타고난 것이라 할지라도 성적 지향을 따라 행동을 하는 것은 별개의 문제입니다. 선천적으로 타고난 성향을 따라 행동하는 것이 반드시 모든 도덕적 비판에서 벗어날 수 있다는 뜻은 아니기 때문입니다. 사람들은 누구나 부적절하거나 금지된 욕구와 싸우게 됩니다. 선천적으로 부적절한 욕구에 대한 강한 충동을 가진 사람들도 있습니다. 그러나 선천적인 욕구가 강하다는 것이 행동에 대한 도덕적 책임을 줄여 줄 수는 없습니다. 죄로 얼룩진 인간의 상태는 하나님의 비전과 일치하지 않는 모습을 보여줍니다.

동성애적 성적 지향이 특정한 유전적 특성처럼 고정된 것이 아닙니다. 이에 대한 과학적 논쟁은 여전히 진행 중입니다. 또한 성적 지향이 불변하는 것이라는 주장도 다시 생각해 볼 필요가 있습니다. 『뜻밖의 회심』의 저자인 로자리아 버터필드의 사례가 대표적입니다. 페미니즘과 퀴어 이론에 대한 학문적 관심을 가지고 있으며 레즈비언 영문학 교수였던 그녀는 기독교신앙으로 회심 후 결혼하여 가정을 이루었습니다. 흔치 않은 사례라 할지라도 성적 지향 역시 변화의 가능성이 있다는 사실을 보여줍니다.

또한 성경이 계시하는 하나님은 사랑입니다. 하지만 이 사랑은 오늘날 문화 속에 나타나는 사랑과는 구별됩니다. 요한1서 4장에 나타난 것처럼 하나님의 사랑은 죄인을 구속하여 의롭게 만드신 은혜입니다.

요한1서 4장
8 사랑하지 아니하는 자는 하나님을 알지 못하나니 이는 하나님은 사랑이심이라 9 하나님의 사랑이 우리에게 이렇게 나타난 바 되었으니 하나님이 자기의 독생자를 세상에 보내심은 그로 말미암아 우리를 살리려 하심이라 10 사랑은 여기 있으니 우리가 하나님을 사랑한 것이 아니요 하나님이 우리를 사랑하사 우리 죄를 속하기 위하여 화목제물로 그 아들을 보내셨음이라

하나님의 사랑은 우리의 죄를 위한 예수 그리스도의 희생에서 나타납니다. 하나님의 사랑은 죄를 수용하는 것이 아니라 죄인을 불러 의롭게 회복시키는 것입니다. 죄인을 의롭게 하시기 위한 예수님의 희생이 하나님의 사랑이므로, 사랑의 하나님은 죄에 대한 의로운 판단에서 결코 물러서지 않습니다.

질문. 동성애를 교회 공동체는 어떻게 다루어야 할까요?

기독교윤리에서 원칙, 규범, 의무를 강조하는 의무론적 윤리와 도덕 명령을 수행할 능력을 강조하는 목적론적 윤리의 모습이 함께 나타납니다. 성경은 규범과 의무를 강조할 뿐만 아니라 선한 일을 행할 수 있는 도덕적 존재가 되는 것 역시 강조합니다. 도덕적인 행위를 해야 한다는 규범만이 중요한 것이 아니라, 도덕적인 행위를 할 수 있는 도덕적인 사람이 되는 것이 중요하기 때문입니다.

도덕적인 행위보다 도덕적인 존재가 되는 것을 강조하는 본문들은 신

구약 성경 여러 곳에서 찾아볼 수 있습니다. 산상수훈이 기록된 마태복음 5:1~12에서 예수님께서는 "심령이 가난한 자", "애통하는 자", "온유한 자", "의에 주리고 목마른 자", "긍휼히 여기는 자", "마음이 청결한 자", "화평하게 하는 자", "의를 위하여 박해를 받은 자"가 복이 있다고 말씀하셨습니다. 특정한 도덕적 행위를 말하기 전에 복있는 자가 어떤 존재인지 규명하고 있습니다.

> 갈라디아서 5장
> 22 오직 성령의 열매는 사랑과 희락과 화평과 오래 참음과 자비와 양선과 충성과 23 온유와 절제니 이같은 것을 금지할 법이 없느니라

　마틴 루터가 주장했듯이, 의로운 행동을 하는 것보다 중요한 것은 의로운 존재가 되는 것입니다. 그런 점에서 성경의 윤리를 단순히 규범윤리로 한정할 수 없습니다. 십계명이 우리에게 주신 대표적인 규범 윤리이지만, 그 도덕 규범도 하나님의 백성으로서 이스라엘의 정체성에 근거해서 주신 규범이었습니다.
　따라서 오늘날 기독교인들을 위한 기독교윤리가 반드시 윤리적 규범을 제시하는 것에만 초점을 맞출 필요는 없습니다. 도리어 한국 교회의 윤리적 상황을 해결하기 위한 방법으로, 의무와 규범을 강조하는 방법 대신 성품과 덕의 형성을 강조하고 권면하는 방식이 주목받고 있습니다.

질문. 변화된 시대, 이전과 다른 그리스도인들을 어떻게 목양해야 할까요?

　리처드 마우가 고백하듯이, 기성세대 기독교인들에게 동성애는 큰 관심을 끌지 못했던 신학적 주제였습니다. 하지만 이제 동성애에 대한 기독교인

들의 인식도 많이 변화되었습니다. 동성애에 대한 성경의 판단에 대해 타협하지 않으면서 동성애적 성적 지향을 가지고 있거나 동성애에 대해 지지하는 기독교인들을 어떻게 목양하며 대할 것인지 세심한 지혜가 필요합니다.

이와 같은 시대적 변화 속에서 성품윤리는 오늘날 기독교인들에 대해 더욱 적실성이 있는 역할을 감당할 수 있습니다. 성품윤리는 단순히 동성애에 대한 도덕적 판단만을 추구하지 않습니다. 그보다는 우리는 어떤 존재로서 동성애 문제를 대할 것인가에 더 관심이 많습니다. 따라서 동성애에 대한 성경적인 도덕적인 판단과 더불어 우리는 어떻게 변화된 존재로서, 하나님 나라 공동체로서 동성애적 성향을 가진 이들을 대할 것인지에 대한 고민이 필요합니다.

교회공동체가 동성애에 대한 성경의 도덕적 판단을 유지하면서 동성애적 성향을 가진 이들을 품는 공동체로 어떻게 변화될 수 있을 것인가를 우리는 고민해야 합니다. 도덕적 판단과 도덕적 판단을 실천하는 주체는 결코 분리되지 않기 때문입니다. 교회가 동성애에 대해서 판단만을 내리고 정죄만 하는 것으로는 어떤 변화도 이끌어내지 못할 것입니다. 단순히 하나님 앞에서 우리는 동성애적 성향을 가진 이들을 정죄했다는 변명만 남게 될 것입니다. 우리는 환대의 공동체로서, 성품의 공동체로서 동성애적 성향을 가진 이들을 어떻게 보살피고 목양하기 위해 어떤 노력을 기울일 것인가를 고민하고 논의하는 것이 그 어떤 것보다 절실합니다.

토의를 위한 질문

1. 책에서 정리한 동성애에 대한 성경의 입장에 대해서 동의하시나요? 전적으로 혹은 부분적으로 동의하지 못한다면, 그 이유는 무엇인가요?

2. 교회 공동체가 동성애 성향을 가진 가족이 있는 가정을 어떻게 목양하고 보살필 수 있을까요?

3. 그와 같은 성향을 가진 교회 지체들을 차별하지 않으면서 그리스도의 사랑으로 품고 배려할 수 있는 방법은 무엇인가요?

4. 그들을 향한 하나님의 위로와 하나님의 뜻을 우리는 어떻게 전할수 있을까요?

동물

이신열(고신대학교 교수)

동물권 논쟁

우리 시대에 핫 이슈 가운데 하나인 동물권animal rights 논쟁을 촉발시킨 대표적인 인물로는 호주 출신 윤리학자 피터 싱어Peter Singer, 1946 - 를 들 수 있습니다. 그는 공리주의적 윤리학자로서 1975년에 『동물 해방』Animal Liberation 이란 저작을 통해서 널리 알려지게 되었습니다. 그에게 동물 해방은 동물에게 부여된 고유한 권리가 인정되어야 한다는 주장에서 비롯되었는데 여기에서 해방은 동물이 인간의 억압과 착취로부터 벗어나서 그 권리를 회복하고 온전히 누려야 한다는 사고를 의미합니다. 그의 주장은 많은 사람들의 동의를 획득하기 시작했으며 그의 저서는 베스트셀러 리스트에 올랐고 전 세계 주요 언어로 번역되기도 했습니다. 싱어는 2005년에 타임지의 '전 세계에서 가장 영향력 있는 100인'으로 선정되기도 했는데 그는 유대교 배경을 지닌 인물로서 종교적으로는 무신론자로 알려져 있습니다.

이렇게 동물권을 옹호하는 입장은 19세기 말에 이미 영국 작가였던 헨리

솔트Henry Salt, 1851-1939에 의해서 주창되었습니다. 『사회적 진보와 연관된 동물의 권리』Animal's Rights Considered in Relation to Social Progress(1892)라는 저작에서 솔트는 인간이 잔인함과 불공정에서 해방되어야 하는 것과 마찬가지로 동물도 해방되어야 한다고 보았는데 그는 정의, 자유, 그리고 계몽을 지닌 사회에서 사냥의 금지를 주장했습니다. 싱어는 이 저서를 18세기와 19세기에 출간된 동물 해방 관련 저작물들 가운데 가장 탁월한 것으로 평가했습니다.

이와 정반대로 피터 커러터스Peter Carruthers, 1952 - 는 동물의 도덕적 지위와 권리를 부정하면서 동물권을 인정하지 않습니다. 그에게 도덕적 권리란 이성적 행위자 간의 합의에 의해서 발생하는 것으로 동물은 이런 이성적 행위를 할 수 없는 존재이기 때문에 도덕적 지위나 권리를 지닐 수 없는 것으로 간주되었던 것입니다.

그렇다면 우리 시대 기독교의 입장은 어떠합니까? 싱어와 유사하게 동물의 권리를 주장하고 동물해방론을 전개한 신학자로는 영국 성공회 소속의 앤드류 린제이Andrew Linzey, 1952 - 를 언급할 수 있습니다. 그는 기독교 채식주의자이기도 한데 동물의 권리와 복지를 옹호하는 신학자로서 어떤 존재가 도덕적 판단력을 지녀야만 도덕적 권리와 지위를 지닐 수 있다는 주장에 반대합니다. 만약 그렇다면, 지적 장애자, 지적 무능자인 신생아 등은 어떻게 되는가라는 질문을 제기한 것입니다. 이들이 도덕적 권한을 지니고 삶을 행복하게 살 수 있는 권리를 지니고 있다면, 동일한 논리가 동물에게도 적용되어야 한다고 린제이는 주장합니다.

이 글은 동물권이 우리 시대에 상당한 논쟁을 불러일으키는 이슈라는 사실에서 출발하지만 이 문제의 근원에 동물과 인간과의 관계가 자리잡고 있다는 사실에 초점을 맞추려고 합니다. 왜냐하면 동물에게 인간과 준하는 권한과 지위를 부여한다는 동물권의 주장이 지닌 긍정적인 측면은 동물들을 긍정적인 관점에서 바라보고 보호하기 위해서는 이들이 인간에 의해서 부당하게 취급받는 현실을 올바르게 지적한 것으로 볼 수 있기 때문입니다. 그러나 동물권 개념에 나타난 부정적인 차원은 동물에게 인간과 대등한 또는 이에 준하는 권리와 지위를 부여한다는 사고에 나타난 논쟁적인 부분이며, 동물이 과연 인간과 동등하게 도덕적 주체moral agent로 인정될 수 있는가라는 질문이 제기될 수밖에 없는 대목이기도 합니다.

그렇다면 이 이슈에 대한 성경적 가르침은 무엇인가에 대해서 살펴보는 가운데 기독교의 입장을 밝히고 천명하는 것이 이 글의 목표입니다. 이 논의를 위해서 논문을 몇 단락으로 나누어서 고찰하게 될 것인데 이 단락들은 다음의 소제목들로 구성하고자 합니다: 동물의 정의, 인간과 동물의 관계, 동물 보호와 권리, 그리고 복지, 반려동물에 대한 성경적 고찰.

동물의 정의: 창조론적 관점에서

동물이 무엇인가에 대해서 다양한 정의가 가능합니다. 먼저 생물학적 관점에서 동물이란 식물과 더불어 지구상의 생명을 구축하는 한 축을 담당하는 존재로서 다세포로 구성된 몸속에 여러 기관을 지니고 있으며 일반적으로 운동 능력과 감각을 지니고 있을 뿐 아니라 서로 영향을 주고받으며, 서로 의존하는 가운데 공존하는 생물을 가리킨다고 볼 수 있습니다. 법적으로 살펴보면, 〈동물보호법〉에서는 동물을 "고통을 느낄 수 있는 신경체계가 발달한 척추 동물로서 포유류, 조류, 파충류, 양서류 및 어류를 말합니다"로 정의합니다 (제2조 제1호 및 〈동물보호 시행령〉 제2조). 위의 두 정의에서 생물학적 및 법적 동물에 대한 정의가 동물을 인간과의 관계 속에서 고찰하지 않는다는 사실을 발견할 수 있습니다.

성경은 동물이 하나님의 말씀에 의해서 제6일에 인간에 앞서 지음 받았다는 사실을 말합니다. 창조의 제1-2일에 빛, 물, 궁창 (하늘), 땅 등의 비생명체로서 물질세계가 지음 받은 후에(3-10절) 제3일에 다양한 식물들이 피조되었고(11-12절), 제5일에(20-22절), 제6일에 육상동물이(24-25절) 각각 지음을 받았다고 창세기 1장은 증거합니다. 계속해서 창세기 2장에는 하나님께서 인간을 자신의 형상을 따라 흙으로 지으셨고 그 코에 생기를 불어넣으셨다는 사실을 설명합니다(7절). 인간과 마찬가지로 각종 동물과 새도 흙으로 지음 받았지만 하나님의 형상을 따라 지음 받았다는 언급이나 설명은 주어지지 않습니다(19절). 여기에서 알 수 있는 사실은 인간은 하나님과 영적으로 교제할 수 있는 영적 생명력을 지니고 그분과 교제할 수 있지만 새를 포함한 동물은 하나님의 형상을 따라 지음 받지 않았기 때문에 하나님을 인식하고 그분과 교제할 능력을 지니지 않았다는 점에서 인간과 차별화된다고 볼 수 있습니다. 우리는 성경을 통해서 동물이 영적 생명력을 지니지 않고 육체적 생명력만 지닌 존재라는 사실을 확인할 수 있습니다.

인간과 동물의 관계 : 인간의 타락 이전

창세기 2장과 3장에 기술된 동물에 대한 설명에 나타난 특징 가운데 하나는 인간이 동물과 관계를 맺는다는 사실에서 찾을 수 있습니다. 3장에 등장하는 뱀이라는 동물은 하나님이 지으신 야생 동물들 가운데 가장 교활한 동물로 묘사되는데 그가 하와와 나눈 대화는 무엇을 상징합니까? 인간과 동물이 서로 교감한다는 사실을 가리킵니다. 이런 이유에서 2장에 하나님께서 인간에게 동물들에게 이름을 부여하라는 명령을 주신 것을 볼 수 있습니다. 동물에게 이름이 주어진다는 것은 인간이 동물들의 특징을 구별하고 그 특징에 따라서 서로 다른 동물들을 그 자체로서 인식하게 되었음을 의미합니다. 인간은 동물에게 이름을 부여하고, 부여한 그 이름을 부르는 과정을 통해서 동물과 교감할 수 있었습니다. 이 사실은 하나님께서 인간과 동물을 기본적으로 동일한 물질인 흙으로 지으셨다는 점에 근거한 것 입니다. 인간과 동물은 동일하게 육체를 지니고 있으므로 육체적 생명을 유지하기 위해서 필요한 에너지를 자신의 몸 바깥에서 공급받을 수 있게끔 먹이를 구하도록 지음을 받은 것입니다. 이는 인간과 동물 모두 스스로의 힘으로 자신의 육체적 생명을 유지할 수 있는 존재로 지음 받지 않았음을 알려줍니다. 동물도 인간과 마찬가지로 하나님의 섭리와 은혜를 통해서 육체적 생명을 유지할 수 있습니다. 시편 기자는 피조세계의 아름다움을 노래하는 시편 104편에서 이 사실을 다음과 같이 증언합니다. "이것들은 다 주께서 때를 따라 먹을 것을 주시기를 바라나이다."(시 104:27) 이 구절에서 '이것들'은 앞선 구절들에 언급된 삼림의 모든 짐승(시 104:20), 젊은 사자(시 104:21), 바다 속의 무수한 크고 작은 동물들(시 104:25), 리워야단(시 104:26) 등을 가리킵니다.

이렇게 인간과 동물이 먹이에 의존하는 생명체라는 사실은 어떤 경우에, 특히 생존을 위한 환경이 열악한 경우에는 생존을 위해서 서로 경쟁 상대가 될 수 있다는 점을 상기시키기도 합니다. 그러나 대부분의 경우 이들은 함께 존재하고 함께 살아가는 공존공생의 관계를 유지해 나갑니다. 또한 인간과 동물의 관계에는 상호성, 즉 상호 의존성interdependency이라는 특징이 나타난다고 볼 수 있습니다. 야생동물은 인간과 관계를 맺지 않고 인간과 동떨어진 곳에서 생을 영위하므로 인간과 상호작용에 익숙하지 않으며 인간에게 공격성을 드러내기도 합니다. 그러나 우리가 흔히 대하는 동물은 과거로부터 가축livestock을 가리키는데 인간에 의하여 순화, 개량되어 인간과 함께 생활하는 동물로서 인간 삶에 다양한 방식으로 도움을 제공하는 쓸모있는 useful 동물에 해당합니다. 소, 말, 산양, 면양, 돼지, 닭 등 가축화된 동물은 인간과 함께 생활함으로써 다른 야생동물의 위험으로부터 생명의 안전을 보장받을 뿐 아니라 먹이를 지속적으로 공급받아 생명을 용이하게 유지하는 등 인간에게 절대적으로 의존적인 삶을 살아갑니다. 반면에, 인간은 가축을 키우면서 생산된 고기와 젖, 알, 꿀 등을 위시한 다양한 축산물을 누릴 수 있는데 인간의 삶 또한 동물에게 의존적이라고 볼 수 있습니다. 여기에서 양자 사이의 상호 작용에 기초한 상호 의존적 관계가 성립되는 것을 발견할 수 있습니다.

인간과 동물의 관계 : 인간의 타락 이후

창세기 3장은 아담과 하와가 하나님께서 주신 명령에 불순종한 결과로 에덴동산에서 추방당한다는 스토리를 제공합니다. 에덴동산에서 추방된 원인은 교활한 뱀의 꾀임에 빠져서 스스로를 하나님과 동등한 존재로 간주하는 죄악에 물들게 만들든 인간의 교만에 있습니다. 그의 교만은 그를 부패와 타락으로 몰아넣었으며 그는 이제 하나님으로부터 죽음의 형벌을 받을 수밖에 없는 불가피한 상황에 놓이게 되었습니다. 생명나무와 선악과나무의 열매를 따 먹은 행위는 하나님의 명령에 대한 불순종을 의미했고 그 결과 인간은 영적으로 그리고 육체적으로 죽음에 직면하게 되었습니다. 아담과 하와가 겪었던 영적 죽음은 하나님과의 관계 단절을 가리키는데 이 사실은 그들이 금지된 열매를 따 먹은 후 하나님을 두려워하여 피하여 숨었던 그들의 행적(8-9절)에 의해서 분명히 드러납니다. 또한 이들의 육체적 죽음은 비록 즉각적으로 시행되지는 않았지만 그들이 겪는 노동의 고통(17-18절)과 임신의 고통(16절)에 의해서 도입되고 마침내 흙으로 돌아갈 것이라는 하나님의 선언(19절)에 의해서 구체화되었습니다.

인간이 받은 형벌 가운데 또 다른 하나는 평생 동안 노동의 대가로 얻게 되는 땅의 소산을 먹어야 했으며 밭의 채소 즉 식물이 인간에게 먹거리로 주어졌습니다(17-18절). 타락의 결과로 인간은 자신이 땀을 흘려 노동하지 않고는 육체적 생명을 유지할 수 없는 형편에 놓이게 되었던 것입니다. 창세기 3장에 언급된 타락 이후 인간의 먹거리가 채소였다는 사실로 미루어 볼 때, 창세기 1장에 하나님께서 "내가 온 지면의 씨 맺는 모든 채소와 씨가 진 열매 맺는 모든 나무를 너희에게 주노니 너희의 먹을 거리가 되리라"(29절)라는 말씀을 통해서 인간의 먹거리가 식물임을 알 수 있습니다. 그렇다면 창세기 1장과 3장에 인간의 먹거리가 식물이라는 사실에 어떤 변화가 발생한 것입니까? 창세기 1장은 인간이 먹거리인 채소를 위해서 노동이 필수적이라고 언급하지는 않았습니다. 이와 달리 창세기 3장은 분명히 밭의 채소를 먹기 위해서 이마에 땀이 흐르는 노동이라는 대가를 치러야 한다고 밝히고 있습니다. 타락 후에 인간은 채소를 생산하기 위해서 노동을 해야 했을까요? 해답은 인간 타락의 결과로 땅이 저주를 받았고(17절) 이에 가시덤불과 엉겅퀴가 지속적으로 나타나서 채소가 성장하는 것을 방해한다는 사실이 제공하고 있습니다. 이 잡초들을 제거하기 위해서 인간의 노동이 필요하다는 점을 창세기 3장이 증거합니다. 그렇다면 창세기 1장에 타락 이전의 땅에는 채소의 성장을 방해하는 가시덤불과 엉겅퀴들이 존재하지 않았다고 볼 수 있습니다.

인간 타락의 영향으로 동물도 영향을 받게 되었습니다. 창세기 3장에 기록된 대로 인간을 죄악으로 유혹하여 타락하게 만들었던 뱀은 땅에 기어다니며 평생 동안 흙을 먹어야 하는 저주를 받게 되었습니다(15절). 뱀을 제외한 다른 동물들은 이런 저주의 대상이 아니었다고 가정할 수 있는 대목입니다.

인간과 동물의 관계 : 노아 홍수 이후

창세기 6-9장에 기록된 노아 홍수는 인간과 동물의 관계에 상당한 변화를 초래했습니다. 이 변화는 홍수가 끝난 후에 창세기 9장에 기록된 대로 하나님께서 인간에게 모든 산 동물의 고기를 먹거리로 주신 사건에 의해서 발생했습니다(3절). 여기에서 모든 동물은 "땅의 모든 짐승과 공중의 모든 새와 땅에 기는 모든 것과 바다의 모든 물고기"(2절)를 가리키는데 이 동물 가운데 이미 죽은 동물이 아니라 살아있는 동물이 인간의 먹거리가 된 것입니다.

창세기 9장에 나타난 모든 살아 있는 동물이 인간의 먹거리가 된다는 사고는 제사법과 관련된 레위기 11장에 등장하는 정한 짐승과 부정한 짐승의 구분에 의해서 보완될 필요가 있습니다. 하나님께 드리는 제사와 관련하여 인간이 먹을 수 있는 동물과 먹을 수 없는 동물에 대한 구분이 제공됩니다.

노아 홍수 이전에 인간은 전적으로 채식으로 살아가는, 그래서 선택의 여지가 없는 강제적^{forceful} 채식주의자였다고 볼 수 있습니다. 이제 홍수 후에 인간은 채식과 육식을 겸하는 일종의 잡식주의자로 변화되었던 것입니다. 창세기 9장에서 하나님께서 인간에게 동물의 고기를 먹거리로 허락하신 사건은 인간과 동물의 관계라는 차원에서 중요한 의미를 지닙니다. 이 사건 이전에 인간은 동물을 먹거리로 삼기 위한 목적으로 살생하는 일을 하지 않았다고 볼 수 있지만, 이제 동물을 도살하여 고기를 먹는 일이 그의 식생활의 중요한 부분이 되었다고 볼 수 있습니다. 부패 타락의 결과로 죄악에 젖어들게 된 인간의 본성에 의하면 먹거리로 동물을 도살하는 행위 외에 동물 학대가 자행되었을 가능성을 배제할 수 없다는 점을 여기에서 파악할 수 있습니다. 아무리 인간이 자신의 먹거리로 삼기 위해서 동물을 죽이는 행위가 하나님에 의해서 허락되었다 하더라도, 이 살생이 곧 동물 학대를 정당화하지는 못합니다. 이런 관점에서 살펴보면, 인간이 동물과 함께 공존하는 삶의 패턴에 어느 정도의 변화가 불가피하게 발생할 수밖에 없었다고 볼 수 있습니다. 여기에서 우리가 주의해야 할 한 가지 포인트는 동물 학대라는 인간의 행위를 하나님께서 허락하신 것으로 볼 수 없다는 점입니다. 인간에게 먹거리를 위해서 동물을 살생하는 행위 외에 하나님에 의해 지음 받은 동물을 학대하거나 죽이는 권리가 주어지지 않았습니다. 하나님께서 인간에게 이런 명령을 내리지도 않으셨고 이를 허용하신 적이 전혀 없기 때문입니다.

동물학대 animal abuse

동물과 함께 살아가는 공생의 원리를 망각한 채 인간이 지닌 죄악 된 본성이 작동하여 동물을 임의로 학대하거나 잔인하고 무자비하게 죽음에 이르게 하는 행위는 인간과 동물의 공존공생을 명하는 성경적 가르침에도 어긋날 뿐 아니라 〈동물보호법〉에서도 분명히 금지된 행위이기도 합니다(제10조).

동물학대는 크게 적극적 학대와 소극적 학대의 두 가지로 분류될 수 있습니다. 전자는 우리가 일반적으로 생각하는 동물의 신체에 물리적 고통을 가하는 행위에 해당합니다. 후자는 전자와 달리 구체적이며 물리적 고통을 가하지 않지만 동물이 당하는 다양한 종류의 고통을 경감시키려는 노력을 기울이지 않고 이를 방치하는 행위를 가리킵니다. 동물학대는 법적으로 "동물을 대상으로 정당한 사유없이 불필요하거나 피할 수 있는 고통과 스트레스를 주는 행위 및 굶주림, 질병 등에 대하여 적절한 조치를 게을리하거나 방치하는 행위"를 지칭합니다(〈동물보호법〉 제2조 제9항).

인간은 동물을 학대하는 행위 대신에 오히려 이 피조물을 돌보고 보호해야 할 의무를 지니고 있다고 볼 수 있습니다. 〈동물보호법〉은 동물보호의 기본원칙을 다음의 5가지로 나누어서 명시합니다. 1.동물이 본래의 습성과 몸의 원형을 유지하면서 정상적으로 살 수 있도록 할 것, 2. 동물이 갈증 및 굶주림을 겪거나 영양이 결핍되지 아니하도록 할 것, 3.동물이 정상적인 행동을 표현할 수 있고 불편함을 겪지 아니하도록 할 것, 4.동물이 고통·상해 및 질병으로부터 자유롭게 할 것, 5.동물이 공포와 스트레스를 받지 않도록 할 것. 이 법에 언급된 보호의 기본 원칙은 구체적으로 인간의 학대 행위로부터 동물을 보호하는 성격이 두드러진 것으로 볼 수 있습니다.

동물실험 animal experimentation or research

동물실험은 전 세계적으로 많이 행해지고 있는데 일반적으로 약 6억 마리의 동물이 실험동물로 사용되는 것으로 알려져 있습니다. 실험이 마무리되면 대부분의 실험 대상 동물은 안락사로 생을 마감하게 됩니다(〈동물보호법〉 제 23조 제 5항). 동물실험은 오랜 역사를 지니고 있는데 기록에 의하면 아리스토텔레스Aristotle, 384-322 BC와 에라시스트라투스Erasistratus, 304-258 BC는 최초의 동물실험가로서 특히 아리스토텔레스는 기니아 피그Guinea Pig를 해부하여 실험한 것으로 유명합니다. 기니아 피그는 토끼 정도 크기의 설치류에 속하는 동물로서 모르모트mormot로도 알려져 있습니다. 성질이 온순하고 사람과 잘 어울리는데 동물 실험의 대상이 된 이유는 비교적 번식력이 뛰어나고 임신 기간이 짧다는 장점 때문으로 볼 수 있습니다. 그 이후 실험동물의 범위는 우리 주위에 흔히 볼 수 있는 동물들로 확대되기 시작했습니다. 로마제국의 그리스 외과의사 갈렌Galen, 129-199은 고대 의학의 완성자로 명성을 떨쳤는데 특히 400편 이상의 의학철학에 관한 저서를 남기기도 했던 인물이기도 합니다. 그는 최초로 돼지를 대상으로 생체해부실험을 실시했던 것으로 알려져 있는데 자신이 수행했던 실험을 분류하여 지각신경과 운동신경의 차이점을 발견했습니다.

　동물실험은 많은 논란을 초래하는데 이에 반대하는 쪽에서는 동물생체해부는 동물에게 참혹한 고통을 가하는 행위일 뿐만 아니라 이렇게 극심한 고통에 시달리게 될 때, 실험결과를 신뢰할 수 없게 된다고 주장합니다. 대표적 동물실험 반대론자는 앞서 언급된 피터 싱어를 들 수 있으며 그의 『동물해방』은 이 반대론자들의 바이블로 알려져 있습니다. 인간에게 이익을 제공하기 위해서 동물을 해치는 것을 과연 윤리적으로 정당화할 수 있는가에 대한 질문이 제기되기도 합니다. 이와 달리 동물실험에 찬성하는 쪽의 기본적 입장은 중세 철학자이자 신학자인 토마스 아퀴나스Thomas Aquinas에 의해서 제공되었습니다. 그는 모든 동물은 지성을 지니고 있지 않기 때문에 이성적이지 않으며 이들은 인류에게 봉사하기 위한 목적으로 지음 받았다는 입장을 내세웠고 이 주장에 근거하여 사실상 그가 동물실험에 동의했던 것으로 볼 수 있습니다. 찬성론자들은 또한 동물실험이 생물학적, 의학적 지식의 진보에 필수적이라고 주장합니다. 우리나라는 동물실험에 대해서 찬성하는 입장을 취하는데 기본적으로 이 실험이 인류의 복지증진과 동물 생명의 존엄성을 고려해서 실시되어야 한다는 조건을 〈동물보호법〉에서 명시하고 있습니다(제47조 제1항). 또한 이 실험의 윤리성 및 신뢰성을 증진시키기 위해서 〈실험동물에 관한 법률〉을 올해 4월 27일부터 시행 중입니다. 이 법에 따르면, 동물실험은 교육, 시험, 연구 및 생물학적 제제製劑의 생산 등 과학적 목적을 위해서 실험동물을 대상으로 실시하는 실험 또는 그 과학적 절차를 지칭합니다(〈실험동물에 관한 법률〉, 제2조 제1항).

　인간을 대상으로 실험할 수 없는 잘 알려지지 않은 내밀한 실험들 (독성

실험, 약품개발실험, 인간질병 치료법 탐구, 가축 개량, 키메라 복제, 유전자 변형, 유전자 삽입 등)을 동물들을 대상으로 시행하고 있습니다.

그렇다면 기독교적 관점에서 동물실험을 어떻게 평가할 수 있을까요? 영국왕립협회 길 랭글리Gil Langley 박사는 동물을 대상으로 시행되는 유전자 실험으로 많은 동물들이 고통을 받고 있다고 말하면서 이 실험에 나타난 문제점들을 다음과 같이 지적한 바 있습니다. 첫째, 동물의 염색체에 무작위로 삽입되는 수십 또는 수백 개의 이식유전자가 어떤 형태로 발현되는가를 아무도 예측하거나 확신하지 못한다고 말합니다. 둘째, 이런 방식으로 이식된 유전자가 일으키는 원치 않는 기형 동물(키메라)이 발생할 위험성이 높다고 보았습니다. 셋째, 품종개량을 위한 유전자 이식 실험은 실험동물을 대상으로 수백 회에 걸쳐 반복적으로 이루어지는데 이 과정에서 동물의 고통이 엄청나게 증가한다고 주장합니다. 넷째, 이식유전자와 숙주 동물의 화학적 활성 사이에서 발생하는 복잡다단한 상호작용은 병리적 위험성을 증가시킨다고 보았습니다. 특히 품종 개량의 경우 '바이오 혁명'을 빌미로 삼아 새로운 품종을 생산하는 창조적 행위는 진화론의 관점에서 얼마든지 수용 가능하지만, 창조론의 관점에서 볼 때, 이 행위에 내재된 위험성이 완전히 간과되었다는 비판이 반드시 제기되어야 할 것입니다. 동물은 진화론적 관점에서 볼 때, 한낱 미물에 지나지 않으며 진화의 대상으로만 파악하여 유전자 조작을 통해서 실험동물의 존재를 완전히 파괴하는 행위를 서슴지 않고 있습니다. 이는 하나님께서 만드신 고유한 창조질서에 대한 도전인데 이 도전에 실험동물이 활용되며 그들의 목숨이 아무렇지 않게 버려진다는 사실이 우리를 섬뜩하게 만듭니다. 이런 동물들을 아끼고 보호하고 보존하는 것이 성경적 원리인데 이 원리를 망각하는 동물실험의 야만성은 반드시 비판의 대상이 되어야 하며 〈동물보호법〉과 〈실험동물에 관한 법률〉에서 언급하고 있는 동물실험에 관한 부분은 동물의 고통을 최대한 경감하고 생명을 보호하는 방향으로 반드시 재고되어야 할 것입니다.

동물복지|animal welfare

동물보호 개념이 상당히 일반적인 개념이라고 한다면 동물복지는 이 개념의 확장된 형태로 볼 수 있습니다. 동물복지란 무엇이며 동물보호와는 어떻게 다릅니까? 이 질문에 답변하기 위해서 먼저 용어 자체에 대해서 간략하게 살펴볼 필요가 있습니다. 이 용어는 영국의 작가이자 동물복지 운동가였던 루스 해리슨Ruth Harrison, 1920-2000이 1964년에 발간한 『동물기계』 Animal Machines라는 저서에서 처음 사용되었습니다. 이 저서는 농업이 산업화된 결과 공장식 축산이 일반화되기 시작하면서 농장의 동물들이 겪게 되는 고통을 묘사한 책으로 경각심을 일깨웠고, 널리 알려져서 여러 언어로 변역되기도 했는데 아쉽게도 우리말로는 번역되지 않았습니다. 앞서 언급한 공리주의 윤리학자 피터 싱어에게도 많은 영향을 주었고, 그 이후 그는 채식주의자가 되었다고 합니다.

1924년에 설립된 세계동물보건기구(World Organization for Animal Health, WOAH, 원래 명칭은 Office International des Épizoties, OIE였는데 2003년에 WOAH로 변경되었음)는 인간, 동물, 그리고 생태계 건강의 상호의존에 근거한 원헬스one health 개념을 내세우는데 동물복지를 건강의 관점에서 "동물이 건강하고 안락하며 좋은 영양 및 안전한 상황에서 본래의 습성을 표현할 수 있으며, 고통, 두려움, 그리고 괴롭힘 등의 나쁜 상태를 겪지 않는 것"으로 정의합니다.

동물복지는 동물도 인간과 마찬가지로 감정을 지니고 있으므로 동물의 웰빙 또는 고통에 관심을 가져야 한다는 개념에서 출발합니다. 이는 동물의

생명을 유지하고 동물을 위험에서 지켜내어 멸종을 방지한다는 동물보호와
는 약간 다른 차원을 지니고 있습니다. 인간만 고통과 슬픔을 느끼는 것이
아니라 동물도 동일한 감정을 느낄 가능성이 있다는 가정 아래 쾌적한 사육
환경을 제공하고 스트레스와 불필요한 고통을 최소화하여 동물이 육체적
정신적으로 건강하게 사는 것이 궁극적으로는 인간의 건강에도 도움이 된
다고 주장합니다. 동물복지 개념은 야생동물이나 일반적 의미에서 가축에
게 적용되는 것이 아니라 위에 언급된 농장동물에게만 해당되는 개념입니
다. 이 개념은 비교생물학의 관점에서 인간과 동물을 동일한 관점에서 조망
하는 진화론에 근거를 둔 것으로 인간이 동물을 진화론적으로 자신과 유사
한 존재로 인식하여 다른 사람의 웰빙과 고통에 관심을 기울이고 이를 증대
시키거나 감소시키기 위해서 노력을 기울이는 것과 마찬가지로 동물에게도
그와 동일한 수준의 관심과 돌봄을 제공해야 한다는 사고입니다.

　세계동물보건기구는 2005년에 동물복지를 실천하기 위해서 동물의 5대
자유Five Freedom를 제시했습니다: 1. 굶주림과 갈증으로부터의 자유, 2. 불편
함으로부터의 자유, 3. 고통, 상처 및 질병으로부터의 자유, 4. 정상적인 행
동을 표현할 자유, 5. 두려움과 스트레스로부터의 자유.　그 이후 이 5대 자
유의 원리를 약간 더 발전시켜서 동물의 자유를 5대 영역으로 구분하여 제
시하게 되었는데 참고로 다음과 같습니다:

1. 영양 – 동물에게 다양하고 균형잡힌 영양소와 깨끗한 물을 충분히 제공하는 것.
2. 환경 – 온도와 기질, 공간, 공기, 냄새, 소음, 예측가능성 면에서 동물에게 안
   정감을 줄 수 있는 환경을 제공하는 것.
3. 건강 – 동물이 질병과 부상, 장애 위험 없이 높은 건강 수준을 유지할 수 있
   도록 하는 것.
4. 행동 – 감각 수용과 탐색, 수렵/채집, 유대감 형성, 놀이, 도망 등 동물의 특

성에 맞는 자연스러운 활동이 가능하도록 환경적으로 다양한 과제를 마련하고 참여를 유도하는 것.

5. 정신 건강 – 위에서 언급된 네 가지 영역에서 긍정적인 환경을 조성하여 동물이 정신적인 즐거움과 안정감, 에너지를 느낄 수 있도록 하고, 두려움, 좌절, 굶주림, 고통, 지루함 등의 부정적인 감정은 최소화하는 것.

동물복지에 대해서도 찬반양론이 존재합니다. 찬성하는 쪽은 동물이 자기 목숨을 내어놓은 결과로 인간에게 고기가 제공되는데 이런 동물을 위해서 인간이 할 수 있는 최소한의 양심이며, 인간을 돕고 인간에게 유익을 제공하기 위해서 희생되는 동물에 대한 최소한의 예의라고 생각하며 이를 환영하는 입장을 취합니다. 찬성론자들은 또한 동물이 행복감을 많이 느끼면 느낄수록 스트레스 지수가 낮아져서 동물을 기르는 사람의 건강에도 궁극적으로 긍정적인 작용을 한다는 주장을 내세우기도 합니다. 그러나 반대론자들은 동물복지 개념이 먼저 모든 동물에게 적용되는 것이 아니라 공장식으로 사육되고 도축되는 농장동물에게만 적용되는 제한적 차원에 대해서 이의를 제기합니다. 또한 농장동물을 길러내는 과정에서 사용되는 곡물량이 늘어나는 만큼 사람이 먹을 식량을 고갈시키는 부작용을 가져온다는 주장을 전개하기도 합니다.

그렇다면 기독교인은 동물 복지에 대해서 어떤 입장을 취하는 것이 바람직할까요? 인간과 동물의 관계를 메시아의 도래로 궁극적으로 실현될 평화의 나라라는 관점에서 묘사하고 있는 이사야 11:6-8은 우리에게 동물복지에 대해서 소중한 진리를 일깨워 줍니다. 먼저 6-7절에 언급된 다양한 동물들(이리, 양, 송아지, 어린 사자, 살진 짐승, 암소, 곰)이 서로를 해치지 않고 공존하는 모습에 대한 묘사에서 동물들이 평화와 안전, 그리고 번영이 보장되는 환경에서 살고 있음을 발견할 수 있습니다. 또한 8절에는 독사가 어린 아이를 전혀 해치지 않는 모습이 아름답게 묘사되어 있습니다. 여기에서 성경이 증거하는 동물복지의 전형에 대해서 다음과 같은 결론을 도출할 수 있습니다. 첫째, 동물복지는 동물들이 안정과 평화를 누릴 수 있는 환경 조성을 전제로 삼습니다. 공장식으로 사육되는 많은 농장동물들에게 이런 환경을 제시해야 한다는 주장이 어쩌면 비현실적으로 들릴지도 모르지만 성경은 이 세상에서도 우리가 동물들에게 스트레스가 가장 적은 환경, 동물들이 동물답게 살 수 있는 물리적 환경을 제공하도록 노력해야 한다고 증거합니다. 둘째, 동물복지는 동물과 동물 사이, 그리고 더 나아가서 동물과 인간 사이의 긍정적이고 평화로운 관계를 세워 나가야 한다는 사실을 중요시합니다. 모든 동물은 나름대로의 주거영역으로서 니치niche에 최적화된 삶을 누리도록 지음 받았습니다. 동물들 사이의 다툼과 싸움은 평화를 무너뜨립니다. 우리는 동물이 안정적 삶을 누릴 수 있도록 지나치게 이들의 주거영역을 침범하여 이들의 영역을 축소시키거나 제거하는 무분별한 개발을 경계해야 합니다. 이렇게 할 때, 동물과 인간 사이에도 더욱 긍정적이며 호혜적인 관계가 성립될 수 있을 것입니다. 셋째, 동물복지와 인류를 위한 복지는 어떤 주종관계 속에 놓이지 않는다는 사실을 확인할 수 있습니다. 인류복지를 위해서 동물복지를 무시하여 동물의 생존을 위협하는 행위는 성경적 근거가 부족할 뿐 아니라, 정반대로 동물복지를 위해서 인류의 복지를 감소시키는 행위도 바람직하지 않다는 사실을 되새길 필요성이 있습니다.

반려동물companion animal에 대한 성경적 고찰

요즈음 반려동물에 대한 관심이 어느 때 보다도 높습니다. 아침에 제가 살고 있는 아파트 주위를 산책하다보면 반려견과 함께 산책하는 사람들을 빈번히 보게 됩니다. 〈2023 한국 반려동물 보고서〉에 의하면 국내에 552만 가구, 1262만 명이 반려동물을 양육하는 것으로 나타났습니다. 이 보고서는 이 가구들이 월 평균 양육비로 15만 4천 원, 치료비로 지난 2년간 평균 78만 7천 원을 사용한 것으로 보고하고 있습니다. 반려동물에 대한 국민적 관심은 최근 들어서 대학들이 앞 다투어 반려동물학과 또는 관련 유사학과를 개설하고 있습니다(필자가 파악하기에 이 명칭 또는 유사한 명칭으로 학과를 개설한 대학이 38군데에 이른다). 한 마디로 반려동물 열풍이 한반도를 강타하고 있다고 해도 과언이 아닙니다.

반려동물 증가에는 다양한 원인이 작용한 것으로 보이는데 특히 인구 고령화, 독신 가구 증가 등으로 반려동물을 가족 구성원의 일원으로 인식하는 문화가 확산되는 분위기에서 현상적 원인을 찾을 수 있습니다. 반려동물을 기르는 가구 수가 급격하게 증가하면서 부정적인 측면도 아울러 등장하게 되었는데 반려동물을 기르는 사람의 변심, 학대, 맹견, 유기 등의 문제가 우리 사회의 걱정거리로 자리잡게 되었습니다.

그렇다면 반려동물은 어떤 동물을 가리킵니까? 〈동물보호법〉에 의하면 반려동물은 "반려의 목적으로 기르는 개, 고양이, 토끼, 페럿, 기니피그 및 햄스터"를 가리킵니다(〈동물보호법 제2조 제1호 3항〉, 〈동물보호법 시행규칙〉 제1조 2항). 동물 보호와 관련하여 세계에서 많은 회원을 보유하고 있는 미국 동물학대방지협회The American Society for the Prevention of Cruelty to Animals, ASPCA는 반려동물은 우선 가정에서 반려자로서 신체적, 행동적 그리고 사회적 필요가 충족될 수 있도록 길들여져야 하며 이를 통해서 인간과 친밀한 관계를 유지하기에 용이한 동물이어야 한다고 밝히고 있습니다. 달리 말하면, 반려동물은 인간이 정서적으로 의지하고자 가까이 두고 기르는 동물을 가리키는데 '가축'과는 분명히 차별화된다고 볼 수 있습니다. 인간이 이 동물을 대상으로 사랑을 베푼다는 관점에서 과거에 '애완'동물pet이란 용어가 선호되었지만 지금은 '반려'동물이란 용어가 더 널리 사용되고 있습니다. 그렇다면 양자의 차이는 무엇입니까? 애완동물은 인간이 특정한 동물을 대상으로 사랑과 돌봄을 베푼다는 차원을 많이 강조하는 의미를 지니고 있지만, 반려동물은 이와 달리 기본적으로 애완동물의 일종으로 그 가운데서 특히 인간의 사랑을 받고 누리는 데 머무르지 않고 인간에게 몇 가지 방식으로 정신적 신체적 건강에 도움을 제공할 수 있는 능력을 지닌 동물을 뜻합니다. 달리 말하면, '애완'이라는 용어보다는 '반려'라는 개념이 우리에게 동물과 상호적 교감을 더 두드러지게 표현할 수 있다는 사회적 공감 때문에 후자가 전자보다 더 널리 수용되고 일반적으로 사용되기 시작했다고 볼 수 있습니다.

여기에서 논란의 여지가 있는 부분은 '반려'라는 단어의 의미가 흔히 자신의 남은 반쪽을 의미하는데 흔히 부부가 상대방을 지칭할 때 사용된다는 주장에서 비롯된 것입니다. 그런데 성경에서 배우자를 가리킬 때 사용되는 단어는 '반쪽'에 그치지 않고 '더 나은 반쪽'better half의 의미도 지니고 있습니다. 이런 이유에서 성경이 증거하는 부부가 상대방을 지칭할 때 사용하는 반려의 개념이 "반려동물에게도 적용될 수 있을까?" 반려동물이라는 용어에 나타난 개념이 "과연 이 동물이 나보다 '더 나은 반쪽'으로 간주될 수 있는 존재라는 인식에서 출발한 것인가?" 라는 질문이 제기될 수밖에 없는 대목입니다.

동물 그리고 인간

지금까지 동물과 관련된 다양한 주제들에 대해 고찰한 후 이에 대한 성경적, 신학적 고찰을 시도했습니다. 먼저 동물의 정의를 창조론적 관점에서 간략하게 살펴본 후 성경적 관점에서 주로 창세기를 중심으로 동물과 인간의 관계가 어떻게 논의되었는가를 다루어 보았습니다. 인간은 만물의 영장이며 피조세계를 지배할 모든 능력을 구비한 채 지음 받았습니다. 창조의 6일에 대한 설명에서 창세기는 동물이 인간보다 먼저 지음을 받았다는 사실을 강조하는 것으로 보입니다. 창세기 2장에서는 인간이 동물을 지배하고 다스리는 모습을 볼 수 있는데 이 다스림에는 어떤 물리적 폭력이나 학대의 흔적이 발견되지 않습니다. 양자 사이의 관계는 상호 수혜성이라는 용어로 묘사될 수 있을 것입니다. 다음 단락에서는 동물의 권리를 둘러싼 다양한 논의들을 고찰했는데 여기에 동물학대, 동물실험 그리고 동물복지의 세 가지 개념에 대해서 나름대로의 신학적 성찰을 시도했습니다. 동물학대와 동물실험은 동물과 인간이 함께 살아간다는 공생적 관점에서 살펴보더라도 반드시 우리가 경계해야 할 사고와 행위에 해당합니다. 동물복지의 개념은 긍정적인 차원이 많음에도 불구하고 이 개념이 공장식으로 사육되는 농장동물에 국한된 개념이라는 점에서 확대 재생산하기에는 다소 한계가 있는 것으로 보입니다. 마지막으로 반려동물이 인간에게 즐거움과 위로를 줄 수 있다는 것은 분명하지만 이 동물이 인간만이 제공할 수 있는 결정적 역할을 대신할 수는 없다는 점 또한 사실입니다. 인간과 동반자同伴者로 동물을 보아야 한다는 주장에 나타난 '반려'의 개념은 동물이 존재적으로 인간을 대신할 수 있다는 가능성을 엿보게 한다는 점에서 논란의 대상이 될 수 있습니다. 성경적 입장에서 살펴볼 때, 인간으로부터 사랑과 돌봄, 그리고 관심의 대상인 이 동물에게 과연 '반려'의 지위가 적합한가에 대해서 계속적인 물음이 제기되어야 할 것입니다.

토의를 위한 질문

1. 창조와 관련하여 동물은 어떻게 정의될 수 있나요?

2. 창세기가 증거하는 동물과 인간의 관계에 대해서 설명해 보세요.

3. 동물학대란 무엇입니까? 동물학대를 방지하고 동물을 보호하기 위해서 우리가 할 일은 어떤 것이 있을까요?

4. 왜 동물실험이 금지되어야 하나요?

5. '반려'동물이란 용어에서 '반려'의 의미를 설명하고 왜 이 표현이 논란의 대상이 되는가를 설명해 보세요.

4부

환경과
과학

제 자리를 잃은 사람

권수경(일원동교회 담임목사)

낮아진 사람

사람이 낮아졌습니다. 겸손해진 게 아니라 바닥으로 미끄러졌습니다. 창졸간에 일어난 일이라 얼얼한지 아직 낮아진 줄도 모르고 있습니다. 이전에 있던 자리도 당연히 기억 못하지요. 다시 올라갈 가능성도 없어 보입니다.

남 이야기가 아니라 바로 우리 이야기입니다. 우리가 이렇게 바닥까지 내려왔습니다. 전에 저 아래 보이던 것들이 지금은 바로 우리 곁에 있지만 도대체 무슨 일인지 감도 없습니다. 이왕 떨어진 거, 여기 그냥 살면 되지 않을까요? 사실 그래도 될 것 같기는 합니다. 불편해하는 사람이 거의 없으니까요. 하지만 여기가 제 자리가 아니니 문제지요. 사람은 하나님이 창조하신 특별한 피조물로서 하나님이 뜻하신 자리가 있습니다. 거기 있어야 우리도 보람 있게 살 수 있고 창조주 하나님의 영광도 드러납니다. 세상이 우리를 어디로 몰아가든 우리는 수동적으로 밀려갈 것이 아니라 우리의 본디 자리를 되찾기 위해 적극적인 노력을 기울어야 합니다. 물론 방법은 언제나 온유와 겸손이어야 하겠지요.

무엇이 우리를 이렇게 바닥까지 끌어내렸을까요? 크게 세 가지 힘을 꼽을 수 있습니다. 첫째는 자연과학입니다. 천문학은 우주가 얼마나 큰지 밝혀 지구와 사람을 초라하게 만들었고, 생물학은 인간과 동물이 같은 조상에게서 왔다고 주장하여 인간의 지위를 깎아내리고 있습니다. 둘째 힘은 첨단 기술입니다. 컴퓨터 기술의 발달로 기계가 인간을 대신하는 인공지능 시대가 되어 인간과 자연 사이의 구분이 희미해지고 있습니다. 인공지능의 기초를 제공한 뇌과학은 인간의 자유를 부인함으로써 인간의 독특함과 유일성을 박탈하려 하고 있습니다. 셋째 힘은 과학 및 기술 발전과 함께 달리는 정신적 변화로써, 현대 사상을 주도하는 포스트모더니즘입니다. 절대적인 것을 거부하는 사상으로써 한편 자기중심적 사고를 부추기면서 반대로 책임의식은 약하게 만들어 사람 특유의 존엄성을 부인하고 있습니다. 과학과 기술과 사상 이 세 가지가 함께 사람에 대한 우리의 생각을 뿌리부터 뒤흔들고 있습니다. 40대 이상은 이 영향을 상대적으로 적게 받았겠지만 젊은이들 특히 스마트폰과 함께 자란 세대는 달라진 이런 사고방식이 이미 주류 세계관이 되었다고 볼 수 있습니다. 따라서 교회가 다음 세대 문제를 논의할 때는 이런 세계관의 차이를 반드시 함께 고려해야 합니다.

과학과 기술과 사상이 한 데 어울려 세상을 어지럽히고 있습니다. 물론 국내 정치나 국제 정세도 한 몫을 하지만 이 어지럼증의 본질은 영적 혼란입니다. 가장 아래의 기초를 이루는 세계관의 변화로써 몸과 마음뿐 아니라 정치 경제 사회 문화를 다 포함합니다. 우리 성도의 삶 전반과 예배, 전도, 자녀교육도 다 얽혀 있습니다. 그런데 이 변화를 직접 느끼는 사람은 많지 않습니다. 너무 크고, 너무 깊고, 너무 빠른 까닭이지요. 롤러코스터의 짜릿한 속도감을 그보다 수천 배 빠른 지구를 타고서는 느끼지 못하는 것과 같습니다. 그렇지만 그 변화의 결과는 눈으로 확인됩니다. 국가적으로 결혼과 출산이 눈에 띄게 줄었습니다. 교회에는 빈자리가 많아졌지요? 예배당 뒤에서 앞을 바라보면 희끗희끗한 머리가 대부분입니다.

세상 혼란한 게 어제오늘 일이냐 물어서는 안 됩니다. 교회는 지금까지 세상이 제기하는 온갖 도전에 성실하게 또 적절하게 답변해 왔지만 대개 복음의 본질보다는 곁가지에 관한 것이 대부분이었습니다. 하지만 오늘 우리가 겪는 변화는 말 그대로 전대미문의 변화로써 전통적인 주류 가치관에 반기를 들고, 복음의 핵심에 대해서도 답하기 어려운 수많은 문제를 제기하고 있습니다. 변화 하나하나가 하나님에 대해, 우주에 대해, 존재 자체에 대해 깊은 신학적 성찰과 설득력 있는 답변을 요구하는데 어느 하나 쉬운 게 없습니다. 그리고 이 모든 질문은 우리 자신 곧 인간에 대한 물음을 중심으로 전개됩니다. 전통적 신학적 인간 이해에 대한 도전입니다. 사람이란 무엇입니까? 우리는 지금 어디 있으며 어디로 가야 합니까?

천문학

천문학은 밤하늘의 별을 연구하는 학문입니다. 별이 무엇일까요? 별은 낭만과 아름다움을 넘어 우주를 가리키는 말입니다. 천문학은 우주의 기원과 변화 등 여러 현상을 관측하고 분석합니다. 우주 전체를 대상으로 하니 당연히 규모가 크겠지요? 그래서 천문학에서는 늘 천문학적 단위를 사용합니다. 눈으로만 보던 우주가 망원경의 발견으로 더 크게, 더 자세하게 다가왔고 광학망원경 외에 전자망원경까지 등장하면서 우주에 대한 지식은 정말 폭발적으로 늘었습니다. 그리고 이런 지식의 증대가 우주와 인간에 대한 이해를 크게 바꾸어 놓았습니다.

우주가 얼마나 큰지는 아무도 모릅니다. 그런데 천문학에 따르면 현재 관측

되는 우주의 폭은 약 940억 광년이라고 합니다. 동서남북 상하좌우 어느 방향으로 바라보든 470억 광년까지 보인다는 말이지요. 빛이 1초에 가는 거리가 30만 킬로미터, 그러니까 지구를 7.5 바퀴 도는 거리인데, 그 빛이 1년도 아니고 470년도 아니고 470억 년을 달려야 하는 거리라면 얼마나 멀까요? 상상도 못 합니다. 그 먼 거리를 가 보지도 않고 알아낸 인간도 참 대단합니다.

크기도 놀랍지만 더 놀라운 건 구성입니다. 우리는 태양이라는 별에 딸린 행성에 살고 있는데, 지금 우리가 속한 우리 은하에만 태양 같은 별이 수천억 개가 있다고 합니다. 수천 개가 아니라 수천억 개입니다. 그 별들이 가장 많이 모인 중심부가 바로 밤하늘을 아름답게 수놓는 은하수지요. 우리 은하의 폭은 10만 광년 정도로 추정합니다. 감이 옵니까? 1977년 미항공우주국(NASA)이 발사한 보이저 1호가 KTX 최고속도보다 200배 빠른 시속 6만 킬로미터 속도로 40년 이상을 달려 이제 겨우 태양계를 벗어났습니다. 우리 태양에서 가장 가까운 별이 약 4광년 떨어진 프록시마 센토리인데 지금 속도로 달리면 7만 3천 년이 걸려야 닿는다고 합니다. 가장 가까운 별이 그 정도 떨어져 있습니다. 그런 별이 수천억 개 모여 있으니 폭이 10만 광년이 되는 것도 이상할 거 없지요.

그런데 우주에는 우리 은하처럼 생긴 은하가 약 2천억 개 이상 있다고 합니다. 2천억 개의 은하 하나하나가 수천억 개의 별로 이루어져 있다는 말입니다. 천문학적이지요? 너무 많아 컴퓨터로도 다 못 셉니다. 주요 은하 가운데 가장 가까운 게 안드로메다은하인데 우리 은하에서 약 250만 광년 거리입니다. 그 정도 떨어진 은하가 2천억 개가 있다니 무슨 말인지 아무 느낌도 없습니다.

문제는 뭡니까? 이 광대한 우주에서 우리 지구가, 아니 우리 태양계가, 아니 우리 은하 전체도, 더는 중심이 아니더라는 것입니다. 우주의 광대함을 몰랐을 때는 지구가 전부였고 인간이 중심이었지만 우주가 얼마나 큰지 아는 순간 인간과 지구가 함께 한 구석으로 밀려나 버렸습니다. 우리 인간에게는 이 지구도 사실 엄청나게 크지 않습니까? 그런데 광대한 우주에서는 지구를 포함한 태양계 전체가 먼지 한 톨도 되지 않습니다. 전통적 세계관이 밀려나면서 그것과 통하던 성경적 세계관, 성경적 인간관도 공격을 받습니다. 창조의 중심인 지구, 하나님 형상으로 창조된 존귀한 인간이라는 인식도 나도 모르게 약해진 거지요. 우주의 창조주이신 예수 그리스도께서 2천억 개나 되는 은하 가운데 우리 은하, 거기서도 수천억 개의 별 가운데 우리 태양계로 오셨다는 놀라운 진리를 듣고 고개를 갸우뚱하는 이들이 있기 때문입니다.

천문학은 우주의 나이도 밝혔습니다. 관측과 분석을 통해 우주가 엄청난 속도로 팽창하고 있음을 알았고, 계산을 통해 138억 년 전에는 우주가 한 점에 모여 있었다는 결론에 도달했습니다. 그때 대폭발과 함께 우주가 생겨났다는 게 바로 오늘날 천문학의 정설로 자리 잡은 빅뱅 우주론입니다. 사실 엄청난 고백입니다. 우주는 시작도 끝도 없이 그냥 있는 것이라 주장하던 불신자들이 성경 첫 구절이 가르치는 우주의 시작을 인정했으니 놀라운 일이지요. 빅뱅 현상과 또 그 결과로 주어진 물리상수 등 여러 조건은 신의 존재를 강력히 입증하지만 사실 그 신을 성경의 하나님과 연결하는 일은 쉽지 않습니다. 빅뱅 우주론은 지구가 먼저 있은 다음 별들이 생겨났다는 성경의 창조 기사와 다릅니다. 게다가 가장 마지막에 등장한 인간이 어떻게 이전의 모든 생물을 통치할 수 있었느냐 묻습니다. 천문학 이론은 지구와 인간이 우주의 장구한 역사 가운데 우연히 생겨났다고 봄으로써 인간을 우주의 중심으로 보는 성경과 대립하고 있습니다.

가장 큰 문제는 의미입니다. 성경은 하나님이 뜻을 갖고 우주를 창조하셨다 가르칩니다. 따라서 하나님이 우주를 왜 이렇게 크게 만드셨을까 하는 의문이 생깁니다. 무신론자 니체는 이렇게 광대하고 장구한 우주에서 인류는 아무런 뜻을 찾지 못한다는 허무주의를 주장했습니다. 믿음을 가진 우리는 신앙의 선배 파스칼처럼 우리가 가진 정신의 힘으로 광대한 우주를 단번에 삼킬 수 있지만 무한에 가까운 공간과 시간의 의미에 답하는 일은 성경을 믿는 우리로서도 결코 쉬운 일이 아닙니다. 확고한 믿음을 가진 이들에게는 하나님을 찬양할 더 큰 이유가 되겠지만 믿음의 초보에 있거나 아직 믿지 않는 이들에게는 걸림돌이 될 수도 있는 요소입니다.

생물학

천문학과 더불어 지질학도 우주의 긴 역사를 주장합니다. 하나님이 만드신 자연의 신비를 알아보려 시작한 연구가 뜻밖에 지구 나이가 45억 년이라는 결론으로 이어져 성경 창세기에 대한 문자적 이해와 충돌을 일으켰습니다. 교회에서는 창세기의 문자적 의미를 뛰어넘어야 한다는 주장과 지구는 그저 오래된 듯 보일 뿐 문자적 뜻이 옳다는 주장으로 나누어졌습니다. 천문학과 지질학은 우주와 지구가 오랜 역사를 가졌다고 주장함으로써 진화론을 가능하게 해 주었습니다. 현재처럼 복잡하고 다양한 생명체를 진화를 통해 설명하기 위해서는 오랜 세월이 필요했기 때문입니다.

현대 생물학의 주류는 진화론입니다. 진화론은 생명의 발전과 다양성에 대한 이론입니다만 영국의 찰스 다윈이 처음 제창한 이후 이론 자체가 많은 진화를 경험했습니다. 하지만 모든 생명체가 하나의 공통 조상을 가졌고 그 조상으로부터 변이를 동반한 전승을 통해 다양한 생명체를 이루었다는 다윈의 기본 주장은 160년이 지난 지금도 그대로 유지되고 있습니다. 진화론은 오랜 기간 화석 연구에 의존해 오다가 최근 발전한 유전학을 통해 모든 생명체가 DNA라는 동일한 기초 단위를 갖고 있음을 확인하여 더욱 힘을 얻고 있습니다.

진화론은 사람과 동물이 같은 조상을 가졌다는 이론입니다. 심지어 식물을 포함한 모든 생물이 단일한 공통의 조상에게서 비롯되었다는 거지요. 식물과 동물을 각기 종류대로 창조하셨다는 성경 기록과 맞지 않지만 무엇보다 사람을 특별하게 하나님과 닮은 존재로 창조하셨다는 성경 기록과 충돌을 일으킵니다. 사람은 하나님 형상이고, 사람은 그래서 하나님과 교제를 나눌 수 있고, 죄에 빠진 이후에는 하나님의 구원을 약속받았고, 나중에는 하나님의 본질에 참여하는 영광까지 누릴 것이라 가르치는데 진화론은 사람이 동물과 연속선상에 있다 가르치고 사람의 특별함보다 다른 동물과의 유대를 더 강조하고 있습니다.

진화론이 득세하면서 진화를 성경의 창조와 연결하려 시도한 사람도 많습니다. 하나님이 진화를 창조의 방법으로 쓰셨다는 소위 진화 창조론인데 인간의 기원과 발전에 관한 전통적 성경 이해와 너무나 다릅니다. 만약 진화론이 옳다면 아담이라는 최초의 한 사람이 있기 어렵습니다. 아담이 에덴에서 누렸던 무죄 상태와 선악과를 먹어 타락한 역사도 없어지겠지요? 그렇다면 인간은 모두 죄인이라는 성경의 선언과 그런 죄인을 구원하려 독생자를 보내셨다는 성경의 핵심 메시지도 뜻을 잃고 말 것입니다. 그렇기에 복음주의 신앙인이나 신학자들은 진화라는 개념 자체를 강하게 거부하며 하나님이 모든 것을 말씀으로 직접 창조하셨다는 점을 강조합니다.

전통적으로 사람을 독특하게 본 점에서는 동서양이 다르지 않습니다. 성경을 몰랐던 사람들도 본능적으로 또는 자연의 가르침을 통해 사람의 독특성을 인식했습니다. 사람만이 이성적 판단을 하고 사람만이 자유가 있어 도덕을 지키고 책임을 진다는 점을 분명히 알았습니다. 서양에서는 인간의 자유를 존엄성의 기본으로 삼았습니다. 동양은 자유 자체는 강조하지 않았지만 인간만이 자유를 전제로 하는 윤리를 안다 하여 사람의 독특성을 인정했습니다. 그러던 것이 우리 시대에 들어 사람의 독특성이 약해지면서 동물이 있는 자리까지 낮아지고 만 것입니다.

진화론은 모든 생물을 동등하게 본다는 점에서 힌두교 및 불교 세계관과 통합니다. 이 세계관에 따르면 모든 생물은 거대한 윤회의 고리를 따라 흘러가는데, 사람도 자기가 쌓는 업보에 따라 다음 생에서 벌레가 될 수 있고 짐승도 착하게 살면 다음 생에는 사람으로 태어날 수 있습니다. 사람만이 가진 영혼이 동물에게도 있어서 동물도 자유를 누리며 그 자유에 따르는 책임을 진다고 보는 거지요. 사람만 하나님의 형상으로 창조하시고 사람에게만 계명을 주셨다는 성경과 공존하기 어려운 세계관입니다.

진화론의 등장으로 동물은 지위가 상당히 높아진 반면 사람은 조금씩 지위가 낮아져 거의 평준화 단계까지 왔습니다. 창세기 2장에 따르면 하나님이 동물들을 만들어 아담에게 데리고 오셨을 때 아담은 동물들 이름만 지어주었을 뿐 어울리는 짝은 찾지 못했습니다. 그런데 우리 시대에는 동물이 애완동물을 넘어 반려동물 수준으로 지위가 높아졌습니다. 동물, 귀엽지요. 특히 개와 고양이는 사람과 깊은 유대관계를 형성합니다. 그래서 동물을 식구처럼 기르는 가정도 많습니다. 그렇지만 조심해야 합니다. 반려는 동등함을 전제하므로 단순히 아끼고 돌보는 관계를 넘어섭니다. 애완동물을 반려동물이라 부르는 그 자체로 우리는 이미 반성경적 세계관에 익숙해지고 있습니다. 그리고 적지 않은 경우 그렇게 동물과 가까워지는 일이 사람과 멀어지는 일과 맞닿아 있음을 기억할 필요가 있습니다.

동물의 지위가 높아지면서 성경적 원리에 혼란이 옵니다. 동물이 죽으면 천국에 간다고 생각하는 사람, 그래서 동물이 죽으면 장례식을 치러 주려는 사람, 나중에 천국에서 다시 만나리라 기대하는 사람이 적지 않습니다. 그 정도는 아니라 해도 동물을 사람처럼 대하는 일 자체는 언제나 조심해야 합니다. 자신을 강아지의 엄마라 부르거나 고양이의 언니라 부르는 일은 언뜻 보면 귀여운 행동으로 보일 수 있지만 인간과 동물 사이의 근본적 차이를 거부하는 세계관이 바탕에 깔려 있기 때문에 그런 표현을 사용하는 가운데 나도 모르는 사이 성경적 가치관에서 조금씩 멀어질 수 있습니다. 우리의 생각, 언어, 행동 하나하나가 우리가 가진 기본적인 세계관을 반영합니다. 성도는 애완동물을 기를 때도 성경적 원리에 따라 할 수 있어야 하며 내 개인적 취향이 뜻밖에 예수 그리스도의 십자가를 부인하는 행위마저 될 수 있음을 잊지 말아야 합니다.

인공지능

자연과학과 더불어 소위 4차 산업혁명이라 불리는 우리 시대 기술의 발전도 인간에 대한 관점을 크게 바꾸고 있습니다. 기술 가운데서도 인간관을 근본적으로 바꾸어 놓는 핵심 요인은 인공지능입니다. 말 그대로 사람이 만든 사람이지요. 하나님이 사람을 하나님 형상으로 창조하신 것처럼 이제는 사람이 자기와 닮은 존재를 만들어 창조주 흉내를 내는 셈입니다. 초기에는 별 관심을 못 끌었지만 챗GPT가 등장한 지금은 아무도 무시하지 못하게 되었습니다. 인격의 구성요소인 지, 정, 의 가운데 적어도 지성에 있어서는 이미 사람을 능가합니다. 전문가들은 머지 않아 감정과 의지까지 가진 인공지능이 등장할 것으로 예측하고 기대합니다. 일단 오해는 맙시다. 기계가 어떻게 감정과 의지를 갖겠습니까? 마치 무언가를 느끼고 결심도 하는 것처럼 조작할 수 있다는 뜻이겠지요. 지금 구현되고 있는 지능도 마찬가지입니다. 계산도 하고 글도 쓰지만 전부 사람이 프로그래밍한 대로 움직일 뿐입니다.

인공지능은 사람이 만든 도구입니다. 사람은 오래전부터 도구를 만들어 썼는데 도구는 모두 사람보다 능력이 뛰어납니다. 인류 최초의 도구라 하는 돌도끼도 사람의 손보다 훨씬 강합니다. 뜨거운 국에 손을 넣으면 데이지만 국자를 사용하면 간편하고 안전하게 뜰 수 있습니다. 사람은 자신보다 뛰어난 어떤 것을 만들어 자기 마음대로 사용할 수 있는 독특한 존재인 셈이지요. 그런데 이런 능력이 우리 시대에 와서 너무 많이 발전하게 되었습니다. 컴퓨터 기술의 발전이 낳은 괴물 인공지능 때문이지요.

　전자계산기도 초보적인 인공지능입니다. 그런데 사람과 비교할 수 없을 정도로 뛰어난 능력을 갖고 있습니다. 세기의 천재라 하는 사람들도 초보 계산기를 이길 수 없습니다. 이세돌을 제압한 알파고도 인공지능이고 얼굴 인식, 지문 인식 등의 기능도 인공지능입니다. 자율주행차도 나왔습니다. 전화기나 컴퓨터에 뜨는 각종 광고 인공지능의 작업입니다. 이렇게 한 가지 분야에서 인간을 능가하는 인공지능을 약 인공지능이라 부릅니다.

　이런 약 인공지능은 현재 여러 분야에서 인류에게 큰 유익을 주고 있습니다. 운전할 때 내비게이션의 도움을 안 받는 사람이 드물지요. 힘과 지혜가 뛰어나기 때문에 사람이 하기 힘든 일을 많이 대신해 주는데 효율이 비교할 수 없이 좋아지지요. 의료 진단의 정확도가 많이 높아졌습니다. 고속도로 톨게이트 통과가 얼마나 쉬워졌습니까? 또 감정이 없으니 궂은일도 마다 않습니다. 불평도 전혀 않지요. 앞으로도 도우미 역할을 많이 맡을 것으로 예상합니다. 물론 문제도 없지 않습니다. 법적인 문제, 이를테면 자율주행차가 사고를 낼 경우 누가 어느 정도로 책임을 질 건지 문제가 될 수 있습니다. 하지만 유익에 비할 때 그런 건 아무 것도 아닙니다.

　그러던 것이 올해 들어 챗GPT의 등장과 함께 많은 사람의 두려움과 우려가 시작됐습니다. 챗GPT는 사용자가 요구하는 데이터를 만들어 출력해 주는 생성형 기계입니다. 자료도 찾아주지만 시, 소설, 에세이 등 작품도 작하고, 그림도 그리며 작곡도 멋지게 합니다. 설교도 주문하는 대로 만들어 줍니다. 두려움의 원인은 무지입니다. 이 기계를 만든 사람들은 자기들이 그 기계의 알고리즘을 만들긴 했지만 이 기계가 왜 이렇게 멋진 답을 잘 만들어 주는지 알 수 없어 두렵다고 고백합니다. 그래서 전문가들은 지금 한 달에 한 번꼴로 경고문을 날리고 있습니다. 우리 좀 말려 주세요 하고 세계를 향해 호소하고 있습니다. 기계는 사람이 만들어 놓은 대로만 작동해야 하는데 그것을 넘어서고 있어 두려움을 자아내는 것입니다.

인공지능이 인간관에 미치는 영향은 사람과 닮았다는 점에 기인합니다. 사람 아닌 물건이 사람 역할을 대신합니다. 바둑을 두고, 계산을 하고, 얼굴, 음성, 지문을 식별합니다. 챗GPT도 요구하는 데이터를 만들어줄 때 타자를 치는 장면을 보여 줌으로써 마치 사람과 대화하는 느낌을 갖도록 조작해 놓았습니다. 사람과 대화를 주고받는 챗봇(채터봇)이 처음 등장한 때부터 기계를 사람과 혼동할 가능성이 예견되었고 이것을 첫 챗봇 이름을 따 "일라이자 효과"라 부르기도 합니다. 기계와 정서적 교감을 나눌 수 있다면 좋겠지요. 하지만 기계와 친숙해지는 만큼 사람하고는 멀어지는 게 문제지요. 사람을 인격으로 대우하는 일 자체가 쉽지 않기 때문에 정서적 교감이 가능하면서도 절대 복종하는 기계가 있다면 당연히 그걸 선호하게 됩니다. 키오스크 주문에 익숙해지면 직원에게 존댓말 써 가면서 주문하는 게 어색해집니다.

기계가 사람 노릇을 합니다. 올해 초 방영된 "응삼이가 돌아왔다"는 프로그램이 인간과 기계의 소통을 보여주는 대표적인 경우입니다. 응삼이는 그냥 기계요 프로그램인데 마치 사람인 듯 대화가 되지 않습니까? 말하는 로봇 소피아는 깊이 있는 철학적 대화나 사상 토론, 시사 토론까지 할 수 있습니다. 소피아는 2017년 사우디 아라비아 시민권을 받았습니다. 사람으로 인정해야 됩니까? 어디까지 해야 되는지 윤리적, 법적 문제가 끊이지 않을 것입니다. 철학적, 신학적 문제는 더 심각하지요. 음란물인 리얼돌은 물건이면서 사람 노릇을 합니다. 배우자가 있는 사람이 리얼돌을 사용하면 간음죄가 됩니까 안 됩니까?

인공지능 연구가들은 한 영역이 아닌 모든 영역에서 인간과 닮은, 다시 말해 모든 점에서 인간을 능가하는 소위 인공일반지능을 목표로 하고 있습니다. 그런 인공지능이라면 인간처럼 의식을 가질 수도 있을 것이라 보고 강 인공지능이라 부르기도 합니다. 세계적인 물리학자 스티븐 호킹은 인공지능이 발전하면 인류의 생존을 위협할 수 있다고 보고 세상을 뜨기 전까지 그 재앙을 예방하는 일에 헌신했습니다. 지금 전문가들은 인공지능이 호킹의 예상대로 발전해 간다고 보고 이대로 가다가는 인류의 멸종까지 가능하다고 보아 규제해 달라고 호소합니다. 미국에서는 인공지능 연구를 규제하기 위해 기업과 정부가 심도 있는 논의를 벌이고 있습니다.

인공지능이 인간관에 가져오는 혼란은 물건과 인간 사이의 구분이 희미해진다는 점입니다. 분명 인간이 만든 물건인데 사람 노릇을 합니다. 이번에 등장한 챗GPT는 지금까지 인간의 고유 영역이라 생각하던 창의성까지 사람보다 뛰어나게 구현하고 있습니다. 기계가 시를 쓰고 소설을 창작하리라고 누가 상상이나 했겠습니까? 지금은 드라마 대본도 쓸 수 있기 때문에 할리우드 극작가들이 기계가 만든 대본을 쓰지 말라며 몇 달째 데모를 벌이고 있습니다. 지금 기계의 도움으로 승승장구하는 웹툰 작가들도 머지않아 기계에 축출당할지 모릅니다. 챗GPT는 교향곡을 비롯한 작곡도 능숙하게 하는데 전문 작곡가의 말에 따르면 인간의 섬세한 감성을 이미 사람보다 더 잘 터치하고 앞으로 더 좋아질 것이라고 합니다.

기계가 도구로 머문다면 세계관에는 영향을 미치지 않습니다. 하지만 도구를 넘어 사람을 대신하는 단계로 가면 사람과 경쟁을 벌이게 되고 지는 사람도 생기게 됩니다. 기계를 만드는 인간은 우월감을 느끼겠지만 밀려난 사람들은 열등감과 혐오감에 빠지겠지요. 지금 인공지능은 점점 사람과 닮은 모습으로 변해가고 있습니다. 창의력을 발휘하게 된 것이 하나의 특이점이라면 사람처럼 마치 의식이 있는 듯, 마치 생각을 하는 듯, 이성적인 판단을 하는 듯 보이는 이 사실이 큰 위협입니다. 앞으로 사람처럼 기계도 자유의지가 있어 자유로운 판단을 하는 것처럼 보일 때, 다시 말해 인공일반지능 또는 강 인공지능이 등장할 때, 어떻게 대처할 것인지 미리부터 준비할 필요가 있을 겁니다.

챗GPT 등장 이후 과연 의식을 가진 인공지능이 등장할 수 있을까 하는 논쟁이 더욱 격렬하게 일어나고 있습니다. 기계가 생각할 수 있을까? 기계가 자유의지를 갖고 도덕적 행동을 할 수 있을까? 인공지능의 아버지라 불리는 앨런 튜링이 오래전 제기한 질문입니다. 오늘도 이 질문에 대해서는 답이 양극으로 갈립니다. 반드시 그렇게 될 것이라 보는 사람과 절대 불가능하다는 사람이 공존합니다. 이 차이는 기본 세계관의 차이에서 옵니다. 보이지 않는 형이상학 차원의 차이인데 간단히 말해 기독교인과 불신자 사이의 차이기도 합니다. 인간을 하나님의 존귀한 피조물로 믿는 사람은 인공지능은 절대 생각하거나 이성적 도덕적 판단을 할 수 없다고 믿습니다. 그런 신앙을 갖지 못한 사람, 특히 영혼의 존재를 믿지 않는 유물론 입장을 견지하는 이들, 또는 인간 말고도 영혼을 가진 존재가 얼마든지 있다고 믿는 사람들은 인간이 만든 기계도 충분히 복잡하기만 하면 사람처럼 생각하고 판단도 할 수 있다고 믿습니다.

뇌과학

그렇게 볼 때 인공지능 기술의 발전은 두 세계관 사이의 정면 승부가 될 가능성이 큽니다. 하나님의 창조를 믿는 세계관과 물질 중심의 유물론 세계관의 대결, 즉 유신론 세계관과 자연주의 세계관의 충돌입니다. 간단히 말해 우주가 과연 하나님의 피조물인지 아니면 저절로 생겨난 어떤 것인지 인간의 피조물인 인공지능의 발전 과정을 통해 확인할 수 있다는 뜻입니다.

인공지능 발전이 두 세계관의 각축장이 된 이유는 현대 인공지능 기술이 인간의 뇌를 모방한 신경망을 기본으로 하고 있기 때문입니다. 신경망은 말 그대로 뇌를 중심으로 하는 중추신경계를 그대로 본떠 만든 것입니다. 뇌과학의 연구 결과를 그대로 활용한 것이지요. 인간의 두뇌와 비슷한 뉴런의 계층 구조를 상호 연결함으로써 기계 학습 또는 딥 러닝이라는 과정이 가능해졌는데 딥 러닝은 간단히 말해 기계가 사람처럼 공부를 한다는 뜻입니다. 예부터 공부를 해야 사람이 된다 하는데 챗GPT는 사람이 몇 번이나 되고도 남을 정도로 엄청난 공부를 했습니다. 그렇게 학습한 방대한 자료를 근거로 사람이 요청하는 자료를 만들어주지요. 이런 신경망이 더 복잡해져 의식이 생겨나는 것을 다음 단계의 특이점으로 기대하는 이들이 많습니다.

뇌과학은 기본적으로 정신은 물질의 활동이라는 원리에 근거해 인간의 사고 또는 의식을 연구하는 학문입니다. 정신이 물질과 별개로 존재하는 게 아니라 물질의 존재 방식의 하나일 뿐 물질이 사라지면 정신도 사라진다는 입장입니다. 한 마디로 유물론이지요. 유물론은 진정으로 존재하는 것은 물질뿐이라는 생각 또는 정신은 물질에 종속된다는 사고방식을 가리킵니다. 뇌과학은 인간 두뇌와 신경의 활동에 대해 이미 많은 성과를 보이고 있습니다. 그런데 인간의 의식을 물질을 근거로 연구하기 때문에 인간 의식의 모든 것이 인과법칙의 틀에 갇혀 있게 되고 인간만이 가진 자유도 환상에 불과하다고 봅니다. 자유란 없고 사람도 결국 동물과, 더 나아가 자연물과 별 차이가 없다는 뜻이지요. 인간의 특별함, 사람만의 존엄성도 함께 사라집니다.

뇌과학은 사람에게 자유가 없다는 주장을 과학 실험을 통해 입증하려 시도합니다. 인간의 뇌파를 탐지하는 방식으로 자유 여부를 분석하는데 자유 선택이라 생각한 것이 알고 보니 그 선택 직전에 뇌에 주어진 준비 전위에 따르는 결과일 뿐이라 주장합니다. 사람은 직관적으로 자신이 자유롭다 느끼는데 그런 직관이 결국 착각이라는 거지요. 인간은 생화학적 꼭두각시에 불과하다는 말도 합니다. 유발 하라리 같은 무신론자들은 이런 실험에 열광하면서 인간에게 자유가 있다고 믿는 사람들을 공격합니다.

자유가 없다는 말이 무슨 뜻일까요? 불신자들은 그저 인간 존엄성이 빛을 잃었다고 생각하겠지요. 자유가 없는 인간을 위해 새로운 윤리를 만들어야 하니 일이 좀 많겠지만 그게 답니다. 하지만 우리 그리스도인이 볼 때는 문제가 심각합니다. 기독교 복음 전체가 인간이 가진 이 자유를 전제하기 때문입니다. 복음이 뭡니까? 예수 그리스도께서 죄에 빠진 우리를 위해 오셔서 우리 죄를 용서하시고 영원한 생명의 구원을 주셨다는 것 아닙니까? 그런데 인간의 죄는 하나님이 명령하신 것을 어긴 잘못이고 그것이 잘못이 되기 위해서는 사람에게는 하나님 명령을 어기지 않을 자유가 있었음을 전제합니다. 먹고 안 먹을 자유가 있었기에 하나님이 아담에게 먹지 말라고 명령하신 것 아니겠습니까?

유물론 세계관은 물질만 있던 곳에 생명이라는 것이 우연히 생겼고 생명 활동이 점점 복잡해지면서 정신 또는 의식이라는 것도 생겨났다고 봅니다. 새로운 것의 등장을 과학으로 설명할 수 없어 창발이라는 용어를 씁니다. 인간의 뇌와 의식도 그런 과정의 결과일 뿐입니다. 그래서 인공지능의 신경망을 더욱 복잡하게 만들어 거기서 의식이 생겨나기를 기대하고 있습니다. 하지만 과학은 생명이나 의식을 만들지 못할 뿐 아니라 그것들의 역사적 기원조차 설명하지 못하고 있습니다. 그래서 하나님의 창조를 믿는 이들은 기계가 아무리 복잡해지고 아무리 사람을 닮는다 해도 거기서 정신이 나오고 영혼이 생겨나는 것은 절대 불가능하다고 봅니다. 당연히 불가능하지요. 문제는 기계를 더욱 정교하게 만들어 마치 의식이 있는 듯 작동하게 만들 경우 그것이 가짜 의식임을 어떻게 밝힐 것인가 하는 점입니다.

믿음의 학자들은 유물론자들의 주장을 반박하려고 애쓰고 있습니다. 공격자들은 과학 실험을 이용하지만 대항하는 우리는 그렇게 하기 어렵습니다. 사람은 모두 죄인이라는 성경의 선언은 유전자를 아무리 분석해도 밝힐 수 없는 것이기 때문입니다. 사람에게 자유가 있는가, 죽음 이후에도 살아남는 영혼이 있는가 등의 질문에도 우리는 성경을 이용해 답할 수밖에 없습니다. 자유와 영혼의 존재 역시 실험실 연구로 밝힐 수 있는 것이 아닌 까닭입니다. 자유를 부인하는 실험의 학문적 결함이나 한계를 과학적 방법으로 밝힌다면 나름 유익한 대응이 되겠지만 그런 방법을 시도한다는 이야기는 아직 들리지는 않습니다. 그런 가운데 인간에게 자유가 없다는 주장이 암암리에 사람들 의식을 파고듭니다. 인간의 본질 가운데 가장 중요한 요소가 사라진 새로운 세계관이 점차 자리를 잡아가고 있다는 뜻입니다.

포스트모더니즘

자유가 없는 인간 또는 동물과 크게 다르지 않은 인간은 우리 시대의 사상적 기류와 멋진 조화를 이룹니다. 참 놀랍게도 천문학이나 생물학 같은 자연과학이 발전하고 컴퓨터와 인공지능 기술이 발전하는 과정은 우리 시대를 대표하는 사상인 포스트모더니즘이 확산하는 과정과 일치합니다. 시기만 같은 것이 아니라 지향하는 바도 똑같습니다. 우리 시대의 학문, 기술,

사상이 함께 인간에 대한 전통적 관점을 바꾸어 놓으면서 성경의 가르침에 반기를 들고 있습니다.

포스트모더니즘은 우리 시대의 사상을 포괄하는 용어입니다. 다양한 요소의 복합체로써 서로 모순되는 것들까지 저 안에 품은 기묘한 사상인데, 몇 가지 특성을 보자면 우선 절대적인 것에 대한 거부감이 강하여 모든 것을 상대적으로 이해합니다. 전체를 포괄하는 원리 곧 거대담론을 거부하는 태도로 나타나는데, 인간 이성의 힘이나 마르크스주의 같은 교조적 사상도 거부하지만 하나님의 창조와 십자가 구원을 전파하는 기독교에도 반감을 갖습니다. 절대 진리는 없기 때문에 그때그때 달라지는 정치적 올바름을 중시합니다. 우리 시대의 복잡한 성 윤리가 바로 이런 혼란상의 한 보기입니다.

절대 진리가 없다 보니 모든 점에서 나 중심의 삶을 살게 됩니다. 왕이 없어 모두가 자기 마음대로 하던 사사시대와 닮았지요. 모두가 인정하는 진리가 없으니 그저 내 마음에 들면 진리가 됩니다. 내 마음에 안 드는 소식은 사실 여부와 무관하게 무조건 가짜 뉴스가 되지요? 정의, 평등, 자유, 진리 등 인류의 기본 가치가 거대담론이라는 이유로 외면을 당합니다. 역사를 보거나, 시대의 상황을 판단할 때도 언제나 내 유익이 기준이 됩니다.

그런데 참 아이러니입니다. 모든 게 나 중심인데 정작 인간 자아는 무시하기 때문입니다. 포스트모더니즘 자체가 근대성(모더니티)에 대한 반발로 등장했기 때문에 인간의 이성과 자유를 강조한 근대에 맞서 그것들의 중심이라 할 수 있는 자아마저 부인하게 된 것입니다. 극단적으로 보는 사람은 자아는 주위 환경의 집합체일 뿐이라 하면서 그런 환경의 영향을 수용할 주체의 존재 자체를 부인합니다. 자아 또는 영혼이 아예 없다는 거지요. 인간의 자유를 부인하는 뇌과학이나 인공지능과 잘 통하지요? 인간이 동물이나 식물과 근본적으로 다르지 않다 주장하는 진화론하고도 잘 어울립니다.

자아는 없지만 모든 게 나 중심이다 보니 결국 자기중심적 무책임이 우리 시대의 특징이 됩니다. 자유를 누리며 책임도 질 줄 아는 참 자아가 사라지면 그 자리에는 거짓 자아, 곧 책임은 거부하면서 자신의 유익만 추구하는 그런 자아가 자리를 잡게 됩니다. 첫 인간 아담도 자유를 누렸으면서 책임은 아내와 하나님께 떠넘기려 했습니다. 그런 태도로 사는 자아라면 사실제 마음대로 하는 일도 참 자유라 하기 어렵겠지요. 말은 자유지만 사실상 죄와 마귀의 노예 아니겠습니까? 자유가 없다는 말은 인과법칙의 지배를 받는다는 말입니다. 정신을 물질로 격하시키는 일이며 하나님의 형상인 사람을 동물과 같은 차원에 두는 일입니다. 동물은 생각이 있는 듯 보여도 사람처럼 생각하거나 자유로운 판단을 할 수 없고 죄도 지을 수 없습니다. 그렇기에 하나님의 심판대 앞에 설 수도 없고 천국에 가지도 않습니다.

문제는 그런 왜곡된 자아관이 보편적으로 퍼지면서 성경이 가르치는 참 자아관을 공격한다는 점입니다. 자유를 가진 자아, 그래서 하나님과 사람 앞에서 책임을 지는 그런 존재가 없다면, 인간에게 계명을 주시고 순종 여부에 따라 심판하겠다 하신 하나님 말씀이 공격을 받겠지요? 이는 기독교 복음 전체에 대한 공격이기도 합니다. 자유가 없다면, 그 자유를 행사하여 책임을 질 영혼이 없다면, 에덴 동산에서 구원자를 약속하신 하나님의 약속도 뜻을 잃게 되고, 수많은 계명을 주시면서 지키는 자에게는 복을 어기는 자에게는 벌을 약속하신 하나님 말씀도 뜻을 잃게 되고, 죽음 이후 하나님의 심판대 앞에 서야 한다는 성경의 경고 역시 뜻을 잃고 말 것입니다. 사람에게 자유가 없다는 뇌과학의 연구나 유물론자들의 주장은 기독교 복음의 진리성을 정면으로 공격하는 무서운 사상입니다.

우리 시대 젊은이들을 두고 자기 중심적이다, 책임감이 약하다, 앞날 계획을 잘 세우지 않는다 등의 평가를 하는 이유 역시 이런 사상의 영향 때문일 것입니다. 결혼이 현저하게 줄고 출산도 줄어드는 것은 책임지기 싫어하는 세태의 영향일 수 있습니다. 나 아닌 남을 책임지는 것도 부담스럽고, 자녀 양육을 위해 희생하는 것도 내키지 않습니다. 특히 사람이 하나님의 존귀한 형상이라는 인식이 약해진 점도 출산과 양육에 대한 거부감의 원인일 수 있습니다. 따라서 교회는 다음 세대를 생각할 때 이들이 이러한 반성경적 사상의 영향을 많이 받았음을 염두에 두고 그런 잘못된 세계관을 제거하고 말씀에 바탕을 둔 올바른 세계관을 세워주는 일에도 애써야 합니다.

사람이란 무엇인가?

하나님이 처음 창조하신 사람은 하나님 바로 아래, 다른 모든 피조물 위에 있었습니다. 사람이 죄로 타락한 이후에도 이 존귀함은 없어지지 않았습니다. 하지만 창조주를 거부하려는 타락한 본성을 가진 결과 다스려야 할 피조물을 하나님처럼 섬기는 죄를 짓게 되었습니다. 그런 흐름의 하나로 우리 시대의 인간은 하나님 형상이라는 존귀함을 내던지고 동물이나 자연물 수준으로 낮아지고 있습니다. 스스로 망가지기를 즐기는 거지요. 자유를 누리며 책임을 지는 삶 대신 인과법칙 아래 자신을 종속시켜버린 비참한 인간의 모습입니다.

이런 형편을 살아가는 우리 그리스도인의 과제는 성경의 가르침으로 돌아가는 일입니다. 우리가 먼저 성경적 진리, 특히 성경이 사람에 대해 가르치는 바를 바로 알고 삶으로 구현하면서 그것을 사람들에게도 보여주는 일입니다. 시대를 바로 알아 말씀으로 분석하고 잘못된 모든 것을 말씀으로 바로잡는 참으로 값진 사명입니다. 사람이 무엇인지, 사람이 어떤 존재인지는 신학적으로 많이 연구한 주제이지만 간단히 창세기 첫 장으로 돌아가 살피는 인간의 본질은 크게 사랑, 자유, 노동 세 가지입니다. 이 셋 모두 하나님 형상하고도 깊이 이어진 특성입니다.

사람은 첫째 하나님을 닮아 사랑으로 연합된 존재입니다. 하나님이 성부, 성자, 성령 삼위이시지만 한 하나님으로 연합되어 계신 것처럼 하나님 형상으로 창조된 인간 역시 하나님을 닮아 둘이고 셋이고 열이지만 하나가 되어 서로 사랑하며 살 때 하나님이 사람을 창조하신 뜻이 드러납니다. 기계는 사랑을 모릅니다. 인공지능 시대에는 인간과 기계가 정서적 유대를 갖는 듯 보이지만 어디까지나 인간의 일방적인 느낌에 지나지 않습니다. 참된 교감, 진정한 정서적 유대는 사람과 사람 사이에만 가능합니다. 그런 교감은 감정에 그치지 않고 지성 및 자유와 어울려 사랑을 실천하는 삶으로 열매를 맺습니다.

사람은 또 자유입니다. 하나님은 사람에게만 계명을 주시고 순종 여부에 따라 심판하겠다 하셨습니다. 뇌과학이 그 어떤 실험 결과를 내놓든, 인공지능이 인간과 얼마나 비슷해지든, 사람에게는 하나님이 주신 영혼이 있고 그 영혼은 마지막 날 하나님 앞에서 심판을 받아야 한다는 점은 분명한 성경적 진리입니다. 사람은 동물이 아닙니다. 사람은 인과법칙에 갇힌 자연물과 다릅니다. 그 점에 인간의 존귀함이 있습니다. 죄에 빠진 인간은 스스로를 죄의 노예로 내어주지만 그리스도께서 주시는 자유를 얻은 우리는 자유 가운데 하나님이 기뻐하시는 일을 하며 특히 이웃을 위해 기꺼이 노예가 되는 최고의 자유까지 누리게 됩니다.

사람은 또 노동하는 존재입니다. 전부터 알고 있던 거지만 인공지능이 인간의 역할을 하나씩 둘씩 빼앗아가면서 다시금 확인하게 된 인간의 특성입니다. 하나님은 사람을 노동하는 존재로 창조하셨습니다. 일을 하라고 만드신 것입니다. 하나님이 창조하신 피조물을 다스리는 일입니다. 노동은 죄지은 인간에게 주어진 고통이 아니라 창조의 첫 순간부터 인간에게 부과된 신성한 사명입니다. 죄 때문에 고통과 뒤엉켰지만 그리스도의 은혜로 구원받은 이들은 사랑의 노동을 통해 노동의 참 가치를 구현하게 됩니다. 특히 노동이 줄어드는 우리 시대에 이 사명은 우리의 창의성을 통해 인간의 참 모습을 드러낼 중요한 특성입니다.

사랑, 자유, 노동이 사람의 참 모습입니다. 자연과학이 가르치는 인간, 첨단 인공지능 기술이 보여주는 인간, 포스트모더니즘이 그리는 인간은 이 셋과 너무나 거리가 멉니다. 거리가 먼 정도가 아니라 사실 성경적 인간관과 반대로 달립니다. 그런 세상에서 우리는 성경적 세계관을 바로 알고 명확하게 구현하고 강력하게 이웃에게 전파할 수 있어야 합니다. 과학과 기술이, 또 그것의 뒷배가 되는 시대 사상이, 성경적 인간관과 세계관을 공격할 때 우리는 그런 공격이 잘못이라는 점도 보여주어야 하지만 그들이 거짓이라 주장하는 그 세계관 곧 성경의 가르침이 영원한 진리라는 것을 보여줄 수 있어야 합니다.

우리의 과제

쉽지 않습니다. 우선 말로 하는 변증부터 대단히 어렵습니다. 우리의 생각 한 조각, 말 한 마디가 우리의 세계관을 반영하는데 그리스도인도 대부분 반성경적 세계관의 영향을 받고 있기 때문입니다. 더욱이 세상이 워낙 복잡하여 한 개인이 모든 분야에서 올바른 성경적 가치관을 갖추는 것은 거의 불가능합니다. 따라서 각 분야의 전문가들이 한자리에 모여 머리를 맞대고 기도하며 성경적 원리를 연구할 연구소 같은 기관이 꼭 필요하며 그런 연구 결과를 학교나 교회를 통해 서로 나누고 실천할 수 있어야 합니다. 그런 체계적인 지원 없이는 이 복잡하고 힘든 시대를 온전한 그리스도인으로 살기가 거의 불가능합니다.

이론도 쉽지 않지만 우리의 말은 반드시 삶으로 나타나야 하므로 더욱 어렵습니다. 반성경적 세계관이 허구임을 보여줄 방법은 언제나 우리의 삶입니다. 기계와 정서적 교감을 나눌 수 있다 주장하는 이들에게 우리는 오직 사람만 서로 사랑할 수 있음을 보여야 합니다. 그러자면 우리의 생각과 말이 사랑의 행동으로 구현되어야 합니다. 어려운 이웃을 볼 때 불쌍히 여기는 마음을 가져야 하며 그들을 위해 우리의 몸과 재능과 재물을 선뜻 제공할 수 있어야 합니다. 그렇게 함으로써 사람은 다르다는 것을 보여주어야 합니다. 특히 포스트모던 시대에 중요한 게 실천인데 그런 시대가 아니라 해도 실천이 아니고서는 우리의 주장을 입증할 방법이 없습니다.

자유의 경우는 더 절박합니다. 뇌과학과 인공지능이 합세하여 사람에게는 자유가 없다고 주장도 하고 실험 결과도 발표합니다. 성경은 사람의 자유를 가르친다고 말로도 외쳐야 하겠지만 사람이 정말로 자유롭다는 것을 삶으로 입증할 수 있어야 합니다. 자유가 없다는 것은 실험실에서 연구할 수 있는지 몰라도 자유가 있다는 것은 실험실 연구로 입증할 수 있는 게 아닙니다. 대신 우리 삶에서 실험실보다 더 명확하게 밝힐 수 있습니다. 모두가 돈에 중독되어 돈의 인과관계에 종속되어 있을 때 우리는 그 돈으로 이웃을 사랑함으로써 주님이 주시는 자유를 보여줄 수 있습니다. 모두가 자신이 입은 손해를 오직 보상으로 해결하려 할 때 그리스도인은 용서를 통해 자유의 힘을 보여줄 수 있습니다.

일에 찌든 사람은 쉼을 고대합니다. 인간의 노동이 고통과 뒤섞인 이후 쉼이 구원을 가리키는 말이 되었습니다. 하지만 그리스도의 구원을 경험한 사람은 노동에서 벗어나기를 바라는 대신 거꾸로 사랑의 노동을 하고 싶어 합니다. 남의 것을 훔치던 삶이 남을 위해 오히려 더 많이 일하는 삶으로 변합니다. 희생과 봉사와 수고를 조롱하는 우리 시대에 그리스도인의 사랑의 노동은 사람의 본질이 무엇인지 보여주는 멋진 행동이 될 것입니다. 사람은 동물과 다르다는 것을 보여주는 가장 아름다운 방법이 바로 사랑의 노동일 것입니다. 사랑으로 수고하는 인간의 모습은 인공지능이 아무리 성장해도 결코 도달하지 못할 인간 고유의 존엄함입니다.

사람이 바닥까지 낮아졌습니다. 짐승같은 삶, 심지어 짐승보다 못한 모습까지 보이고 있는 현실 가운데서 우리 그리스도인은 사람이 마땅히 있어야 할 자리를 바로 알고 자신을 거기 두기 위해 애써야 합니다. 아직 물이 덜 든 기성세대가 할 수 있어야 합니다. 성경적 세계관을 바로 배워 실천하되 무엇보다 인간의 참 모습을 성경이 가르치는 그대로 삶에 구현할 수 있어야 합니다. 그래야 지금 비어가는 예배당을 청년들이 하나씩 둘씩 채울 수 있을 것입니다.

우리가 누구인지 또 우리가 있어야 할 곳이 어디인지 알려주신 은혜의 주님께 감사와 찬송을 드리면서 바로 알고 바로 사는 일에 자신을 드려야 합니다. 우리가 하나님이 뜻하신 존귀한 그 자리로 올라가려 할 때 사람들은 조롱과 비난의 말을 던질 것입니다. 우리를 끌어내리려 할 수도 있습니다. 그럴 때 우리는 겸손과 온유의 섬김으로 복음을 바로 보여주고 그들도 우리처럼 하나님의 형상다운 존귀함을 되찾도록 도와야 합니다. 그것이 이 혼란스러운 시대를 살아가는 우리 그리스도인의 사명일 것입니다. 우리가 그렇게 자유 가운데 사랑의 섬김을 실천할 때 하늘에 계시는 우리 아버지께서 영광을 받으실 것입니다.

토의를 위한 질문

1. 우주가 얼마나 큰지 들어 보았습니까? 하나님을 향한 찬양이 먼저 터져 나왔습니까, 아니면 왜 이렇게 큰지 궁금증이 생겼습니까, 아니면 둘 다입니까? 불신자에게 우주가 왜 이렇게 큰지 어떻게 설명할 수 있겠습니까?

2. 홍수에 떠내려가는 개를 목숨을 걸고 건졌다는 청년 이야기가 미담이 되고 있습니다. 그런 이야기를 들을 때 나도 공감을 합니까, 아니면 어리석은 일이라고 생각합니까? 동물이 사람만큼 높아졌다고 느끼게 만드는 일에는 어떤 것이 있습니까?

3. 나는 키오스크 주문에 얼마나 익숙합니까? 키오스크와 사람 직원이 함께 있을 때 어느 쪽을 선택합니까? 사람을 선택한다면 그 이유는 무엇입니까? 기계를 선택한다면 그 이유는 무엇입니까? 기계의 편리함 때문에 사람과 멀어지는 경험을 해 보았습니까?

4. 나는 내가 자유인이라는 것을 어떻게 압니까? 자유를 입증할 수 있는 근거는 무엇입니까? 자유를 부인하는 뇌과학의 실험 결과에 대해 나 자신을 근거로 어떤 반박을 할 수 있겠습니까? 적어도 나는 자유가 있고 책임도 질 준비가 되어 있습니까?

5. 우리 시대는 유물론이 득세하고 있습니다. 전체 인류가 돈, 쾌락, 명예, 권력의 인과법칙에 종속되어 있으니까요. 내가 속한 직장이나 교제권에서 유물론이 거짓임을 보여줄 방법은 무엇일까요? 주님이 주신 자유의 능력이 내 지갑, 내 시간, 내 재능에서는 어떻게 나타나고 있는지 돌아봅시다.

참고자료: 권수경 『변하는 세상 영원한 복음』 2020년 1월, SFC 출판부.

하나님, 사람, 자연의 삼중주^{trio}

김대중(한밭교회 담임목사)

환경 문제와 기독교

1967년, 과학자 린 화이트$^{Lynne\ White,\ 1907-1987}$가 기독교가 작금의 환경문제를 유발한 종교라고 비난하여 학자들 간에 떠들썩하게 논쟁이 벌어졌었습니다. 기독교에 대한 깊은 오해에서 비롯된 잘못된 주장이긴 하지만, 솔직히 현대 기독교, 특히 보수적인 교단들은 환경에 대해 다소 소극적인 태도를 보여왔던 것은 사실입니다. 환경문제에 관한 기독교계의 연구가 많이 부족하고, 기독교 환경운동 역시 타종교나 시민단체들에 비해 많이 적극적이지 않아 보입니다. 그러나 이러한 우리 기독교인들의 관심과 노력과는 별개로, 하나님은 자연환경에 대해 큰 관심과 애정을 갖고 계시고, 그런 하나님의 마음은 주의를 갖고 보면 성경 곳곳에 새겨져 있음을 발견합니다.

이 장에서 우리는 먼저 성경에 나타난 하나님-인간-자연환경의 관계를 살펴보고 이러한 관계 속에서 현재 대두되고 있는 몇 가지 환경 이슈들을 생각해보고자 합니다.

하나님과 인간, 자연의 삼중주

기독교에 대해 흔히 오해하는 것은 기독교가 하나님과 인간의 관계만 다루고 있다고 보는 것입니다. 기독교 구원론을 보더라도 인간의 구원에만 초점을 맞춰 전개하는 경향을 쉽게 볼 수 있습니다. 그러나 성경 전체를 조망해 보면 우리는 하나님과 인간과 자연이 마치 삼중주처럼 하모니를 이루어 아름답게 연주하고 있음을 발견합니다. 그렇다면 이 연주 속에 드러나는 인간과 자연은 어떤 모습일까요?

렘브란트의 "무덤의 그리스도와 막달라 마리아"Christ and St Mary Magdalen at the Tomb, 1638이란 작품이 있습니다. 그것은 요한복음 20:11~17에 묘사된 예수님의 부활을 담고 있는 작품입니다. 구글 이미지에서 쉽게 찾아볼 수 있는 이 작품을 묘사하자면 다음과 같습니다. 예수님이 장사 되었던 빈 무덤 앞에 두 천사가 있습니다. 그리고 그 앞에는 사라져버린 예수님으로 인해 금방이라도 펑펑 울 것 같은 얼굴의 막달라 마리아가 앉아 있습니다. 그런데 앉아 있는 마리아의 머리가 부자연스럽습니다. 오른쪽으로 크게 젖혀져 있는데 뒤의 누군가를 쳐다보기 위함입니다. 마리아는 누구를 그렇게 힘들여서 보고자 하고 있을까요? 바로 부활하신 예수님입니다.

부활하신 예수님을 본 마리아는 어떤 기분이 들었을까요? 당연히 당장 벌떡 일어날 만큼 놀랍고 기쁘지 않았을까요? 그런데 그림에 담긴 그녀의 표정은 그렇지 않습니다. 그보다는 간청하는 표정입니다. 안타까운 마음이 가득한 표정입니다. 왜 그럴까요? 그 이유는 마리아가 예수님을 예수님이 아닌 "동산지기"로 착각했기 때문입니다(요 20:15). 그리고 그 동산지기가 예수님의 시신을 옮겼다고 오해했기 때문입니다. 그래서 마리아는 슬픈 얼굴로 그 동산지기에게 사랑하는 예수님의 시신을 돌려주십사 간청하고 있습니다.

이상하다는 생각이 듭니다. 막달라 마리아는 예수님을 너무나 사랑하던 예수님의 제자입니다. 그런 그가 어떻게 예수님을 동산지기로 착각할 수 있을까요? 그런데 렘브란트의 그림을 보면 충분히 이해가 갑니다. 그림에 묘사된 부활한 예수님의 모습을 보면 영락없는 정원사의 모습입니다. 그는 챙이 넓은 밀짚모자를 썼습니다. 오른손에는 긴 삽을 들었고 허리춤에는 정원용 칼을 꽂고 있습니다. 만일 그림의 제목이 없고 천사도 없었다면 그를 예수님이라고 생각할 사람은 아무도 없을 것 같습니다.

실제로 예수님이 그런 정원사의 모습으로 나타났을지는 알 수 없습니다. 그런데 15세기 여러 성화들을 보면 예수님을 그런 정원사로 묘사한 작품들이 제법 보입니다. 같은 내용을 그린 라비니아 폰타나Lavinia Fontana의 작품을 봐도 예수님은 영락없는 중년 정원사의 모습입니다. 당시 교회는 예수님이 정말 그런 모습으로 나타났다고 믿었던 모양입니다.

예수님이 정말로 정원사의 모습으로 나타났는지 그 사실 여부를 떠나서, 예수님이 동산지기 또는 정원사로 여겨졌다는 성경의 기록은 환경윤리학자의 눈으로 볼 때 단순한 해프닝이 아닙니다. 왜냐하면 하나님은 태초부터 에덴동산을 만드신 분이고 마치 동산지기처럼 그 동산을 거니셨던 분이기 때문입니다(창 3:8). 요한복음 15장에서는 하나님을 포도가지를 손질하는 "농부" 또는 "정원사"gardener NIV로 설명합니다. 이사야서에서는 회복될 땅을 "여호와의 동산" 같게 만들리라고 합니다(사 51:3). 그래서 미국 서적 중에는 "정원사 하나님"이 제목으로 쓰인 책들이 여럿 있습니다.

이처럼 하나님이 정원사라면 우리가 살고 있는 지구는 뭐라 비유할 수 있을까요? 정원입니다. 지구는 하나님이 만든 정원입니다. 4년 전쯤 경기도 곤지암에 있는 화담숲을 가 봤습니다. 그 숲의 설립자는 1,300여 그루의 명품 소나무들을 심어서 소나무정원을 만들었고, 탐스러운 수국들이 넘치는 수국정원도 만들었고, 색동옷을 입은 원앙들이 노니는 아담한 연못도 조성했습니다. 그 아기자기하면서도 아름다운 숲의 모습에 저는 입을 다물 수 없었습니다. 마찬가지로 태초에 하나님도 당신의 정원을 그렇게 아름답게 만드셨습니다. 최고의 지성과 미적 감각, 그리고 무엇이든 원하는 대로 창조할 능력을 갖추신 하나님은 화담숲과는 도무지 비교할 수 없는 조화로움과 풍요로움, 미를 갖춘 완벽한 정원으로 지구를 만드셨습니다. 그중에는 히말라야 만년 설산들이 있습니다. 푸르른 바다와 하늘, 그리고 그 속에서 노니는 다양한 동식물들도 만드셨습니다. 이들을 비출 조명에도 각별한 신경을 쓰셔서 때마다 해와 달이 지구의 신묘막측한 아름다움을 드러내보이게 하셨습니다. 이후 하나님은 당신의 정원이 얼마나 마음에 드셨던지 good! good! good! 여섯 번이나 감탄하시며 기뻐하셨습니다.

지구가 하나님의 정원이라면 사람은 어떤 존재일까요? 이 정원의 청지기입니다. 하나님은 지구를 창조하고 뒤이어 사람을 지었는데, 특이하게도 다른 동식물과는 달리 당신의 형상을 닮은 존재로 사람을 창조했습니다. 하나님을 닮아서 사람은 참으로 창조적인 존재입니다. 무에서 유를 창조하신 하나님처럼 사람도 석탄이란 '돌'로 증기기관을 만들어내었고 석유란 검은'액체'로 내연기관을 만들어 자동차를 생산해 내더니 이젠 수소'기체'로 수소차를 움직이는 단계에 이르렀습니다. 비록 코끼리보다 힘이 없고 치타보다 느리지만 사람은 이런 창조적인 지혜와 능력으로 하나님이 만드신 만물을 다스릴 수 있습니다.

이렇게 하나님은 자신을 닮은 사람을 만들고 당신의 동산을 그에게 맡기셨습니다. 다시 말하면 사람을 자신이 만드신 정원의 "청지기"로 임명하셨습니다. 성경에서 청지기(영 steward, 히 מֶלְצַר, 헬 οἰκονόμος)는 주인의 소유물을 관리하는 사람입니다(단 1:11, 눅 16:1). 즉, 정원의 주인인 하나님이 정원 안에 있는 자신의 모든 소유물을 관리하는 역할을 사람에게 맡기신 것입니다. 당신께서도 친히 관리할 수 있고 지금도 관리하며 다스리고 있기는 하지만 하나님은 자신을 닮은 사람들이 하나님처럼 사랑과 지혜로 당신의 정원을 다스리고 돌보길 기대하며 이 청지기직을 맡기셨습니다.

이러한 청지기의 역할은 창세기 2:15에서 "경작하며 지키게" 하는 것으로 표현되었습니다. "여호와 하나님이 그 사람을 이끌어 에덴 동산에 두어 그것을 경작하며 지키게 하시고…"(창 2:15) 즉, "경작"하고 "지키는" 것이 청지기의 구체적인 두 가지 일이었습니다. "경작"(히 abad)은 NASB에서 cultivate, "밭을 갈다"로 번역되어 있습니다. 문화culture와 어원이 같은 단어를 쓰고 있습니다. 즉, 청지기의 역할은 자연을 가꾸고 재배하는 일이기도 하고 문화를 꽃피우고 발전시키는 일이기도 합니다. 다음 단어인 "지키는"(히 shamar) 것은 말 그대로 keep, "보존하는" 것입니다. 해치고 상하게 하는 모든 것으로부터 지키고 아름답고 좋은 상태를 잘 보존하는 일입니다.

그래서 기독교 환경윤리는 하나님의 정원의 청지기인 사람에게 부여된 청지기직environmental stewardship에 대해 이렇게 설명합니다. 첫째, 사람은 자연만물을 아름답게 잘 가꾸고 발전시킬 책임이 있습니다. 개중엔 자연 그대로가 가장 아름답고 최상의 상태라고 믿고 그래서 자연에 전혀 손대지 말라고 주장하는 이들이 있지만 그것은 기독교 청지기직 개념과 맞지 않습니다. 최초의 청지기였던 아담이 땅을 경작하여 꽃을 피우고 열매를 맺었듯, 사람은 자연을 더 아름답게 개선하고 자연을 이용해 문화를 꽃피우면서 동시에 아름다운 자연은 그 좋은 상태를 유지하도록 보존하고 지켜야 할 책임이 있습니다. 둘째, 사람은 자신의 주인인 "하나님을 위해" 청지기직을 수행해야 함을 잊지 말아야 합니다. 사람이 하나님으로부터 부여받은 엄청난 창조 능력은 사람 자신을 위한 것이 아니고 만물의 주인인 하나님(시 24:1)을 위해 써야 합니다. 이러한 목적의식을 가지고 사람은 자연을 이용해야 합니다. 셋째, 자연은 하나님의 소유물이라는 의식을 가져야 합니다. 시편 115편 16절에서 하나님은 사람에게 땅을 주셨지만 땅에 대한 궁극적인 소유권은 하나님께 있습니다. 집사가 주인의 재산을 함부로 다뤄서는 안 되듯 하나님의 정원의 청지기로 임명된 사람도 하나님의 소유물인 자연을 마치 자기 것인 양 함부로 손상케 하는 일은 없어야 합니다.

심층생태학deep ecology 학자인 아르네네스Arne Naess는 말하길, 환경문제를 제대로 다루기 위해서는 단순히 오염물질을 제거하는 식의 피상적인shallow 접근보다는 우리가 자연환경을 바라보는 마음과 시각을 바꾸는 깊은deep 차원에서의 변화가 필요하다고 했습니다. 그의 말처럼 무엇보다도 우리의 시각이 바꿀 필요가 있습니다. 그렇다면 한번 이 지구의 모든 땅이 하나님이 만드신 정원이라고 생각하며 주위를 돌아보길 바랍니다. 그리고 우린 이 정원의 청지기로 고용된 사람이라고 상상해 보길 바랍니다. 분명히 푸르른 하늘과 강, 이름 모를 들풀, 어슬렁대며 다니는 길고양이가 이전과 다르게 보일 것입니다. 그리고 이렇게 우리의 시각을 바꾸면 우리의 자연을 대하는 태도와 행동은 이전과 달라질 것입니다. 사실 여러 구체적인 환경문제들은 이렇게 우리의 시각을 바꾸기만 하면 부차적인 문제들에 불과합니다.

동물 권리

동물 권리라는 말을 들어보셨습니까? 우리나라에서는 소길댁으로 알려진 가수 이효리 씨가 외쳐서 대중에게 더욱 각인된 용어가 동물 권리란 말입니다. 소나 돼지 같은 동물에게 권리라니, 과연 무슨 말일까요? 이런 상상을 해보겠습니다. 만일 시골 양계장의 토실토실 살찐 토종닭이 말을 할 수 있어서, "나에게도 천수를 누릴 '권리'가 있다구요!" 소리치면, 그렇게 동물의 권리를 주장하면 여러분은 그 닭에게 뭐라고 대답하겠습니까?

동물에게도 권리가 있다는 말은 현대 한 철학자에서 유래되었습니다. 미국 철학자인 피터 싱어Peter Singer는 주장하기를, 고통을 느끼는 모든 존재는 동등한 도덕적 지위를 가진다고 말했습니다. 쉽게 말하자면 이렇습니다. 우리가 매일 산책길에서 만나는 애완견은 물론이고, 소나 돼지, 밍크나 토끼 등의 동물들도 사람처럼 고통을 느낍니다. 이처럼 비록 이성은 없어도 적어도 고통을 느낀다는 점에 있어 동물들은 사람과 같기 때문에, 그래서 동물들도 사람과 동등한 도덕적 지위를 가지고 있다는 말입니다. 그래서 마치 여성과 흑인, 연약한 아이들을 차별 대우하면 안 되듯 인간 외의 동물들도 차별해선 안 된다고 주장합니다. 동물을 학대하거나 인간을 위해서 마음대로 죽이는 것은 그들이 가진 생존권을 임의로 박탈하는 나쁜 행동으로 봅니다. 이로써 싱어는 종차별주의speciesism라는 신조어를 유행시켰습니다.

이처럼 싱어에게는 동물의 고통이 가장 큰 관심사였는데, 그렇다면 한번 다음과 같이 그가 제기한 문제를 피해 가 보겠습니다. 고통이 정말 본질적인 문제라면, 소 돼지를 잘 먹이고, 때마다 온수로 때도 벗겨주고, 운동도 시켜주며 아주 웰빙(동물복지)으로 '행복하게' 키우는 것입니다. 그리고 고통이 전혀 느껴지지 않는 어떤 방식으로 안락사시킵니다. 이후에 벌어지는 일은 각자의 상상에 맡깁니다. 어떤 소는 생일 파티의 근사한 스테이크가 될 수 있고, 어떤 돼지는 삼겹살로 식탁에 놓일 것입니다. 그렇게 전체 고통의 총량은 줄어들고 해당 동물과 그걸 먹는 사람들의 쾌락은 커지게 되면, 이런 육식은 도덕적으로 아무런 문제가 없게 됩니다.

말이 되는 듯하면서도 좀 찜찜하다고 느끼십니까? 그래서 톰 리건Tom Regan이란 또 다른 철학자가 이번엔 동물 권리에 대해 이런 식으로 옹호했습니다. 동물이 권리를 가지는 이유는 단지 고통의 유무 때문이 아닙니다. 그보다는 태아나 의식이 없는 사람이라도 각각 고유한 가치intrinsic value를 지니고 있듯, 말 못 하는 동물도 사람들의 목적과 유익과는 상관없이 고유한 가치를 가지고 있기 때문이라고 리건은 설명합니다. 만일 이 말이 맞다면 애완견과 유기견은 모두 각각의 고유한 가치를 가지고 있습니다. 그리고 이 둘은 차별 없이 동등한 대우를 받아야 합니다. 아니, 더 나아가 사람과 비교해서도 이들이 각각 고유한 가치를 가지고 있음을 생각한다면, 유기견과 길고양이도 사람에 준하는 존중과 대우를 받아야 옳다고 리건은 주장합니다. 모든 동물은 자신들이 가진 가치에 맞는 대우를 받아야 할 본질적 권리가 있고, 그렇게 되면 자동적으로 사람에게는 동물을 그렇게 존중하여 대해야 할 의무가 부여됩니다.

황당한 주장이라 여겨지며 이런 주장을 받아들일 사람들이 과연 얼마나 있을까 생각이 들 것입니다. 그러나 이 두 사람의 주장은 철학자들 사이에서 커다란 반향을 일으켰고, 현대의 많은 환경운동가들과 채식주의자들의 주장을 뒷받침하는 중요한 이론적 근거로 쓰이고 있습니다. 특히 지구의 벗 Friends of the Earth(세계 3대 환경운동단체 중 하나)과 같은 급진적인 환경단체는 이 주장을 근거로 동물 학대자들을 살해하려고 시도했고, 이 지구 공동체를 망치는 가장 해로운 존재인 인간이란 종種은 없어져야 한다고 외치고 있습니다. 다른 피조물을 위해 인간이 죽어 없어져야 한다는 이런 극단적인 주장을 우리는 어떻게 봐야 하겠습니까?

위의 두 철학자의 주장과 달리, 피조물에 관한 성경의 가르침은 전반적으로 인간 중심적anthropocentric입니다. 욥기의 일부 내용에 있어서 학자들 간의 견해차가 있기는 합니다마는 그 외 성경의 대체적인 내용은 인간이 여타 피조물보다 더욱 고귀한 가치를 가지고 있다고 가르치고 있습니다. 인간만이 하나님의 형상으로 지음을 받은 피조물입니다. 시편은 인간이 천사보다 조금 못한 특별한 존재임을 노래하고, 예수님은 공중을 나는 새보다 귀한 존재가 인간이라고 말씀하셨습니다(마 6:26). 그래서인지 하나님은 아담 부부의 속옷을 지어 입히시느라 어떤 동물의 귀한 생명까지 취하셨습니다(창 3:21). 그리고 희생제물로 수백 수천 마리의 소와 양이 사람들의 죄를 대신하여 죽게 허락하셨습니다. 성경은 하나님 다음의 고귀한 가치를 가진 존재로 다른 어떤 피조물보다 인간을 꼽는 인간 중심적 세계관을 보여주고 있습니다.

물론 신앙인은 당연히 동물을 아끼고 사랑하고 보호해야 합니다. 그러나 이러한 우리의 의무는 동물이 어떤 고유한 가치를 가진 존재라서 또는 사람처럼 고통을 가진 존재라서, 이에 따라 그들이 어떤 불가침한 본질적 권리를 가졌기에 부여된 것이 아닙니다. 다시 말해, 소위 동물 권리가 있어서가 아닙니다. 우리가 동물을 보호하고 사랑해야 하는 의무는 하나님이 청지기인 우리에게 그렇게 하도록 명령하셨고 당신이 친히 동물을 사랑하고 돌보는 모범을 보였기 때문입니다. 하나님은 친히 공중의 새와 들의 백합화를 먹이시고 입히십니다(마 6:26~30). 육식을 허용하되 피 채 먹지 말라며 살상의 범위를 제한하셨습니다(창 9:4). 그는 피조물의 찬양을 기뻐하시고(시 148편), 안식년의 소출은 사람만이 아니고 들짐승도 먹도록 나눠주라고 명령하셨습니다(레 25:7). 의인이라면 동물의 생명을 귀하게 여길 줄 알아야 한다고 하셨습니다(잠 12:10). 한마디로 말해, 하나님은 인간의 유익을 위해 동물을 도구적으로 이용하도록 허용하긴 했지만 그렇다고 감히 창조주를 넘보는 만용에는 이르지 않도록 사람이 동물을 이용하는 데 한계를 두셨습니다. 그리고 하나님을 본받아 사랑과 겸손으로 동물을 돌보길 기대하십니다.

종의 다양성

먼저 이런 질문들에 대해 답해 보겠습니다. 하나님은 종의 다양성species diversity에 관심이 있으실까요? 그래서 지구에 갖가지 동식물이 다양하게 존재하길 원하실까요? 그중 하나라도 멸종하는 것은 그분의 뜻이 아닐까요? 그의 뜻이 계시된 성경은 과연 종의 다양성에 대해 언급하고 있을까요? 종의 다양성이 과연 하나님과 인간에게 영적 가치가 있는 주제인가요? 예, 모두 그렇습니다. 종의 다양성은 하나님의 관심사이고, 아무리 하잘것없어 보이는 종이라도 멸종하는 것은 하나님의 뜻이 아니라고 감히 말할 수 있습니다.

생물의 종은 셀 수 없을 만큼 많습니다. 지금까지 사람이 발견한 생물의 종류는 870만에 이르고 아직도 발견하지 못한 종은 전체의 90%에 달한다고 학자들은 추측합니다. 실로 자연은 어마어마한 종류의 생물들을 보유하고 있습니다. 개의 종류만 해도 150종은 너끈히 넘기고, 대나무 종류도 세계적으로 1,200여 종에 이른다고 합니다.

이렇게 셀 수 없이 많은 종류의 동물과 식물이 지구상에 존재하고 있는데, 그렇게 된 이유는 무엇일까요? 흥미롭게도 성경은 그러한 다양성의 이유를 설명하고 있는데, 그것은 하나님이 그 모든 동식물을 각각의 "종류대로" 창조하셨기 때문이라고 합니다(창 1:21~25). 하나님은 생물의 종이 다양하게 존재하기를 원하셨고 그렇게 창조된 그대로 온갖 생물들이 모자이크처럼 한데 어우러져 지내는 모습을 기뻐하십니다. 이런 하나님의 마음은 창조 기사 가운데 잘 드러났습니다. 하나님이 창조된 모든 생물을 보며 "심히 좋다"고 말씀하셨습니다(창 1:31). 그리고 하나님은 아담을 통해 그들 각자에게 이름을 주셨습니다. 이는 그들에게 존재의 의미를 부여하셨다는 뜻일 뿐만 아니라 그 모든 피조물이 마치 보석과 같이 하나님의 마음에 소중한 존재가 되었음을 표현한 것입니다.

또 종의 다양성에 대한 하나님의 지극한 관심을 잘 드러내는 성경 본문은 노아의 홍수 사건입니다. 하나님은 지면 위의 모든 생명이 홍수로 죽게 되었을 때 "그 씨를 온 지면에 유전"하도록 "그 종류대로" 생물들을 방주에 들여다 넣으셨습니다(6:20, 7:3). 여기서 "종류대로"라고 번역된 히브리 단어 מין(min)은 앞서 창세기 1:21~25에도 똑같이 쓰였던 단어입니다. 하나님은 당신이 창조한 생물들의 모든 종이 그대로 보존되길 원하셨던 것입니다. 이로 보건대 하나님은 생물의 종 하나하나에 깊은 관심과 애정을 가지셨음이 분명합니다. 그래서 하나님은 사람에게는 무섭고 해롭게 보이는 맹수들이나 별 유익이 되지 않는 고슴도치 같은 동물들도 홍수로 씨가 마르게 두지 않고 그 종이 보존되도록 조치하셨습니다.

하지만 현재 생물의 다양성은 크게 위협받고 있습니다. 식물학자이자 멸종위기종 연구가인 존 턱실John Tuxill 교수는 현재 하루 평균 세 종의 생물이 멸종하고 있다고 말합니다. 그의 2006년 자료에 따르면 척추동물들 가운데 새는 12%, 포유류는 23%, 양서류는 31%, 어류는 40%, 파충류는 51%가 멸종 위기에 직면했습니다. 이 가운데는 북극곰, 해마 같은 우리에게 친숙한 동물들도 포함되어 있습니다.

어째서 이러한 안타까운 일이 벌어지고 있을까요? 턱실 교수는 그 이유를 네 가지로 설명합니다. 서식지의 상실, 과도한 사냥, 외래종의 유입, 그리고 환경오염입니다. 이견이 있기는 하지만 요즘 많은 과학자는 기후변화도 멸종 위기의 생물들이 늘어나고 있는 중요한 요인이 된다고 분석합니다.

이들의 공통점은 사람이 원인 제공자로 보인다는 점입니다. 사람들은 도시를 확장해 나가면서 동식물들의 서식지를 무분별하고도 탐욕적으로 침범하고 파괴해 왔습니다(사 5:8). 돈이 되는 동식물이라면 마구잡이로 사냥 및 채집했고 의도적이든 실수든 간에 황소개구리 같은 외래종을 들여옴으로써 균형 잡힌 지역 생태계가 파괴되는 데 일조했습니다.

그렇다면 우리 크리스천들의 할 일은 무엇일까요? 우선 생물 다양성에 대한 영적 감수성이 필요합니다. 과학자들은 말하길 생태계에는 서로 먹고 먹히는 먹이사슬 관계가 있어서 아무리 작은 생물이라도 그것이 사라지게 되면 생태계의 균형이 깨지고 결국 인간 존재에도 악영향을 준다고 합니다. 이는 멸종위기종이 보호되어야 할 중요한 이유가 됩니다. 그런데 이와 더불어 우리 크리스천들은 종의 다양성을 지켜야 하는 중요한 이유가 한 가지 더 있습니다. 그것은 앞서 얘기했듯 모든 생물을 "하나님이 창조"하셨기 때문입니다. 혹시 전자현미경으로 단세포생물인 아메바를 본 적이 있습니까? 맨눈으로는 잘 보이지 않는 그 작은 생물도 얼마나 복잡한 내부 구조를 가졌는지 모릅니다. 마치 공장처럼 그 속에서 소화 배출이 일어나고 그 과정에서 에너지를 만들어 내고 있습니다. 하나님이 만드신 신비한 작품의 모습입니다. 그걸 창조한 하나님이 "좋구나!"(창 1:21)라고 기쁘게 말씀하는 모습을 상상해 보십시오. 만일 우리가 이런 창조주 하나님을 사랑한다면 그가 만든 생물이 하나하나 사라져가는 작금의 위기를 그저 무심히 바라만 보진 않을 것입니다. 하나님의 마음으로 멸종위기종을 대하는 이런 "영적 감수성"이 있다면 우리는 자연스럽게 종의 다양성 문제를 해결할 기초를 확보할 수 있습니다.

영적 감수성을 가질 뿐만 아니라 멸종위기종 보호에 우리 크리스천들이 앞장설 필요도 있습니다. 예를 들어, 이를 위해 우리는 서식지 보호가 필요한 땅에 대해 그 땅 전체를 정부가 구입해서 그곳을 생태계 보호지역으로 지정하라고 로비할 수도 있습니다. 본이 되는 기업 하나를 소개해 드립니다. 아웃도어 의류를 전문으로 하는 K사는 노아 프로젝트Noah Project라는 친환경 캠페인을 전개하고 있습니다. 멸종 위기 동식물을 보호하기 위한 이 프로젝트는 그 생물들을 모티브로 한 제품을 출시하고 판매 수익금 일부를 해당 동식물 보호에 사용하고 있습니다. 일례로, 멸종위기종 가운데는 한라산 정상 바위틈에서만 자라는 한라솜다리꽃이 있습니다. K사는 이 꽃을 담은 재킷, 티셔츠, 액세서리를 제작하여 그 수익금의 10%를 제주 토종 야생꽃을 살리는 기부금으로 사용합니다. 그래서 그 티셔츠를 구매하는 소비자는 자연스럽게 한라솜다리꽃을 지키는 노아의 방주 역할을 하게 될 것이라고 회사는 설명합니다. 감사하게도 이 캠페인에 많은 국민이 호응해서 5천만 원이 넘는 기금을 모았다고 합니다.

이 외에도 멸종위기종을 보호하는 방법은 다양합니다. 하나님의 형상을 가진 우리는 청지기 자세와 영적 감수성을 가지고 멸종위기종을 보호하고 더 이상 멸종위기종이 늘어나지 않게 하는 행동을 실천해야 하겠습니다.

야생지

Let it be! Let it be! Let it be~ let it be! 비틀즈의 노래 가사입니다. "내버려 둬, let it be!" 어떻습니까? 뭔가 후련하기도 하고 자유로운 느낌도 듭니다. 그래서 전 세계의 많은 사람이 시대를 불문하고 이 노래를 좋아하는 것 같습니다. 그런데 이 'let it be'가 환경윤리 쪽으로 적용되면 분위기가 바뀝니다. 이 말을 반기는 사람들도 있지만, 거부감을 느끼는 사람들도 있습니다.

먼저 이 가사는 일부 환경주의자들에게 자연을 그대로 '내버려 둬'라는 투쟁의 구호로 쓰입니다. 특히 이들은 야생 지역에 대해서도 "있는 그대로의 모습으로 보존합시다!" 목소리를 높입니다. 그들이 그렇게 주장하는 이유는 다양한데 가장 주요한 두 가지 이유는 이렇습니다. 첫째로, 낭만주의적 입장에서 그대로 놔두라고 합니다. 왜냐하면, 이 야생 지역에서 종교적 영감을 얻거나 미(美)적 경험을 하기 때문입니다. 또한, 고도로 복잡하고 조직화한 현대 사회에서 극심한 스트레스를 받는 사람들에게 영혼의 안식처처럼 도피할 곳이 필요하다는 이유에서도 야생 지역을 보존하려고 합니다. 둘째로, 철학적인 이유가 있는데, 그것은 앞서 언급한 바처럼 자연이 고유한 가치를 지니고 있기 때문이라 합니다. 야생 지역을 포함한 모든 자연 만물은 그 자체로 고유하고 본질적인 가치를 가진 독립된 유기체입니다. 그래서 우리가 야생 지역을 대할 때 자신에게 대한 유불리를 따지지 말고 또한 도구적으로 이용하려 하지 말고 그 자체의 가치를 존중하면서 그대로 두어야 한다고 일부 환경주의자들은 주장합니다.

그러나 이러한 환경주의자들의 '내버려 뒤' 구호를 달가워하지 않고 거부 감을 느끼는 사람들도 많이 있습니다. 만일 누군가 아름다운 생태계를 지닌 그린벨트 지역의 땅을 소유하고 있는데, 앞으로 그 지역에 도로가 깔리고 아파트가 들어설 계획이 발표될 예정이라고 가정해 보겠습니다. 땅값이 수 배로 오르고 개발 열기가 높아지고 투자자들이 몰려올 것입니다. 그러면 환 경주의자들도 올 것입니다. 와서 아름다운 자연을 '내버려 두라'고 피켓 시 위를 할 수 있고, 그런 광경을 보는 투자자들은 환경주의자들에 대한 불편 함을 느낄 것입니다. 일부 근본주의 신앙을 가진 크리스천들도 이런 환경주 의자들에 대해 못마땅해 합니다. 왜냐하면 그들이 기독교와 맞지 않는 세계 관을 갖고 있다고 여기고 있기 때문입니다. 실제로 일부 환경주의자들의 주 장들을 살펴보면 기독교보다는 불교, 힌두교, 인디언 토착 종교, 가이아Gaia 이론 같은 이교 사상 및 범신론적 철학에 많이 의존하고 있습니다.

그렇다면 성경은 야생 지역이 어떤 가치를 가진 지역이고 사람이 그것을 어떻게 대해야 한다고 말하고 있을까요? 환경주의자들의 손을 들어주어 그 땅을 내버려 두라고 말할까요? 아니면 개발옹호자의 손을 들어주어 토지 소유자의 입가에 미소를 띠게 해줄까요? 분명한 것은 성경은 야생 지역을 긍정적으로 묘사하지 않고 있다는 점입니다. 성경은 중동지역을 그 배경으 로 삼고 있기에 성경에서의 야생 지역은 종종 황무지, 광야, 사막 등으로 표 현됩니다. 그곳은 버려진 땅이자 잊혀진 땅이고(사 62:4), 사람이 거주할 수 없어서 대신 들나귀, 시랑, 독수리 등이 서식하는 땅입니다(렘 14:6). 하나 님의 진노가 임한 심판받은 땅이기도 합니다(렘 4:26, 50:13). 이처럼 성경은 야생 지역을 대부분 매우 부정적으로 그리고 있습니다.

하나님은 언젠가 이런 땅이 없어지고 온전하게 아름다운 지구가 되길 원 합니다(사 62:4). 이사야 35장이 묘사하듯 사막 그대로가 아니라 사막에 물이 넘쳐흐르고 꽃이 피는 모습으로 회복시키려 하십니다. 즉, 이 땅을 태초의 에덴동산과 같은 모습으로 회복시키려 하십니다. 그래서 사람의 중요한 사명 가운데 하나는 지구를 에덴동산 같은 아름다운 땅으로 만드는 것입니다. 하나님께 받은 최초의 사명도 바로 그것이어서 사람은 땅을 경작하고 지켜야 합니다(창 2:15). 한편 여기서 '지킨다'라는 단어가 사용된 것은 에덴동산을 위협하는 무언가가 있다는 전제를 내포합니다. 그게 뭘까요? 구약학자 크리스토퍼 라이트Christopher J. H. Wright는 말하길, 에덴동산은 완전한 천국이 아니었기에 그대로 두면 황폐하게 될 위험이 있었습니다. 야생 지역이 될 위험이 있습니다. 그래서 하나님은 에덴동산이 황폐하여 야생 지역이 되지 않도록 아담에게 그것을 '지키는' 사명을 주셨습니다. 낫과 쟁기가 있다면 아담은 매일 같이 그것들을 들고 하나님의 동산을 정성껏 손질했을지 모릅니다. 하나님의 청지기로서 그 아름다운 정원의 단 한구석도 황폐하게 변하지 않도록 일해야 했습니다.

이 사명은 지금도 모든 인류에게 유효합니다. 특히 최초의 사람이 범죄해서 땅도 함께 저주받은 이후로 이 사명은 더욱 중요해졌습니다. 자연은 '내버려 두면' 엉겅퀴와 가시가 나며 황폐해질 것입니다(창 3:18). 그래서 아담의 후손인 우리 인류는 아담이 그러했듯 하나님의 정원이요 뜰이라 할 이 지구를 잘 돌봐서 아름답게 만들기 위해 노력해야 합니다. 하나님의 형상인 사람은 에덴동산을 만들었던 하나님처럼 이 땅을 에덴동산으로 재현할 사명이 있습니다.

거북한 삼각관계 vs. 거룩한 삼각관계

크리스토퍼 라이트는 하나님-인간-자연 간에 삼각관계가 있다고 말했습니다. 우선 구약 성경을 보면 하나님은 이스라엘에 대해 다른 민족과 구별되는 남편과 아내의 관계를 맺었었고, 이스라엘이 거하던 가나안, 즉 약속의 땅과도 특별한 관계를 맺었다고 기록되어 있습니다, "네 하나님 여호와께서 돌보아 주시는 땅이라 연초부터 연말까지 네 하나님 여호와의 눈이 항상 그 위에 있느니라"(신 11:12) 이스라엘과 그들이 거하는 땅도 서로 특별한 관계가 설정되어 있습니다. 그래서 이스라엘 백성은 그 땅과 그 땅 위에 살아갈 동식물을 잘 돌보도록 희년 제도를 포함한 여러 율법을 하나님으로부터 받았습니다. 이처럼 구약에서 하나님과 이스라엘, 가나안 땅 사이에는 특별한 관계가 있었습니다.

이러한 하나님-이스라엘-가나안 땅의 삼각관계는 신약에서 확장됩니다. 이스라엘은 예수 그리스도를 믿는 온 세계 교회로 확대 적용되었습니다. 그리고 약속의 땅은 더 이상 팔레스타인 땅에 국한되지 않고 그리스도 안에 있는 성도들이 살아갈 지구 모든 장소로 적용됩니다. 이 땅으로 '성육신'하신 예수님이 이러한 관계의 확장을 잘 보여주셨습니다. 그는 이스라엘인을 포함하여 로마인, 두로인 등 모든 사람과 교제하셨고, 심지어 들짐승과도 함께하심으로(막 1:13) 삼위 하나님이 모든 피조물과 사랑으로 관계하는 분임을 나타내 보이셨습니다.

특히 종말에 이르면 이 삼각관계는 더욱 거룩하고 온전한 관계가 될 것입니다. 하나님은 구속받은 사람들과 서로 모든 것을 알 정도로 깊은 사귐의 관계를 맺게 될 것입니다. 일례로 계시록을 보면 인간을 대표하는 이십사 장로들이 하나님 보좌 앞에서 영원히 하나님을 대면하며 찬양하는 모습이 보입니다(계 4:4~11, 5:6~14). 그런데 놀라운 것은 그 보좌 앞에 (인간인) 장로들만 있지 않습니다. 인간이 아닌 생물들도 보좌에 앉으신 하나님과 교제하며 그 앞에서 찬양과 경배를 드립니다. 즉, 인간과 여타 피조물들이 듀엣으로 찬양하는 모습입니다.

종말에는 사람과 여타 피조물의 관계도 온전하게 변하게 됩니다. 그 대표적인 예가 사 11:6~8에 제시되어 있는데, 가장 어울리지 않아 보이는 어린애와 맹수 간 사귀는 모습은 종말 이후 인간과 자연의 관계가 어떻게 변하게 될지를 예표합니다. 그렇게 평화와 조화가 회복된 지구에 새 하늘과 새 땅이 임하며(계 21:1~3) 하나님도 그 가운데 영원히 계시리라고 합니다.

아쉽게도 우리 크리스천은 기독교 역사상 이러한 이상을 많이 실현하지 못해 왔습니다. 이웃(사람)을 사랑하고 하나님을 사랑하는 관계는 초대 교회부터 많이 강조해 왔고 실천도 제법 해왔으나 자연에 대해서는 그렇지 못해 왔습니다. 환경운동이 본격화된 최근 50~60년을 제외하면 비신자를 포함, 하나님을 사랑하며 섬기는 크리스천조차 자연과 그렇게 좋은 관계를 맺지 못해 왔습니다. 마치 드라마에서 흔히 보는 바처럼, 가운데 한 명을 두고 서로 해치는 식의 거북하고 죄악 된 삼각관계의 모습으로, 사람은 자연을 해쳐왔고, 자연 역시 코로나나 각종 자연재해로 인류에게 보복을 해왔습니다.

이제 우리 크리스천은 하나님뿐 아니라 자연과의 관계도 바르게 정립함으로써 거북한 삼각관계가 아닌 거룩한 삼각관계를 구현할 때입니다. 그게 삼위일체 하나님의 형상을 가진 존재이자 모든 만물을 화목하게 하신 예수님(골 1:20)을 따르는 성도로서 마땅한 태도입니다. 참된 크리스천은 자연도 사랑하는 사람이란 가르침을 모두 기억하고 실천할 수 있길 바랍니다.

토의를 위한 질문

1. 성경을 읽을 때 자연에 대한 하나님의 깊은 관심과 배려를 생각해 보신 적이 있습니까? 이번 장을 읽으며 새롭게 발견한 성경 내 하나님의 자연에 관한 관심과 명령이 있다면 그에 관한 자신의 느낌과 생각을 나눠봅시다.

2. 비유이긴 하지만 "하나님의 정원인 지구", "정원사 하나님", "청지기로서의 사람"의 모습을 머릿속에 그려보며 우리 주변의 자연을 둘러봅시다. 이전과 다르게 느껴지는 것이 있는지 나눠봅시다.

3. 비록 "동물 권리"는 성경적으로 지지받을 수 있는 개념은 아니지만, 크리스천은 하나님의 청지기로서 동물들을 잘 돌봐줘야 함을 들었습니다. 그렇다면 동물들을 잘 돌보기 위해 크리스천이 실천할 수 있는 것에는 무엇이 있을지 생각해 봅시다. 예를 들어 하나님이 손수 지어주셨던 가죽옷(창 3장)은 요즘엔 굳이 필요 없으니 모피 옷은 가급적 지양하면 어떨까요? 과거에는 보온을 위해 필요했지만 지금은 굳이 모피가 아니라도 우릴 보온해 줄 좋은 옷감이 많습니다. 밍크 한 마리라도 살리는 심정으로 모피 옷은 삼가는 게 어떨지 서로 얘기해 봅시다.

4. 새만금이나 4대강 사업 같은 토지개발 사업은 탐욕적인 자연 훼손 사업일까요, 아니면 인간과 피조물들이 함께 안전하고도 조화롭게 살아가기 위한 환경개선 사업일까요? 그 사업은 과연 에덴동산의 모습을 재현하는 것인지 자유롭게 토론해 봅시다.

그리스도인과 미디어 이해

김영종(고신대학교 교수)

미디어 환경의 변화

전통적 미디어 개념에 변화의 폭풍을 몰고 온 사건은 인터넷과 스마트폰의 출현이었습니다. 그 이후로 신문, 라디오, TV로 대변되던 미디어 환경은 급격한 변화를 겪게 됩니다. 변화의 움직임은 지상파 방송에서부터 나타나기 시작했습니다. 얼마 전부터 대부분의 지상파 방송이 평일 저녁 10시에 편성했던 드라마 제작에 소극적인 태도를 나타낸 것입니다. 표면적인 이유는 뛰어난 콘텐츠로 무장한 종편 방송의 도전이었습니다.

그러나 방송국의 속내를 들여다보면 갈수록 추락하는 시청률이 주된 이유인 것으로 보입니다. 한때 TV 드라마가 무려 70%에 가까운 시청률을 기록했던 시절이 있었습니다. 1996년 KBS에서 방영했던 드라마 '첫사랑'의 시청률은 무려 65.8%에 달했습니다. 쉽게 깨어지기 어려운 압도적인 시청률이었습니다. 하지만 요즈음은 시청률이 20%만 넘어도 성공적이라고 평가받는 시대가 되었습니다. 현실적으로 과거와 같이 높은 시청률 달성이 어려워졌고, 이에 따른 광고 수입이 줄어들자 방송사들은 고비용을 지출해야 하는 드라마 제작을 꺼리게 된 것입니다.

이런 변화의 배경에는 미디어의 변화와 발달이 있습니다. 인터넷을 활용하는 스마트기기의 출현은 다양한 종류의 미디어가 탄생하도록 이끌었습니다. 'SNS'Social Networking Service(사회적 관계망 서비스)와 '다양한 미디어 콘텐츠를 인터넷을 통해 소비자에게 제공한다는 의미'를 가진 'OTT'Over the Top서비스가 대표적입니다. 미디어의 종류가 다양해지면서 콘텐츠를 소비하는 방식도 과거와는 많이 달라졌습니다. 정해진 시간에 콘텐츠를 소비하는 소위 '본방사수' 방식은 이제 거의 사라졌습니다. OTT 서비스를 통해 한꺼번에 드라마나 예능 프로그램을 몰아서 시청하는 '정주행'이라는 방식의 소비가 대세가 되고 있습니다. 특히 젊은 층에서는 원하시는 시간에 원하는 방식으로 콘텐츠를 소비하는 것을 훨씬 선호하는 분위기입니다. 그뿐만 아니라, 노년층에서도 점점 미디어를 사용하는 방식에 변화를 보이고 있습니다.

미디어의 종류가 다양해지고 미디어를 소비하는 방식이 변화되었다는 것은 미디어를 공급하고 소비함에 필요한 윤리적 기준도 새롭게 제시될 필요가 있다는 의미입니다. 자극적이고 선정적일 뿐 아니라, 근거 없는 소문에 불과한 내용이 마치 진실인 것처럼 왜곡되거나 과장되어 무분별하게 제공되는 것이 현실입니다. 이런 현상은 분명히 비성경적입니다. 사회적으로도 미디어 활용에 대한 윤리적 기준이 필요한 시점입니다만, 교회적인 노력도 병행되어야 합니다. 영적으로, 사회적으로 무익한 콘텐츠가 난무하는 시대적 상황에서 그리스도인들이 미디어를 어떻게 이해하고 활용할지에 대한 윤리적 접근과 해법을 갖는 것은 반드시 필요합니다. 교회는 이 문제를 정확하게 인식하고 사회적 영향력을 가지고 건전한 미디어 문화를 이끌어야 할 책임 있는 공동체입니다. 미디어 문제에 대한 성경적 기준과 대안을 제시하는 것이 교회에 주어진 사명이라는 의미입니다. 현대 사회가 제공하는 첨단 미디어를 지나치게 부정적으로 평가하지 않으면서도 어떻게 선용할 것인지에 대한 올바른 방향과 기준을 제시하는 것이 필요한 시점입니다.

어원적 정의

흔히 '매체'媒體를 뜻하는 단어인 '미디어'Media를 국어사전에서는 '어떤 작용을 한쪽에서 다른 쪽으로 전달하는 역할을 하는 것'으로 정의합니다. 어원적으로 접근해 보면, '미디어'media는 '가운데'를 뜻하는 라틴어 단어 '메디움'medium에서 나왔습니다. 원래 '중간' 또는 '가운데'라는 의미를 지닌 그리스어 '메소스'μεσοσ가 라틴어 '메디우스'medius로 번역되었는데, '메디우스'가 형용사 형태로 중성 단수일 때 어미가 변하면서 '메디움'medium이 됩니다. '메디움'의 복수형은 '메디아'media입니다. 영어에서도 동일한 형태로 사용됩니다. '매체'를 가리키는 단어로 '가운데' 혹은 '중간'이라는 의미의 '미디어'를 사용하게 된 이유는 어떤 생각이나 정보가 커뮤니케이터로부터 수용자에게까지 전달되는 데 있어서 매개체를 통해서 이루어지기 때문으로 보입니다. 미디어가 전달자와 수용자의 가운데 또는 중간에 위치하고 있기 때문에 중간이라는 의미를 가진 '미디어'라는 단어를 쓰게 되었다고 보는 것이 적절합니다.

사회적 정의

'미디어'가 무엇인가를 전달하는 수단이라고 한다면 물리적으로 '매체'를 뜻하는 미디어는 힘이나 효과를 전달하는 수단이 되는 물체를 지칭할 수 있습니다. 하지만, 현대인들이 미디어라는 용어를 사용할 때는 사회적 의미를 가지는 경우가 대부분입니다. 일반적으로는 목소리, 제스처, 신문, 전화, TV 등과 같은 의사소통 수단을 '미디어'로 이해하고 사용합니다. 문제는 이런 식의 이해가 사람들의 공감을 쉽게 얻을 수는 있지만, 미디어가 갖는 영향력을 고려하지 않은 기계적인 이해에 가깝다는 것입니다. 엄밀한 의미에서 미디어는 단순히 지식을 전달한다기보다 전달자의 사상과 철학을 동반하는 경우가 대부분입니다. 미디어는 객관적인 '사실'만을 전달하지 않습니다. 많은 경우에 '미디어'는 관찰자나 전달자의 해석을 포함한 정보를 전달합니다. 이런 측면에서 미디어는 '인간 사회에서 자신의 의사나 감정 또는 객관적 정보를 서로 주고받을 수 있도록 마련된 수단'으로 정의하는 것이 적절해 보입니다.

캐나다의 영문학자이자 문명비평가인 마샬 맥루한H. Marshall McLuhan이 미디어를 '메시지'Message라고 정의한 것도 같은 맥락이라고 볼 수 있습니다. 전달자의 생각을 담고 있다는 점을 분명히 인식한 결과입니다. 만약 맥루한의 정의가 옳다면, 미디어를 대하는 그리스도인의 자세는 어떠해야 할까요? 무분별한 수용이 아니라 선별적으로 수용하는 지혜가 필요합니다. 선별적이라는 의미는 미디어가 전달하는 메시지를 분별할 수 있는 능력을 갖추어야 한다는 뜻입니다. 미디어는 전달자의 사상이나 관점에 따라 해석된 메시지를 전달하기 때문입니다. 많은 사람이 언론이나 미디어가 제공하는 정보를 객관적이라고 생각하는 경향이 있습니다. 그러나 미디어가 전달하는 메시지는 결코 객관적일 수 없습니다. 미디어의 정보가 주관적일 수 있음을 인식한다면 미디어에 대한 맹목적 신뢰는 매우 위험한 접근일 수밖에 없습니다.

이런 의미에서 맥루한은 미디어가 인간을 심리적으로 '마사지'Massage한다고 주장했습니다. 맥루한의 주장에는 '메시지'Message와 '마사지'Massage라는 언어 유희적인 요소와 더불어 미디어는 궁극적으로 사람의 마음과 정신을 다루게 된다는 사실을 깨닫게 합니다. 사람들이 미디어에 의해서 조정되고 지배될 가능성이 매우 크다는 것을 보여줍니다. 맥루한의 논지는 어떤 시대이든 핵심적인 소통의 매체가 사람들에게 세상을 인식하는 방향을 결정하게 한다는 것이었습니다. 이에 대하여 그리핀Griffin은 "사람을 지배하는 것은 지배적인 미디어이다"라고 부언하였습니다. 이제 그리스도인들에게 주어진 과제는 명백해졌습니다. 그리스도인들은 미디어의 다스림을 받을 것인지, 아니면 성경적 가치에 기초하여 미디어를 다스릴 것인지 선택해야 합니다.

한국의 그리스도인들은 미디어와 관련해 한쪽으로 치우치는 경향이 있습니다. 보수적인 경건주의를 강조하는 입장에서는 '미디어'를 지나치게 부정적으로 보는 경향이 강합니다. 한때 한국 교회는 『사탄은 마침내 대중문화를 선택했습니다』와 같은 주장을 적극적으로 받아들였고, 마치 모든 세속 문화와 이를 전달하는 매체인 미디어를 부정적으로 평가하는 것만이 성경적인 자세인 것으로 생각했습니다. 반대로 또 다른 극단에서는 '미디어'의 힘과 폐해를 전혀 고려하지 않고 무비판적으로 예배와 신앙 교육에 활용했습니다. 단순히 미디어를 도구로만 생각하고 미디어가 가지는 메시지의 기능을 간과했던 것입니다.

미디어를 대하는 그리스도인의 적절한 자세는 견제와 균형입니다. 세상을 다스리고 통치하라는 문화 명령이 미디어 영역에서도 동일하게 적용되어야 함을 분명히 깨닫는 것이 필요합니다. 미디어를 다스리고 선용하는 것은 하나님의 형상으로 지으심을 받은 신자에게 주신 사명입니다. 미디어의 힘을 분명하게 인식할 수 있어야 하며, 미디어의 영향력에 대한 지혜로우면서도 조심스러운 접근이 필요합니다. 이런 점에서 고난주간에 유행처럼 선택하는 미디어 금식과 같은 방식이 전혀 의미가 없다고 할 수는 없겠지만,

지나치게 미디어를 단순하게 생각하는 순진한 접근이 아닌지 생각해 볼 필요가 있습니다.

미디어의 종류

미디어의 종류를 나누는 방법도 다양합니다. 미디어의 소유 여부에 따라서, 마케팅의 영역에서는 '판매 미디어'Paid Media, '평가 미디어'Earned Media, '자사 미디어'Owned Media 등으로 나눕니다. '판매 미디어'는 광고라고 생각하면 이해하기 쉽습니다. 기업이든 개인이든 비용을 지불하고 미디어를 이용하는 경우입니다. '자사 미디어'는 기업이 자체적으로 보유한 미디어를 뜻합니다. 기업 홈페이지나 SNS 채널 같은 것입니다. 마지막으로 '평가 미디어'는 기존의 언론과 같은 전통적 미디어를 비롯한 여러 종류의 미디어가 새로운 정보를 발생시키는 경우를 가리킵니다.

영국 출신의 대표적인 미디어 학자이자 문화 연구자인 존 피스크John Fiske는 미디어를 3종류로 나누었습니다. 첫째는 '현시 미디어'입니다. 인간이 발명해낸 기술이나 도구, 심지어는 인간의 신체까지도 포함합니다. 둘째는 '재현 미디어'입니다. 책, 그림 등의 문화적이고 심미적인 관습에 따라 창조한 것들을 포함합니다. 마지막 셋째는 '기술 미디어'입니다. 인간의 기술이 만들어 낸 철길과 같은 것들을 표현한 미디어입니다.

한편, 맥루한은 미디어를 인간의 오감과 연계해서 이해했습니다. 인쇄술의 출현은 인간이 세상을 인식하는 방법을 시각적인 것에 초점을 맞추도록 했습니다. 현대를 지배하는 영상 미디어들 역시 시각과 청각에 많은 비중을 두고 있습니다. 하지만, 사람이 세상을 인식하는 방법은 다양합니다. 단순히 시청각에 국한되지 않습니다. 모든 감각을 통해 통감각적으로 세상과 소통합니다. 사람이 오감을 통해 세상을 이해한다는 점에서 미디어의 영향은 갈수록 증대되고 있다고 볼 수 있습니다.

이런 측면에서 맥루한은 그의 책 『미디어의 이해』에서 오감을 얼마나 활용하는지에 따라 미디어를 '핫Hot 미디어'와 '쿨Cool 미디어'로 나누었습니다. '핫 미디어'는 한 가지 감각에만 의존하는 매체로서 수용자의 참여도를 떨어트리는 미디어를 가리키고, '쿨 미디어는' 여러 감각을 통해서 수용자의 참여를 끌어내도록 하는 미디어를 의미합니다. 라디오나 영화와 같은 미디어는 '핫 미디어'로 분류할 수 있고, 전화, 텔레비전, 만화 등은 '쿨 미디어'에 속합니다.

이런 다양한 미디어의 분류를 뛰어넘어 통합적인 미디어 개념을 제시하는 것이 있습니다. '소셜 미디어'Social Media입니다. '소셜 미디어'란 무엇일까요? '소셜 미디어'를 분명하게 정의하기는 쉽지 않습니다. 지금도 계속해서 진화 혹은 변화하고 있기 때문입니다. 학자들의 정의를 통해 찾은 공통점에 비추어 '소셜 미디어'를 정의해본다면 다음과 같습니다. "소셜 미디어란 사람들이 자신의 의견이나 생각, 경험, 관점 등을 다른 사람들과 공유하기 위해 사용하는 온라인 틀이나 플랫폼을 의미한다." 일반 미디어와의 차이점은 단순한 정보 전달이 아니라 '대화형 미디어'라는 점입니다. 대표적인 '소셜 미디어'로는 'SNS'Social Network Service, '블로그'Blog, '위키백과'와 같은 것들이 될 수 있습니다. 문제는 소셜 미디어의 중독성이 다른 미디어들보다 훨씬 강하다는 점입니다.

미디어 중독

대부분의 소셜 미디어는 스마트폰을 매개로 합니다. 그런데 스마트폰의 중독성은 다른 미디어들보다 훨씬 심각합니다. 한국상담개발원 중독치유소 박종연 소장은 "스마트폰에 중독된 사람의 뇌 손상 부분은 마약 중독자의 뇌 손상 부위와 매우 유사하기 때문에 스마트폰은 흡사 사이버 마약과 같다"라고 주장합니다. 이 주장을 액면 그대로 받아들이기는 어렵습니다만, 스마트폰을 매개로 한 미디어 중독이 심각한 사회적 문제가 되고 있는 것은 분명해 보입니다. 언제부터인가 횡단보도의 신호등이 바닥에도 설치되기 시작한 것을 기억하시는지 모르겠습니다. 한 공무원의 아이디어로 신호등을 길바닥에서도 확인할 수 있도록 한 것입니다. 너도나도 스마트폰을 들여다보는 것에 빠져있다 보니 시선을 위로 향하지 않은 상태에서 교통사고의 위험이 커졌고, 이를 방지하기 위해 바닥에도 신호등 색깔과 불빛을 확인할 수 있게 한 것입니다.

과학기술정보통신부는 2023년 3월에 한국정보화진흥원(NIA)과 함께 '2022년 스마트폰 과의존 실태조사' 결과를 발표했습니다. 조사 내용을 보면 2014년 이후로 꾸준히 상승하던 스마트폰 과의존 위험군이 특이하게도 2022년에는 감소한 것으로 나타났습니다. 앞으로도 감소 현상이 계속해서 이어질지는 주의 깊게 살펴볼 필요가 있겠습니다만, 2022년 기준 우리나라의 과의존 위험군이 23.6%에 달한다는 조사 결과는 결코 간과할 수 없는 내용입니다. 특히 청소년은 연령대 중 유일하게 과의존 위험군 비율이 증가했는데, 전년 대비 3.1%가 상승했습니다.

한편 온라인동영상서비스 이용 경험률은 전년 대비 2.9% 증가한 90.6%로 나타났습니다. 이 중 과의존 위험군(93.5%)과 일반 사용자군(89.9%) 모두 온라인 동영상 서비스를 이용해본 적이 있는 것으로 조사되었습니다. 주로 이용하는 동영상 서비스로는 1인 미디어 콘텐츠(72.8%)가 가장 많았고, TV/영화 다시 보기(63.3%), 실시간 TV(32.2%) 등이 뒤를 이었습니다. 2018년에는 유·아동(68.1%)과 청소년(73.5%)만이 1인 미디어 콘텐츠를 많이 이용했으나, 2019년에는 유·아동(73%), 청소년(80.9%) 외에도 성인(73%), 60대(61.4%) 등 모든 연령대별로 1인 미디어 콘텐츠 사용률이 높은 것으로 나타났습니다.

스마트폰 과의존 문제가 '심각하다'고 응답한 비율은 78.7%였습니다. '과의존 위험군'은 스마트폰 과다 사용으로 인한 금단현상과 내성이 있으며 이로 인해 일상생활에 장애가 있는 상태를 의미합니다. 스마트폰과 온라인동영상서비스에 깊이 빠져있는 사람들이 스스로를 '심각한' 상태에 있는 것으로 판단했다는 사실은 매우 아이러니합니다. 미디어 중독의 위험성을 인지하고 있지만, 쉽게 빠져나오지 못하는 현실을 보여주는 것이기 때문입니다. 그리스도인들 역시 이 문제로부터 자유롭지 못합니다. 한국 교회의 윤리 의식이 비기독교인과 비교해서 큰 차이가 없는 이유 중 하나가 미디어에 대한 통제를 상실한 것에 있지는 않은지 곰곰이 생각해 볼 필요가 있습니다.

미디어 윤리

'미디어 윤리'라는 용어는 사용되는 영역에 따라서 그 내용과 개념이 다릅니다. 구체적으로는 '공급자 윤리'와 '사용자 윤리'로 나눌 수 있습니다. '공급자 윤리'는 각종 미디어를 통하여 그 내용을 공급하는 사람이 윤리적 규범을 준수하고 있느냐의 문제입니다. 대표적으로 언론의 취재 윤리를 들 수 있습니다. '미디어 윤리'라는 용어가 가장 먼저 사용된 영역은 '언론'이었기에 정확히 말하자면 '취재 윤리'가 '공급자 윤리'에 해당합니다.

취재 윤리에 대한 논의는 언론사가 산업 구조를 갖추고 저널리즘 교육이 시작되던 1890년대에 나타났습니다. 미디어 윤리에 대한 지적 관심이 고조되면서 사회 담론의 한 영역이 되었고 오늘날까지 그 기본 형식이 유지되고 있습니다. 현대에도 공급자에게 요구되는 윤리는 여전히 유효합니다. 윤리적인 방식으로 취재하고 그 내용을 미디어를 통해 전달할 때도 윤리적인 방식을 활용하고 내용도 윤리적 기준을 준수해야 합니다. 하지만, 언론의 상업화가 심해지고 공급자 윤리에 대한 책임의식이 약해지면서 여러 가지 부작용을 낳기도 했습니다.

예를 들어, 우리나라가 세계 1위의 자살공화국이라는 오명에서 벗어나지 못한 배경에는 자살 관련 뉴스를 지나치게 과도하거나 자세하게 보도했던 언론의 취재 관행도 한몫한 것으로 알려져 있습니다. 대부분의 국가에서 자살 보도는 단순하게 다루어졌던 것과 달리 우리나라는 오랜 시간 동안 시청자들에게 노출되었던 것입니다. 이런 문제가 지적됨에 따라 한국기자협회는 '자살보도 권고기준 3.0'이라는 5가지 원칙을 제정하고 이를 보도에 적용하고 있습니다. 대표적인 미디어의 공급자 윤리에 해당하는 사례라고 할 수 있습니다.

하지만 우리가 다루고자 하는 영역은 '언론'과 같은 공급자의 영역이 아니라, 미디어의 '소비' 및 '활용'과 관련된 '소비자' 혹은 '사용자' 윤리의 영역입니다. '사용자 윤리'는 불특정 다수를 대상으로 미디어를 통하여 공급된 내용을 소비자가 어떻게 윤리적으로 사용할 것인지를 다루는 것입니다. 이 문제가 특히 중요한 이유는 현대 미디어가 특정한 기관이나 매체를 통해서만 작동하는 것이 아니라 다양한 형태를 통하여 불특정 다수를 향하여 무한한 정보를 전달하는 환경에 노출되어 있기 때문입니다. 엄밀하게 말하면 공급자와 사용자를 구별하기 어려운 시대가 되었습니다. '1인 미디어' 시대가 말해주듯이 통신 기술의 발달은 이제 사용자도 공급자가 되도록 만들었습니다. 너무 쉽게 누군가의 콘텐츠를 퍼 나를 수 있게 된 것입니다. 자신도 모르는 사이에 사용자가 공급자로 뒤바뀔 수 있는 시대가 되었다는 뜻입니다.

그럼에도 불구하고 미디어 윤리에 대한 정확한 가이드 라인은 없습니다.

많은 사람이 미디어로 인한 공해와 고통 속에 노출되어 있지만 공공의 이익을 우선해야 하는 공적 매체들도 조회수나 시청률과 같은 상업적인 분위기로부터 자유롭지 못한 실정입니다. 따라서 기독교적 관점에서의 미디어 윤리에 접근하는 방식은 '공급자'의 입장에서보다는 '수용자' 혹은 '사용자'의 윤리적 책무와 기준을 제시하는 것으로 이해할 필요가 있습니다. 공급자의 윤리를 강조하고 강화하는 것으로는 충분하지 않은 시대입니다. 이제는 적극적으로 사용자가 윤리적 소비를 통해서 공급자가 제대로 기능하고 윤리적 책임을 다하도록 압력을 가해야만 합니다.

대한민국에서 영상 콘텐츠를 가장 많이 소비하는 플랫폼 1위는 단연 유튜브입니다. 2022년 9월을 기준으로 유튜브를 사용하는 숫자는 대한민국 전체 인구 5,178만 명 중 83%에 해당하는 4319만 명에 달한다고 합니다. 월평균 시청 시간도 30시간 34분으로 세계 평균인 23시간 24분을 훨씬 뛰어넘었습니다. 이 통계에는 당연히 그리스도인들이 포함되어 있을 것입니다. 문제는 유튜브를 통해 유통되는 콘텐츠에는 다양한 형태의 가짜 뉴스와 잘못된 정보가 상당수 포함되어 있다는 점입니다. 유튜브의 위험성은 운영 알고리즘에 있습니다. 내가 선호하는 콘텐츠와 유사하거나 관련된 영상을 계속해서 제공하는 알고리즘은 잘못된 정보에 노출되어도 수정하기가 쉽지 않은 위험성이 있기 때문입니다.

따라서 세상의 빛과 소금으로 부름을 받은 그리스도인들은 미디어를 통해 유통되는 콘텐츠를 무분별하게 소비해서는 안 됩니다. 적어도 내가 소비하는 콘텐츠가 윤리적인지 아닌지를 분별할 수 있어야 합니다. 나아가 내가 선호하거나 소비하는 콘텐츠가 성경적 기준에 비추어 보았을 때 적합한지 그렇지 않은지에 대해 분명하게 판단함으로써 잘못된 콘텐츠는 더 이상 소비하지 않겠다는 단호한 결단이 필요합니다. 오직 수익 창출만을 목적으로 진실을 호도하거나 잘못된 정보를 제공하는 콘텐츠를 소비하지 않음으로써 유익하고 올바른 콘텐츠가 힘을 얻는 생태계를 조성하는 일에 이바지해야 합니다. 선정적이거나 폭력적인 콘텐츠에 대해서도 마찬가지입니다. 그리스도인들은 미디어를 지배하는 존재로 부름을 받은 사람이라는 사실을 잊어서는 안 됩니다.

미디어의 위험성 : 대인관계의 파괴

그리스도인들이 관심을 가져야 할 영역은 단순히 미디어가 주는 해로움에 대한 경고뿐 아니라, 근본적으로 미디어를 어떻게 활용하고, 나 자신을 어떻게 통제할 수 있는가의 문제를 향하여 나아가야 합니다. 아울러 하나님뿐 아니라 세상과의 관계에서도 올바른 관계 수립에 대한 기준을 제시할 필요가 있습니다. 기독교는 하나님께서 주신 인간의 이성을 통한 과학과 도구의 발전을 긍정적으로 평가합니다. 미디어 역시 어떻게 사용하고 활용할 것인가에 대한 고민과 노력이 필요합니다. 미디어는 사회의 안녕과 공공의 질서와 즐거움을 위하여 존재해야 합니다. 미디어들이 공공선에 이바지할 수 있다는 사실에서 출발해야 합니다.

미디어의 문제 중 하나는 사람 간의 관계를 파괴한다는 것입니다. "자칫 인간과 인간의 관계보다는 인간과 기계의 관계로 의사소통의 의미가 축소될 수 있으며, 오감에 근거한 미디어의 발전은 자칫 쾌락을 중시하는 '감각의 발전'에 국한될 수 있다"라는 지적에 주목할 필요가 있습니다. 소셜 미디어가 여러 사람과의 관계를 생성시키고 활성화한다는 주장을 하는 분들도 있습니다. 충분히 공감할 수 있겠습니다만, 소셜미디어를 통한 비대면 방식의 인간 관계는 여러 측면에서 단단하게 형성되기 어려운 측면이 존재합니다. 대부분의 소셜미디어가 개인이 중심이 되어 다른 참여자와의 관계를 형성하고 그 결과로 참여자들 간의 관계가 축적되는 네트워크로 형성된다는 점 때문입니다.

결국 관계의 중심에는 사용자 개인이 있게 되며 그 관계의 형성도 자신의 결정에 따르게 됩니다. 온라인에서는 원하지 않는 관계를 유지하기 위해 고민하거나 노력할 필요가 없습니다. 오프라인 관계에서는 싫어도 만날 수밖에 없고, 불편해도 여러 가지 이유로 관계 개선을 위해서 노력하게 됩니다. 그러나 온라인에서는 전혀 그렇지 않은 상황이 벌어집니다. 페이스북은 친구 끊기가 가능하며, 카카오톡은 친구가 보이지 않게 만들 수 있습니다. 페이스북의 친구 관계는 '좋아요'를 눌러준 사람들을 중심으로 형성됩니다. 인스타그램도 팔로우를 끊어버리면 됩니다. 소셜 미디어의 긍정적인 측면을 무시할 수는 없지만, 안타깝게도 소셜 미디어가 극도로 폐쇄된 비현실적 공동체로 전락할 가능성 역시 배제할 수는 없습니다.

코로나의 확산으로 비대면 생활을 충분히 경험한 인류에게 대면을 통한 깊은 관계가 제공하는 즐거움은 그 어떤 것과도 바꿀 수 없을 만큼의 소중함을 일깨워 주었다고 생각합니다. 인간은 함께 교제하며 살도록 창조되었습니다. 하나님과의 교제와 더불어 사람과의 교제는 창조의 목적인 동시에 인간다움을 누릴 수 있는 수단 가운데 하나입니다. 미디어 역시 하나님께서 우리에게 주신 소중한 소통 도구임이 틀림없습니다. 미디어의 한계를 충분히 수용하고 인정함으로써 미디어의 장점을 잘 활용하는 방식을 개발하고 활용해야 합니다. 그리스도인 공동체가 미디어를 통해 더 풍성한 관계를 누릴 수 있는 방법을 찾아야 합니다.

미디어의 위험성 : 물질주의의 확산

요즘 초등학생들의 장래 희망 1위는 '1인 크리에이터', 즉 유튜버가 되는 것이라고 합니다. 1인 미디어의 최종 목표는 수익 창출인 경우가 대부분입니다. 미디어가 부를 축적하기 위한 수단으로 사용되는 형국입니다. 이런 이유로 미디어는 마케팅의 각축장이 되고 부작용도 상당히 심각한 수준에 이르고 있습니다. 미디어가 소비를 자극하고 물질적 가치를 최고의 것으로 생각하게 만드는 역할을 하게 된 것입니다. 예를 들어 못 하는 것이 없는 만능 기계 스마트폰은 소비를 너무나 쉽게 만들었습니다. 웬만한 상품은 스마트폰으로 손쉽게 구매할 수 있습니다. 편리함을 집중적으로 부각시키는 마케팅이 소비 욕구를 부채질하고 있는 셈입니다.

현대인들은 감각적 마케팅의 홍수 속에 살고 있습니다. 자신도 모르는 사이에 수많은 마케팅의 대상이 되는 것입니다. 직접 마케팅 보다 간접적인 마케팅에 초점을 맞추는 것을 '감각 마케팅'Sensory Marketing 기법이라고 부릅니다. 감각 마케팅은 미국 컬럼비아대학의 교수였던 '번 슈미트'Bernd G. Schmitt에 의하여 제시된 체험 마케팅과 비슷한 개념입니다. 고객의 오감에 특정 자극을 줌으로써 특별한 경험을 하게 하고 이것으로 소비를 유도하는 마케팅 기법입니다.

예를 들어, 냄새는 1년이 지난 후에도 약 65% 이상의 사람의 기억에 남는다고 합니다. 싱가폴 항공은 이 기법을 통해 고유의 아이덴티티를 형성했습니다. 맥도널드는 노란색 아치 형태의 강력한 비주얼 이미지를 활용합니다. 후각과 시각을 마케팅에 사용한 대표적인 사례입니다. 이처럼 현대의 미디어는 다양한 기법을 통해 소비를 자극하고 물질적 가치를 최고의 것으로 생각하게 만드는 데 큰 역할을 하고 있습니다. 굳이 홈쇼핑이 주는 소비의 유혹을 구구절절이 설명하지 않더라도 미디어는 소비를 자극하는 중요한 도구로 활용되고 있습니다. 착하고 합리적인 소비를 하기 위해서는 미디어를 통제하는 것이 필수적이라고 볼 수밖에 없는 현실입니다. 과연 그리스도인들은 이 현실에서 벗어날 수 있을까요?

기독교 미디어 윤리

막장 드라마를 사람들은 욕하면서 끝까지 본다고 합니다. 사람의 내면에 잠재된 심리를 자극하고 욕구를 부추기기 때문입니다. 많은 사람들이 SNS를 통하여 유포되는 온갖 유언비어와 미확인 정보를 아무 생각 없이 퍼 나르는 이유도 이와 비슷하다고 생각합니다. 그리스도인들도 예외가 아닙니다. 이런 현상을 어떻게 극복할 수 있을까요? 유경동은 존 웨슬리의 금욕교육을 예로 듭니다. 웨슬리는 비싼 음식을 피하고, 화려한 옷을 금하며, 우아한 가구들을 사지 말라고 주장했습니다. 심지어 어린아이들에게 가공된 식품이나 단 것을 많이 주지 말라고까지 말했습니다. 적절한 교육과 훈련·절제가 없는 오감이 자신뿐 아니라 공동체를 파괴할 수도 있기 때문입니다. 우리의 욕망이 미디어 소비와 연결되어 있다는 점은 매우 흥미롭습니다. 다시 말해서 무분별한 미디어 소비는 끊임없이 우리의 욕망을 자극하고 그리스도인들로 하여금 하나님의 말씀에 기초하지 않고 자신의 욕망을 따르도록 부추긴다는 것입니다.

그러므로 기독교 윤리는 감각적이고 자극적이고 충동적인 오감의 소비 형태를 분명히 진단해 줄 수 있어야 합니다. 진단과 함께 오감을 통하여 통감각적으로 세상을 바라보는 훈련을 제시해야 합니다. 미디어를 감각적으로만 사용하는 것이 아니라 미디어가 예언적으로 기능할 수 있도록 해야 합니다. 이를 위해서는 말씀에 대한 올바른 이해와 현실적인 적용이 필요합니다. 현실과 동떨어진 뜬구름 잡는 설교와 적용을 넘어 시대를 분별하고 해석하고 선지자적 사명으로 방향을 제시할 수 있는 목회자를 양성해야 합니다. 아울러 모든 성도들이 함께 고민하고 토론하며 함께 해법을 찾아 나가는 장을 만들 수 있어야 하겠습니다.

교회 속의 미디어 : 비판적 수용과 활용

교회 안에서의 스마트폰 사용이 논란이 된 적이 있습니다. 예배 시간 중에 스마트폰 사용이 예배의 경건성을 방해한다는 부정적인 시각이 있는 반면, 디지털 성경과 찬송, 설교 노트 등을 활용하는 편의성 증대라는 긍정적인 시각도 있습니다. 목회자와 신학자들은 대체적으로 스마트폰 성경 자체를 반대하지 않는 분위기입니다. 늘 성경을 곁에 두고 읽고 묵상하는 것이 신앙인의 바람직한 태도이기에 어떤 방식으로 성경을 읽든지 성경을 읽는 사람의 마음과 태도가 더 중요하다고 강조합니다. 임성빈 교수는 하나님의 말씀이 시대에 따라 구전-토판-파피루스-양피지-종이에 옮겨졌듯이 이젠 성경이 시대의 변천에 따라 전자매체로 전해지고 있다는 것을 먼저 인식해야 한다고 주장합니다. 대한성서공회 총무를 역임한 민영진 목사는 "스마트폰 성경의 다양한 검색 기능 활용은 성경공부에 도움을 주고 설교 시간에 눈을 감고 조는 것보다 설교 본문과 주석까지 찾아보는 태도는 예배 몰입에 도움이 된다"라고 말하기도 합니다.

미국 그레이-매터 연구소에 따르면 스마트폰으로 어플리케이션을 사용하는 미국 성인의 절반이 신앙 목적으로 사용했다고 합니다. 조사 대상의 약 18%는 소속 교회나 기타 예배 사이트를 접속했습니다. 19%는 신앙적 가르침과 교훈을 제공하는 웹사이트를 방문했고, 14%는 SNS와 트위터로 목회자들과 대화를 나누었습니다. 연구소 측은 스마트폰이 신앙 성장에 광범위하게 활용되고 있다고 전했습니다. 예배 중에 울리는 휴대폰 벨소리로 인해 예배 분위기를 해치는 경우는 분명히 개선되고 통제되어야 합니다. 나아가 스마트폰의 다양한 어플리케이션이 제공하는 시각적인 자극과 주의력 분산이 예배자를 성경 어플에만 집중하도록 하지 않는다는 점 역시 간과해서는 안 됩니다. 예배 중의 스마트폰 사용은 분명한 활용 목적과 자제력을 발휘할 수 있는 성숙함과 더불어 예배에 참여하는 이들의 이해와 배려도 고려해야 합니다. 자제력이 약한 청소년들의 경우 긍정적인 활용보다는 문자 대화, 게임 등 예배 집중을 방해하고 경건성을 잃을 수 있다는 부정적인 시각이 우선하는 것이 사실이기 때문입니다.

코로나로 인해 비대면 예배가 시작될 때 교회는 이 문제에 대한 찬반논쟁으로 시끄러웠던 적이 있습니다. 어느덧 비대면 예배는 너무나 자연스럽고 당연하게 받아들이는 상황에까지 이르렀습니다. 비대면 예배를 적극적으로 권장할 수는 없지만, 예배의 기회를 갖지 못하는 것보다는 낫지 않느냐는 생각이 주를 이루었기 때문입니다. 흥미롭게도 비대면 예배를 가능하게 한 배경에는 미디어의 발달이 있습니다. 미디어를 어떻게 활용한 것인지 적절한 기준을 제시하고 교육한다면 미디어는 신앙의 성숙과 발전을 위한 유용한 도구가 될 수 있을 것입니다.

교회 속의 미디어 : 공동체로서 교회

교회가 미디어 활용에 대한 기준을 제시하는 것과 더불어 강조해야 할 요소는 공동체의 중요성입니다. 대면으로 예배를 드리느냐 비대면으로 예배를 드리느냐 보다 더 중요한 문제가 교회의 공동체성입니다. 성경은 세상과 구별되는 교회의 모습을 '하나 됨'이라고 말합니다(요 17:21). 함께 예배를 드리지만 같은 공동체라는 인식이 결여되어 있다면 성경적 관점에서 '교회'라고 말하기 어렵지 않을까요? 주일 하루만이라도 스마트 미디어에서 벗어난 아날로그적인 환경의 경험은 우리가 잃어버린 가치와 관계를 회복할 기회를 제공해 줄 것입니다. 스마트폰의 노예가 되어 가는 아이들을 위해 스마트폰에게도 안식을 주고 스마트폰의 작은 화면에 빼앗긴 시간과 마음을 회복할 수 있는 경험을 통해 삶의 안식과 예배의 감격을 경험하는 것도 우리가 누려야 할 진정한 편의성일 것입니다. 이를 위하여 교회는 주일 하루만이라도 성도들이 함께할 수 있는 프로그램을 제시할 필요가 있습니다. 교회의 공동체성, 가족의 공동체성을 확립하는 것은 미디어 중독으로부터 우리의 자녀와 교회를 지켜낼 수 있는 또 하나의 방안이기 때문입니다.

지혜로운 청지기가 요청되는 시대

"과학기술이 인간 사이의 소통을 뛰어넘을 그날이 두렵다. 세상은 천치들의 시대가 될 것이다"라는 말을 남겼던 독일의 물리학자 '알베르트 아인슈타인'Albert Einstein이 남긴 이 시대를 향한 일갈이 귓가를 맴돕니다. 미디어는 단순한 전달 매체일 수 있습니다. 그러나 미디어가 세상을 지배하고 있는 현실을 마주하게 됩니다. 이 답답한 현실에서도 여전히 하나님은 세상의 주인이십니다. 이 세대를 본받지 말고 하나님의 뜻을 분별하며 세상을 정복하고 다스릴 지혜로운 청지기들이 많이 필요합니다. 창조주의 뜻이 미디어를 통하여 온 인류에게 전달되도록 하는 것이 그리스도인들의 미디어적 사명이요 책임입니다.

토의를 위한 질문

1. 현대 사회에서 활용되는 다양한 미디어를 그리스도인들은 어떤 관점으로 이해하는 것이 가장 성경적이라고 생각하나요?

2. 미디어를 사용하는 시간을 계산해 본 적이 있습니까? 하루 평균 미디어를 활용하는 시간은 얼마쯤 된다고 생각하십니까? 업무나 생업을 위한 사용 시간을 제외하고 개인의 취미나 휴식을 위한 미디어 사용 시간은 얼마나 되나요?

3. 미디어의 윤리적 사용과 연관하여 공급자 윤리와 사용자 윤리 가운데 어떤 것이 더 중요하다고 생각하십니까?

4. 자녀들에게 미디어 사용에 대한 교육을 어떻게 하고 있나요?

5. 교회에서 미디어와 관련해 필요한 교육은 어떤 것이 있다고 생각하나요?

챗GPT 시대의 목회와 신학,
그리고 규제의 필요성

우병훈(고신대학교 교수)

챗GPT가 찾아왔다!

2022년 11월에 출시한 대화형 인공지능 서비스 챗GPT는 2023년 상반기 최대의 화두가 되었습니다. 출시 2개월 만에 월간 사용자가 1억 명이 넘을 정도로 많은 사람들의 호응을 얻었습니다. 사실 인공지능은 1950년 영국의 수학자 앨런 튜링이 처음 제안한 이래 지금까지 꾸준히 발전되어 왔습니다. 특히 우리나라에서는 2016년 3월에 이세돌 9단과 알파고의 대국에서 알파고가 4승 1패로 승리를 거둠으로써 큰 화제가 된 적이 있습니다. 하지만 이번에 챗GPT는 상황이 좀 다릅니다. 최상의 기술로 만들어진 인공지능 서비스를 그야말로 누구나 이용할 수 있게 되었기 때문입니다. 챗GPT의 특징은 "지속적이고 자연스러운 대화"가 가능하도록 했다는 점입니다. 대화의 맥락을 기억하고, 어떤 내용이 중요한지 파악하여, 사용자가 연속적으로 던지는 질문에 보다 구체적으로 대답합니다.

챗GPT의 발전은 놀라울 정도입니다. 챗GPT가 나온 지 얼마 되지 않아서 후속작인 GPT-4가 2023년 3월 14일에 나왔습니다. 챗GPT는 언어만 학습시켰지만, GPT-4는 그림까지 인식할 수 있고, 더 많은 언어도 학습했습니다. 그리고 다양한 '플러그-인 기능'까지 합쳐져서 앞으로는 챗GPT 안에서 검색은 물론, 기차표 예매나 호텔 예약, 식당 추천 및 예약 등을 쉽게 할 수 있을 것입니다. 내 컴퓨터 안에 든 프로그램들을 활용하여 작업하는 일도 챗GPT에서 할 수 있게 됩니다. 가령, 워드 프로그램을 활용한 문서 작업을 챗GPT를 통해서 할 수 있는 식입니다. 챗GPT를 만든 OpenAI와 협업하는 마이크로소프트는 대화형 인공지능 서비스를 '빙'Bing 검색창, 워드, 파워포인트, 엑셀, 아웃룩 메일, 원노트 등에 모두 다 적용하고 있습니다. 그들의 포부에 따르면, 조만간 사람들은 대화형 인공지능 서비스를 마치 개인 비서처럼 활용하면서 사무를 보는 시대가 곧 열릴 것이라고 합니다. 다만 마이크로소프트만이 아닙니다. 경쟁회사들도 조속한 시일 내에 유사한 서비스를 내놓을 것이 분명합니다. 우리나라 사람들이 거의 매일 사용하는 카카오톡이나 네이버, 유튜브 등도 모두 대화형 인공지능과 더욱 긴밀하게 결합해서 사용하는 시대가 곧 올 것입니다.

챗GPT가 가진 고유한 약점인 환각현상hallucination이 많이 줄어들고 있습니다. 환각현상이란 있지도 않은 일을 그럴싸하게 지어내지만, 정작 인공지능은 그것이 거짓인지 모른 채 이야기를 늘어놓는 일을 말합니다. 대표적으로 챗GPT에게 "세종대왕의 맥북 던짐 사건을 설명해 봐"라고 했을 때, "세종대왕이 집현전에서 한글을 만들다가 집현전 학자들 때문에 화가 나서 맥북을 집어던졌다"라는 식으로 말도 안 되는 이야기를 늘어놓았습니다. 하지만 GPT-4에게 같은 질문을 던지자, "세종대왕과 맥북은 전혀 다른 시대에 속하기 때문에, 세종대왕의 맥북 던짐 사건은 농담일 가능성이 크다"라는 식으로 대답합니다. 이제 동영상까지 인식하는 대화형 인공지능 서비스가 나올 정도입니다. 이것이 좀 더 발전하면 인공지능과 영화를 같이 관람하면서,

"너는 저 장면 어떻게 생각해?"라고 인공지능에게 물어볼 수 있게 됩니다.

또한 기업체들은 전문영역에 특화된 '소규모 언어모델'을 내놓고 있습니다. 기존의 챗GPT가 거대언어모델LLM, Large Language Model이라면, "작은 거대 언어모델"small Large Language Model은 특정 용도로 사용하는 챗GPT라고 할 수 있습니다. 가령, 법률이나 의학, 혹은 신학 등을 위해서 특화된 챗GPT인 셈입니다. 소규모 언어모델은 슈퍼컴퓨터가 필요 없기에 비용이 적게 들면서도, 특정 주제들에 대해서 더욱 정교하게 답을 제시해 주기 때문에 사용자의 편의성을 도모할 수 있습니다. 이런 추세가 지속되면, 앞으로는 가정용 컴퓨터나 노트북에서도 소규모 언어모델을 활용하여 개인에게 특화된 챗GPT를 사용할 수 있게 될 것입니다.

챗GPT를 활용할 수 있는 영역들

챗GPT는 삶의 다양한 영역에서 활용할 수 있습니다. 몇 가지 예를 들어 보면, 우선 챗GPT를 이용하여 언어 학습을 할 수 있습니다. 챗GPT와 영어로 대화를 할 수도 있고, 영어 문장이 맞는지 틀렸는지 확인할 수도 있습니다. 예를 들어, 제가 쓴 아래의 문장을 다시 고쳐 쓰라고 하면 좀 더 문법에 맞고 자연스러운 문장으로 고쳐줍니다.

Rephrase: Herman Bavinck (1854–1921) dealt with the doctrine of common grace in several works. It is especially expounded clearly in his Reformed Dogmatics, Common Grace, and "Calvin and Common Grace." Bavinck's doctrine of common grace appropriates Calvin's ideas in two ways.

챗GPT

Herman Bavinck (1854–1921) extensively addressed the concept of common grace in multiple works, particularly in his Reformed Dogmatics, Common Grace, and "Calvin and Common Grace." Bavinck's understanding of common grace builds upon Calvin's ideas in two significant ways.

또한, 챗GPT를 이용하여 여행계획을 준비할 수도 있습니다. 예를 들어, 암스테르담에 3일짜리 여행계획을 세워달라고 하면, 다음과 같은 답변을 줍니다.

암스테르담에 3일 여행 일정을 세워줘.

챗GPT

암스테르담은 아름다운 도시로써 많은 관광 명소와 활동이 있습니다. 3일 동안 여행 일정을 제안해드리겠습니다:

일정:

1일: 도착 및 암스테르담 도시 탐방

　　아침: 암스테르담 스키폴 공항 도착 후 호텔 체크인

　　오전: Leidseplein 방문, 암스테르담 시내 구경

　　점심: 현지 레스토랑에서 암스테르담 전통 요리 즐기기

　　오후: Brouwersgracht와 Jordaan 구경

　　저녁: 덤스퀘어(Dam Square)에서 저녁 식사

2일: 암스테르담 문화 및 역사 탐방

    아침: 라이크스 뮤지엄(Rijksmuseum) 방문

    점심: Noordermarkt 근처 브라운 카페 또는 카페에서 간단한 점심

    오후: 반 고흐 박물관(Van Gogh Museum) 또는 암스테르담 박물관
        (Amsterdam Museum) 방문

    저녁: 유명한 레스토랑에서 저녁 식사

3일: 암스테르담 강 및 자전거 여행

    아침: 유네스코 세계 문화 유산인 그라호트 캐널(Grachtengordel)을 따라
        자전거 타기

    점심: 암스테르담 강 부근에서 피크닉 또는 간단한 식사

    오후: 암스테르담 강에서 보트 투어 또는 세계 최대 규모의 화폐 박물관
        인 암스테르담 화폐 박물관(Nederlandsche Bank) 방문

    저녁: 암스테르담 우편 건물을 개조한 풀사이드 레스토랑에서 특별한 저
        녁 식사

4일: 출발

    아침: 호텔 체크아웃 후 공항으로 이동 및 귀국

이 일정은 주요 관광 명소와 활동을 포함하고 있으며, 여유롭게 암스테르담을 탐방할 수 있도록 구성되어 있습니다. 하지만 여행 일정은 개인적인 취향과 관심사에 따라 조정될 수 있으니 참고용으로 활용해주세요!

보다 최근에는 챗GPT를 활용한 회사들이 더 많이 생겨서 다양하게 활용할 수 있습니다. 가령, https://www.chatpdf.com/에 들어가면 PDF로 된

문서를 넣고 그 내용을 요약해 달라고 할 수도 있습니다.

또한, https://gamma.app/에서는 대화형 인공지능 서비스와 PPT 작성을 결합시켜서 한두 줄 정도의 주제만 주면 멋진 그림과 도표가 들어간 PPT를 만들어 줍니다.

단지 문서만이 아닙니다. https://labs.openai.com/에서는 AI가 그림을 그려주는데, 피카소 양식을 따라 축구 경기 그림을 그려달라는 식으로 주문할 수 있습니다. 음악도 마찬가지입니다. 챗GPT를 개발한 오픈AI는 '쥬크박스'라는 모델을 선보였고, 구글도 역시 '뮤직LM'과 '오디오LM' 등의 기술을 발표했습니다.

신학에서 챗GPT 활용

챗GPT는 신학에서도 활용할 수 있습니다. 먼저, 신학계에서 인공지능 서비스를 어떻게 활용할 수 있을 것인가를 설명한 후에, 신학교육과 학계의 변화에 대해 조심스럽게 얘기하고자 합니다. 이하는 모두 필자가 직접 챗GPT를 사용하면서 경험하고 느낀 내용을 바탕으로 쓴 것입니다. 내용에 있어서는 챗GPT가 매번 다른 결과를 내놓기 때문에, 필자가 쓴 것과 다른 내용을 만날 수도 있음을 염두에 두기 바랍니다.

첫째, 신학 용어나 개념을 이해하기 위해서 대화형 인공지능 서비스를 이용할 수 있습니다. 기존 검색 서비스에서도 간단하게 신학 용어의 의미를 찾을 수는 있었습니다. 하지만 좀 더 복잡한 내용을 검색하려면 시간이 많이 걸렸습니다. 그럴 경우 챗GPT에게 물어보면 시간을 아낄 수 있습니다. 가령, "속죄설 이론 7가지를 설명해봐"Describe 7 types of atonement theories라고 하면, 1) 형벌 대속 이론, 2) 그리스도 승리 이론, 3) 도덕감화설, 4) 총괄갱신

설, 5) 만족설, 6) 속전 이론, 7) 도덕 통치설 등을 제시하면서 설명해 줍니다. 따라서 신학도나 목회자들은 단순검색이 빠른지, 아니면 챗GPT를 이용하는 것이 더 유리한지 판단하여 신학 개념을 좀 더 쉽게 숙지할 수 있습니다.

하지만 여기에서 주의할 점이 있는데, 챗GPT는 알고리즘상 가장 그럴 싸한 확률에 따라 단어를 배열하고 문장을 만들기 때문에, 가끔은 잘못된 개념 설명이 등장할 수도 있다는 것입니다. 예를 들어, "개혁신학에서 armilla aurea와 catena aurea의 차이가 뭐니?"What's the difference between armilla aurea and catena aurea in Reformed theology라고 물으면 오류가 일어납니다. 사실 armilla aurea와 catena aurea는 동일하게 "황금사슬"로 번역되는 같은 개념 즉 롬 8:28-30을 뜻합니다. 그런데 챗GPT는 후자를 중세주석 전통에서 교부들의 주석 모음집인 "황금사슬"로 이해하면서 잘못된 대답을 내놓고 있습니다.

둘째, 신학 역사에서 중요한 인물에 대한 설명이나 사건에 대한 설명을 물어볼 수 있습니다. 가령, "네덜란드 신학자 헤르만 바빙크가 누구였니?"Who was the Dutch theologian, Herman Bavinck라고 물으면, 바빙크에 대한 설명이 잘 요약되어 나옵니다. 일반 검색으로도 찾을 수 있지만, 챗GPT를 이용하면 설명의 양을 조절할 수 있습니다. 위의 질문 뒤에 "30단어로 말해봐"Say in 30 words, 혹은 "100단어로 말해봐"Say in 100 words를 쉽게 붙일 수 있습니다. "종교개혁이 뭐니? 30단어로 말해봐"What's the Reformation? Say in 30 words라는 질문에 대한 답도 쉽게 얻을 수 있습니다. 모든 대답을 "한글로 번역해 봐"라고 하면, 바로 번역해 줍니다. 아직까지는 우리말 자료는 많이 섭렵하지 못했기에, 우리말로 묻는 것보다는 영어로 묻는 것이 더 수준 높고 정확한 대답을 얻을 수 있습니다.

그런데 여기에서도 주의할 점이 있습니다. 별로 유명하지 않은 인물에 대해 질문하면 전혀 다른 대답을 내놓거나 혹은 역사상 존재하지도 않았던 사람을 지어내기도 한다는 사실입니다. 예를 들어 바빙크 시대 신학자였던 한 사람인 "다니엘 샹뜨삐 드 라 소세이"Daniël Chantepie de la Saussaye에 대해 질문하면 1848년에 태어나서 1931년에 죽었다고 말하는데, 사실 소세이는 1818년부터 1874년까지 살았던 사람입니다. 또한, 그가 『종교학 매뉴얼』Manual of the Science of Religion을 썼다고 하는데, 이것은 비슷한 이름을 가졌던 종교학자 삐에르 다니엘 샹뜨삐 드 라 소세이Pierre Daniel Chantepie de la Saussaye, 1848-1920의 작품인데 혼동한 것입니다. 특히 숫자나 연도를 틀리는 경우가 잦으므로 주의해야 합니다.

셋째, 신학자료들에 대한 정보를 얻을 수도 있습니다. 예를 들어, "아우구스티누스가 교황에 대해 가진 견해를 볼 수 있는 신학자료를 제안해봐"Offer some theological references about St. Augustine's view of the Pope라고 하면 『신국론』, 『세례론』, 『편지』 등을 제시합니다. 그리고 "현대 연구들을 제시해봐"Suggest some modern studies on it 라고 하면, 현대 학자들의 자료를 제시해 줍니다.

그런데 여기에도 문제가 있습니다. 현대 연구물을 제시하라고 하니 5개가 뜨는데, 그중에 단 하나도 실존하는 자료가 없다는 것입니다. "Augustine and the Bishop of Rome"Gerald Bonner과 "Augustine's Theology of the Papacy"Eric L. Mascall 등을 비롯한 모든 자료는 없는 자료를 지어낸 것입니다. 이러한 환각현상은 GPT-4에서는 많이 줄었다고 하지만, 그래도 자료를 반드시 본인이 직접 확인해야 할 필요가 있습니다. 참고로, 검색엔진 '빙'Bing에서는 관련 인터넷 사이트를 함께 제시하기에, 환각현상인지 아닌지를 더 쉽게 분별할 수 있습니다.

넷째, 성경 연구에 유용합니다. 가령, "출애굽기 3장 5절하나님이 이르시되 이리로 가까이 오지 말라 네가 선 곳은 거룩한 땅이니 네 발에서 신을 벗으라이 지닌 의미를 10가지로 설명해봐"Explain 10 meanings of Exodus 3:5라고 하면, 본문에서 모세가 신을 벗는 의미를 설명해 줍니다. 챗GPT가 제시하는 것은 1) 거룩에 대한 경외, 2) 겸손, 3) 정결, 4) 분리, 5) 환대, 6) 제의적 의미, 7) 정체성, 8) 순종, 9) 준비, 10)

성화 등입니다. 여기에서 좀 더 질문을 이어갈 수 있습니다. "5번이 정말 출 3:5와 관련되니?"Is Point 5 really related to Ex 3:5라고 물으면, "직접적으로 관련되 지는 않지만, 당시의 문화적 관습에서는 그런 의미가 있습니다"라는 식으로 대답합니다.

여기에서도 역시 주의가 필요한 것이, 챗GPT가 설명하는 것이 정말 그러 한가 하는 것은 주석이나 신학서적을 통해 점검해야 한다는 점입니다. 위에 서도 환대의 의미가 출 3:5에 정말 있는가 하는 것은 전문가의 확인을 받아 야 합니다. 적어도 필자가 찾아본 출애굽기 주석들에서는 출 3:5을 환대와 연결시키는 경우를 못 보았습니다.

다섯째, 챗GPT를 이용하여 헬라어 문법을 공부할 수도 있습니다. 가령, 교부 크리소스토무스의 헬라어 문장들을 주고 해석하고 분석하고 문법을 설명하라고 하면, 단 몇 초만에 해석할 뿐만 아니라, 내용상의 특징을 분석 해 주고, 각 어휘들의 문법적 기능을 설명해 줍니다. 가령, 아래의 문장은 크리소스토무스의 『로마서 강해』의 첫 부분으로서, 보시다시피 헬라어 원문 입니다.

Μωϋσῆς μὲν πέντε βιβλία συγγράψας, οὐδαμοῦ τὸ ὄνομα τὸ ἑαυτοῦ τέθεικεν, οὐδὲ οἱ μετ' ἐκεῖνον τὰ μετ' ἐκεῖνον συνθέντες, ἀλλ' οὐδὲ Ματθαῖος, οὐδὲ Ἰωάννης, οὐ Μάρκος, οὐ Λουκᾶς· ὁ δὲ μακάριος Παῦλος πανταχοῦ τῶν ἐπιστολῶν αὐτοῦ τὸ ὄνομα αὐτοῦ προτίθησι. Τί δήποτε; Ὅτι ἐκεῖνοι μὲν παροῦσιν ἔγραφον, καὶ περιττὸν ἦν ἑαυτοὺς δηλοῦν παρόντας· οὗτος δὲ διὰ μακροῦ τὰ γράμματα διεπέμπετο, καὶ ἐν ἐπιστολῆς σχήματι· διὸ καὶ ἀναγκαία ἦν ἡ τοῦ ὀνόματος προσθήκη.

이 문장을 챗GPT에게 번역시키면 순식간에 아래와 같이 번역해 줍니다.

모세는 다섯 권의 책을 썼지만 그 자신의 이름을 어디에도 적지 않았으며, 그 이후에 온 사람들도 자신들의 이름을 쓰지 않았습니다. 마태도, 요한도, 마가도, 누가도 쓰지 않았습니다. 하지만 복된 바울은 자신의 편지 모두에 자신의 이름을 썼습니다. 그 이유가 무엇일까요? 다른 사람들은 글을 쓰는 동안 사람들이 곁에 있었으며, 굳이 자신들이 쓴다는 것을 밝힐 필요가 없었습니다. 그러나 바울은 멀리서 편지를 보내고 편지 형식으로 썼습니다. 따라서 자신의 이름을 추가해야 했습니다. – 크리소스토무스, 『로마서 강해(In epistulam ad Romanos)』, Migne Patrologia Graeca, 제60권, 395쪽, 6–14줄.

물론 필자가 약간 수정을 하긴 했지만, 매우 훌륭한 번역입니다. 더 놀라운 것은 위의 헬라어 문장에서 제일 마지막 문장에 대해, 아래와 같이 문법 사항을 물으니 즉시로 답을 해 준다는 사실입니다.

아래 문장을 문법적으로 분해하고 분석해줘.
διὸ καὶ ἀναγκαία ἦν ἡ τοῦ ὀνόματος προσθήκη.

챗GPT
위의 문장 "διὸ καὶ ἀναγκαία ἦν ἡ τοῦ ὀνόματος προσθήκη"는 다음과 같이 문법적으로 분해됩니다:

διὸ: 접속사로 "그러므로" 또는 "그래서"라는 뜻을 가집니다.
καὶ: 접속사로 "또한" 또는 "그리고"라는 뜻을 가집니다.
ἀναγκαία: 형용사로 삽입적인 뉘앙스를 가지며, "필요한"이라는 뜻을 가집니다.
ἦν: 동사로 "이었다"라는 뜻을 가지며, "ἔστι"의 과거형입니다.
ἡ: 정관사로 "그"라는 뜻을 가지며, 여성형 단수형으로 사용됩니다.

τοῦ: 형용사로 "그"라는 뜻을 가지며, 남성형 단수형의 유사한 형태인 "ὁ"의 변형형입니다.

ὀνόματος: 명사로 "이름"이라는 뜻을 가지며, 중성형 단수형의 유사한 형태인 "ὄνομα"의 변형형입니다.

προσθήκη: 명사로 "추가" 또는 "언급"이라는 뜻을 가집니다.

따라서 이 문장은 "그러므로 이름의 언급이 필요했습니다"라는 뜻을 가집니다.

이처럼, 챗GPT는 헬라어 공부에도 도움을 줄 수 있습니다. 하지만, 이때에도 주의가 필요합니다. 예를 들어, 위에서 "ἦν"을 "'ἐστι'의 과거형"으로 표현했지만, 보다 엄밀하게 말하면 과거형이 아니라 미완료형입니다.

전체적으로 보자면, 챗GPT는 신학 공부에 유용한 도구임은 틀림없습니다. 하지만 아직 여러 가지 한계가 있기에 주의가 필요합니다. 그런 점에 인간 전문가의 도움은 앞으로 더욱 긴요해질 것입니다.

챗GPT와 신학계의 변화와 책임

그렇다면, 챗GPT가 신학교에 주는 변화는 어떤 것이 있을까요? 앞으로는 단순한 레포트 과제는 내기 힘들 것입니다. 학생들이 얼마든지 챗GPT를 활용할 수 있기 때문입니다. 하지만 역으로 챗GPT를 이용하여 더 고차원적인 사고와 글쓰기를 하도록 도울 수 있습니다.

보다 적극적으로 생각해 본다면, 신학교에서는 학생들이 '책을 통해 배울 수 있는 것'과 '유튜브를 통해 학습할 수 있는 것', 그리고 '단순한 검색을 통해 배울 수 있는 것'과 '챗GPT를 통해 배울 수 있는 것'을 나눠서 학습 방식을 선택하도록 도와줄 필요가 있습니다. 위에서 제시한 신학연구 방법과 주의점을 알려주는 것도 좋은 교육이 됩니다.

하지만 더욱 중요한 일은 챗GPT를 통해서 학생들의 사고능력과 글쓰기 능력이 약화되지 않도록 지속적인 자극을 줄 필요가 있다는 점입니다. 챗 GPT를 통해 게으른 학생은 더욱 도태될 것이지만, 부지런한 학생은 더욱 성장할 것입니다.

신학계에는 어떤 변화가 생길까요? 앞으로는 글을 쓸 때 챗GPT의 도움을 크든 적든 받게 되는 시대가 곧 올 것입니다. 그렇기에 논문이나 책을 쓸 때 챗GPT를 활용한 부분은 각주를 통해 밝힘으로써 피드백을 받도록 하는 것 이 좋습니다. 동시에, 잘못된 지식이나 서지사항이 신학계에 유통될 가능성 도 농후하니 주의해야 합니다. 신학자들이 무심코 챗GPT가 주는 정보를 사 용하다 보면, 잘못된 지식이 신학자의 권위를 타고 더 퍼질 수 있기 때문입 니다. 따라서 학생들과 신학교수 모두 주의해야 합니다.

그렇기에 신학계는 챗GPT를 효율적으로 활용하면서도 그것이 가진 위험 성을 인지해야 합니다. 챗GPT는 기존의 자료를 학습하여 결과를 내놓기 때 문에 실시간 학습이 불가능하고, 따라서 잘못되거나 도태된 정보를 제공할 수 있습니다. 앞에서 설명한 환각현상이 줄어들긴 하겠지만, 전문가들은 알 고리즘상 환각현상을 완벽하게 막기는 힘들 것이라 봅니다. 또한, 여러 지 식인들이 지적하는 것처럼 저작권 침해가 일상적으로 발생할 수 있습니다. 챗GPT는 인공지능이 학습한 자료를 그냥 꺼내오도록 설정되어 있고, 사실 상 인공지능이 어떤 식으로 어디에서 학습한 자료인지 아무도 모르기 때문 입니다. 편향적 지식이 남용될 수도 있으며, 특정 경향의 지식이 교조화되 거나 아예 무시될 수도 있습니다.

챗GPT 시대의 설교와 목회

챗GPT는 설교와 목회에도 사용할 수 있습니다. 먼저, 챗GPT를 이용해서 에베소서 1장에 대한 설교(?)를 작성해 보도록 했습니다.

제목 – 그리스도 안에서 복 있는 자: 하나님 은혜의 풍성함

서론:
그리스도 안에서 형제자매 여러분, 반갑습니다! 오늘 우리는 그리스도 예수 안에 있는 우리의 정체성과 유업에 대한 심오한 진리를 탐구하기 위해 에베소서, 특히 1장을 살펴봅니다. 이 구절에서 사도 바울은 우리에게 베푸신 하나님의 은혜의 영광스러운 풍성함을 드러냅니다. 에베소서 1장의 세 가지 핵심 사항을 묵상하면서 격려와 교훈을 받도록 합시다.

I. 택하심과 예정하심(에베소서 1:4-5)
그리스도 안에서 우리는 하나님의 주권적인 뜻에 의해 선택되고 예정되었습니다. 세상의 기초가 놓이기 전에 하나님께서는 우리가 행한 일 때문이 아니라 순전히 그분의 무한한 사랑으로 우리를 사랑하셨습니다. 그분은 우리를 그분의 가족으로 입양하여 그리스도와 함께 상속자이자 공동 상속자로 삼으셨습니다. 우리의 거룩한 부름을 이해하면 헤아릴 수 없는 기쁨과 확신이 생기고 그분 안에 우리의 목적이 있음을 상기하게 됩니다.

II. 구속받고 용서받음(에베소서 1:7-8)
십자가에서 흘리신 예수님의 피로 우리는 구속과 죄 사함을 받았습니다. 그분 안에서 우리는 죄의 속박으로부터의 해방, 하나님과의 깨어진 관계의 회복, 영

생의 약속을 발견합니다. 한때 무거운 짐이었던 우리의 죄가 온전히 용서받고 하나님 앞에 의롭다고 선언됩니다. 우리가 그리스도를 통해 죄와 수치에서 해방되었다는 놀라운 진리를 누리도록 합시다.

III. 성령으로 인침을 받은 자(에베소서 1:13-14)

그리스도를 믿을 때 우리는 유업의 보증인 성령으로 인치심을 받습니다. 성령님은 우리 안에 내주하시어 믿음의 길에서 우리에게 능력을 주시고 인도하십니다. 이 인은 하나님의 소유와 보호와 신실하심의 표시입니다. 우리가 성령님께 굴복할 때 우리의 삶은 변화되고 성령의 열매를 맺습니다. 성령의 임재를 받아들이고 그분이 우리 안에서 강력하게 일하시도록 합시다.

결론:

결론을 내리면서 에베소서 1장의 심오한 진리를 묵상해 봅시다. 우리는 선택받고 예정되고 구속되고 용서받고 성령으로 인치심을 받았습니다. 이러한 축복은 단순히 지적인 지식이 아니라 우리의 일상에서 품고 체험해야 할 현실입니다. 그리스도 안에 있는 우리의 정체성에 대한 지식이 우리로 하여금 이 위대한 부르심에 합당한 방식으로 살도록 자극하기를 바랍니다. 다른 사람들에게 하나님의 은혜의 좋은 소식을 전하면서 감사와 경외함으로 행합시다. 우리는 그리스도 안에서 축복을 받았으며 그분 안에서 풍성한 삶과 영원한 소망에 필요한 모든 것을 가지고 있음을 기억하십시오. 아멘!

어떠신가요? 그럴 듯하지 않으세요? 물론 설교자가 위의 내용을 가지고 그대로 설교할 수는 없을 것입니다. 하지만 벌써 어떤 설교자들은 챗GPT의 도움을 받아서 자신의 설교에 활용하고 있을 것입니다. 이것이 지니는 위험성은 다양합니다. 그 부분에 대해서는 다음 파트에서 다루기로 하고, 목회에서 챗GPT를 활용하는 부분을 소개하겠습니다.

예를 들어, 교회 행사 준비를 위해서 챗GPT를 활용할 수도 있습니다. 청소년 수련회를 위한 2박 3일 프로그램을 짜달라고 하니, 아래와 같이 제시합니다.

	Day 1	Day 2	Day 3
오전	도착 및 입소	아침 식사	아침 식사
	예배 및 목적 설명	두 번째 세션	예배 및 정리
	그룹 구성	찬양 및 예배 시간	
오후	점심 식사	점심 식사	
	팀 빌딩 활동 또는 게임	강연 또는 특별 게스트	
	첫 번째 세션	다양한 활동	
저녁	저녁 식사	저녁 식사	
	찬양 및 예배 시간	찬양 및 예배 시간	
	기도와 나눔 시간	기도와 나눔 시간	

이를 위한 준비물 목록을 뽑아 달라고 하니, 아래와 같이 제시합니다.

1. 오디오/비디오 장비:

　　마이크와 스피커: 강연, 찬양, 예배 시간 등에 사용될 수 있습니다.

　　프로젝터와 스크린 또는 TV: 영상 재생, 프레젠테이션, 그래픽 등을 보여

　　주는 데 필요합니다.

2. 활동 장비:

　　그룹 게임 및 팀 빌딩을 위한 도구와 재료

　　야외 활동을 위한 운동용품, 공 등

　　작은 상을 줄 수 있는 상장 또는 상패 등의 시상품

3. 성경과 찬양집:

   참가자들이 성경 공부와 예배 시간에 참여할 수 있도록 성경을 준비해야

   합니다. 찬양집도 필요한 경우 고려해야 합니다.

4. 필수품:

   충분한 수의 복사용지, 필기 도구, 연필, 노트 등

   활동과 야외 이동을 위한 안전 장비 및 용품 (예: 휴대용 응급처치 키트, 비

   상용 연락처 목록 등)

   충분한 음료수와 간식 등의 식품

5. 숙소 관련:

   침낭, 이불, 베개 등의 침구류

   개인 위생 용품(샤워용품, 수건, 칫솔 등)

이처럼 챗GPT은 설교와 목회를 위해서 필요한 도움을 제공해 줍니다. 하지만 분명히 위험한 부분이 있습니다. 일단 챗GPT는 뚜렷한 몇 가지 문제가 있습니다.

첫째, 잘못된 정보를 진짜인 것처럼 버젓이 표현합니다.

가령 "아우구스티누스가 시편 주석을 언제 썼지?"라고 물으면, "400년에서 430년 사이에 썼다"고 하는데, 잘못된 대답입니다. 사실은 392년에 시작해서 420년에 완성했기 때문입니다. 하지만 이런 고급 정보를 일반인이 진위를 가려내기는 쉽지 않습니다. 따라서 늘 주의가 필요합니다.

둘째, 남의 아이디어나 자료를 표절해서 갖다 주기도 합니다.

챗GPT가 어떻게 지식을 습득하는지는 아무도 모릅니다. 그리고 어떤 특정 지식을 어디에서 가져왔는지도 모릅니다. 챗GPT에게 물어보면, 다양한 1, 2차 자료에서 가져왔다고만 두루뭉술하게 대답합니다. 따라서 표절의 문제가 늘 있습니다.

셋째, 자료나 글을 제공하는 패턴이 아직 정교하지 않고 약간 반복적입니다. 따라서, 같은 질문에 대해서 비슷한 대답을 하기 때문에 개성이 떨어집니다. 챗GPT의 알고리듬은 기본적으로 편미분 방정식을 이용하여 사람들이 사용할 확률이 높은 단어들을 순서대로 붙여서 결과를 내놓는 것입니다. 따라서 가장 보편적이고 일반적인 대답을 제시할 가능성이 높습니다. 이것은 역으로 말하자면, 참신하고 창조적인 아이디어는 별로 나오지 않는다는 뜻입니다. 이미 주어진 자료에서 답을 가져오기 때문입니다.

넷째, 2021년 이후의 자료는 모릅니다. 최신 정보는 아직 습득하지 않았기 때문입니다. 물론 이 점은 개선될 수 있겠지만, 현재로서는 중요한 오류가 될 수 있습니다. 지나간 정보를 마치 최신 정보인 것처럼 소개하는 것은 사용자를 오도할 가능성이 있습니다.

이와 같은 챗GPT의 단점은 설교를 위한 활용에도 영향을 미칠 수밖에 없습니다.

첫째, 오류가 들어올 가능성이 항상 도사리고 있습니다. 챗GPT는 거짓말도 정말인 양 쉽게 내뱉기 때문입니다.

둘째, 챗GPT는 설교자 개인의 깊은 묵상을 반영하지 못합니다. 아주 개괄적인 지식을 제공하는 경우가 대부분입니다.

셋째, 이 점은 가장 중요한 부분인데, 챗GPT는 설교자의 삶이나 체험을 전혀 반영할 수 없습니다. 인공지능 서비스일 뿐 어떤 생명이나 의식이 아니기 때문입니다.

따라서 챗GPT만으로 설교를 작성하는 것은 한계가 뚜렷하다고 할 수 있습니다.

그렇다면, 설교자는 설교 작성에서 챗GPT의 도움을 전혀 받을 수 없을까요? 저는 다른 영역에서와 마찬가지로, 설교 작성에 있어서도 챗GPT의 도움을 받을 수 있다고 봅니다. 챗GPT 역시 인간이 작업한 것을 학습하여 내놓는 것입니다. 그렇기에 챗GPT의 도움은 사람의 도움을 형식을 변경하여 제공하는 것이라고 볼 수 있고, 그런 점에서 챗GPT의 도움을 받는 것은 사람들의 도움을 받는 것의 연장선상에서 생각할 수 있습니다.

설교나 목회 구상을 위한 일종의 '브레인 스토밍'(아이디어 모으기)의 단계에서는 대화형 인공지능으로부터 적절한 도움을 제공받을 수 있다고 봅니다. 가령, 환자를 심방할 때 적절한 구절들이 무엇인지 물어볼 수 있습니다. 특정 주제나 성경 구절에 대한 개괄적인 지식을 얻을 수도 있습니다. 참된 목회자라면 챗GPT가 제공하는 정도의 내용으로는 전혀 만족하지 못할 것입니다. 하지만 기초적 아이디어를 얻는 수단으로는 사용할 수 있습니다.

만약 '로고스Logos 성경 프로그램' 같은 것을 챗GPT와 같은 대화형 인공지능과 결합시켜 양질의 정보를 더 쉽게 요약하여 파악할 수 있다면 유익이 많을 것입니다. 출처를 분명히 알면서도 수많은 자료를 빠른 시간 내에 섭렵할 수 있기 때문입니다. 필자의 경우 실제로 로고스 프로그램에서 영어로 된 책을 길게 복사하여 챗GPT에게 보낸 후에, 몇 문장으로 요약하라는 식으로 해서 공부해 본 적이 있습니다. 많은 내용의 글을 몇 문장으로 아주 그럴 듯하게 잘 요약해 주었습니다.

그렇다면, 챗GPT와 같은 대화형 인공지능 시대에 설교와 목회는 어떠해야 할까요? 간단히 대답하자면, 인공지능이 쉽게 제공하는 부분에서는 도움을 받되, 본질적인 부분에 더욱 힘쓰는 것입니다. 이것이 기술의 발달이 주는 유익을 누리면서도 '인간성'을 상실하지 않는 길입니다.

인공지능이 쉽게 제공하는 부분은 자료와 정보입니다. 이 부분의 도움을 받는 것은 여러 모로 편리할 것입니다. 목회자가 챗GPT가 만들어 주는 설교로 설교를 한다는 것은 있어서는 안 될 일입니다. 하지만 챗GPT가 제공하는 정보를 바탕으로 더 깊은 묵상과 통찰로 나아간다면 좋은 일입니다.

인공지능이 제공하지 못하는 것은 무엇일까요? 가장 중요한 것은 역시

'말씀을 실제로 살아내는 삶'입니다. 인공지능이 아무리 발달해도 삶이 없기 때문에 감동을 줄 수 없습니다. 말씀대로 사는 사람만이 주님의 말씀의 의미를 압니다(요 7:17). 그리스도와 연합한 사람은 그리스도 안에서 행하게 되어 있습니다(골 2:6). 아타나시우스나 아우구스티누스와 같은 교부들이 가르친 것처럼 살아낸 만큼 성경을 주석할 수 있습니다.

그리고 중요한 것은 '신앙과 경건'입니다. 인공지능은 영혼이 없습니다. 하나님과 교제할 수 없다는 말입니다. 하지만 하나님의 형상을 닮은 인간은 영적 존재입니다. 그렇기에 앞으로 설교자와 사역자는 믿음의 분량을 더욱 키워야 합니다(롬 12:6). 경건의 연습에 더욱 힘써야 합니다(딤전 4:7). 예수님을 더욱 깊이 묵상해야 합니다(히 3:1).

또한 중요한 것은 '공감능력'입니다. 기계가 주는 위로나 격려를 받고 만족할 사람은 없을 것입니다. 그리고 인공지능은 사람의 예민하고 모호한 감정을 다 파악하지 못합니다. 그래서 공감능력을 더욱 배양하는 것은 앞으로 갈수록 중요해질 것입니다. 사역자는 사랑의 마음, 부드러운 마음, 겸손한 마음을 가져야 합니다(벧전 3:8). 챗봇과 대화하는 시간보다 하나님과 대화하고, 성도들과 대화하는 시간을 더욱 많이 가지는 것이 필요합니다.

챗GPT와 인공지능에 대한 규제와 감시의 필요성

마지막으로 공공신학적 측면에서 꼭 짚고 넘어가야 할 것이 있습니다. 그것은 대화형 인공지능의 잠재적 문제에 대한 법제화와 규제입니다. 최근에 나온 영화, 〈미션 임파서블: 데드 레코닝〉은 인공지능이 가진 파괴적인 힘에 대해 효과적으로 경고하고 있습니다. 작중에 등장하는 '엔티티'는 이 세상에 존재하는 모든 정보에 접근할 수 있고 그것을 교란할 수도 있는 인공지능으로 나옵니다. '어디에나 있을 수 있지만 어디에도 없는' 엔티티는 스스로 판단하고 행동을 취하면서 세계를 큰 위험에 빠뜨릴 수 있는 무서운 잠재성을 가진 인공지능입니다.

이처럼, 앞으로 인공지능은 갈수록 정교해져서 거의 인간의 의식에 가까운 단계까지 올 수도 있습니다. 그렇게 될 경우 인간의 삶은 오히려 인공지능과 로봇에 의해 침해당하고 위협당할 수도 있습니다.

따라서, 우리는 인공지능의 개발 자체에 대해 제한을 가해야 합니다. 생명과학이 인간을 실험 대상으로 삼는 것에 대해서 철저하게 규제하고 감시하는 것처럼, 우리는 인공지능에 대한 규제와 감시를 강화해야 합니다. 그러지 않았다가는 인공지능을 이용한 보이스피싱, 혐오표현, 전쟁이나 무력적 공격, 스팸, 스토킹, 사기 등의 사례가 생길 수 있기 때문입니다. 신자들은 인공지능이 인간의 존엄성, 프라이버시 보호, 평등, 상호 존중, 깊고 독특한 사유, 지적 재산권, 약자에 대한 배려 등의 가치를 위협하지 않도록 늘 깨어서 주의해야 하며, 이런 폐해를 막기 위한 법제화를 요구해야 합니다 (딤후 3장의 경고 참조). 자칫 기계가 사람을 기계보다 못한 존재로 길들여(?) 갈 수도 있기 때문입니다.

챗GPT 시대에 성도들은 공공선을 위한 책임감을 가지고서 이런 폐해를 미연에 방지하도록 경고해야 하며, 필요한 경우 강력한 법제화를 요구해야 합니다. 무엇보다 목회자와 신학자는 기술의 발달이 주는 유익을 누리면서도 '성경이 가르치는 인간성'을 상실하지 않도록, 신앙과 경건, 실천과 섬김을 더욱 강조할 필요가 있습니다.

토의를 위한 질문

1. 챗GPT를 사용한 경험이 있거나 사용하는 것을 본 적이 있습니까? 자신의 경험을 나눠봅시다.

2. 챗GPT가 가진 가장 큰 장점과 가장 큰 단점은 어떤 것이 있을까요?

3. 챗GPT가 가질 수도 있는 잠재적인 위험성에 대해서 어떤 규제나 법안이 마련되는 것이 필요할까요?

개혁신앙으로 시대읽기

초판 1쇄 인쇄 2023년 12월 26일
초판 1쇄 발행 2024년 1월 10일

편   집 황원하
발 행 인 이기룡
발 행 처 도서출판 담북
디 자 인 오성민
등록번호 서울 제 2018-000072호(2018년 3월 28일)
주   소 06593 서울시 서초구 고무래로 10-5(반포동)
전   화 02-533-2182
팩   스 02-533-2185
홈페이지 www.edpck.org